마음 거울

옮긴이 이명원

연세대 독어독문학과를 졸업하고 무역회사에서 근무했다. 결혼하여 두 아이를 키우며 지내다 남편의 근무 관계로 스리랑카에서 잠시 살던 중 우연히 길가 나무 아래 계시던 부처님을 만났다. 그날 막연하게 불교 공부를 해야겠다고 생각했다. 한국으로 돌아와 동국대학교 대학원에 입학해 인도 철학을 공부했고, 부처님의 말씀을 좀 더 쉽고 재미있게 전하고 싶은 욕심에 번역을 시작했다.

옮긴 책으로는 《코란의 지혜》《행복을 부르는 15가지 습관》《지금 이 순간에 살아라》《wonderful life》《how to live》《붓다의 딸, 세상을 비추다》 등의 종교, 명상서와 까타 우파니샤드를 풀어쓴 《죽음이 삶에게 보내는 편지》, 타이의 큰 스님 아잔 차 대사의 말씀을 담은 《요강도 때론 밥그릇이 됩니다》, 대만 큰 스님 성원대사의 말씀을 담은 《아름다운 인연》 등이 있다.

마음 거울

저자 청안 | 역자 이명원

1판 1쇄 인쇄 2009. 4. 15. | 1판 2쇄 발행 2009. 6. 11. | 발행처 김영사 | 발행인 박은주 | 등록번호 제406-2003-036 호 | 등록일자 1979. 5. 17. | 경기도 파주시 교하읍 문발리 출판단지 515-1 우편번호 413-756 | 마케팅부 031)955-3100, 편집부 031)955-3250, 팩시밀리 031)955-3111 | 이 책의 저작권은 저자에게 있습니다. 서면에 의한 저자의 허락없이 내용의 일부를 인용하거나 발췌하는 것을 금합니다. | Copyright ⓒ 2009 Chong An | 값은 표지에 있습니다. | ISBN 978-89-349-3444-8 03220 | 독자의견 전화 : 031)955-3200 | 홈페이지 : http://www.gimmyoung.com | 이메일 bestbook@gimmyoung.com | 좋은 독자가 좋은 책을 만듭니다. 김영사는 독자 여러분의 의견에 항상 귀기울이고 있습니다.

마음 거울

청안스님

Mind Mirror

김영사

서문

    중국 선종의 제8대조인 마조도일(馬祖道一) 선사는 아주 열심히 수행하는 젊은 스님이었습니다. 사원에 머무는 대신 동굴 안에서 움직이지도 않고 수행에 정진하던 스님에게 7대조 남악회양(南嶽懷讓) 선사가 찾아왔습니다.

    회양 선사는 물었습니다. "자네는 왜 앉아 있는가?" 마조 선사는 "붓다가 되기 위해서입니다"라고 대답했습니다. 그 말을 듣자마자 회양 선사는 동굴 입구에 앉아 돌을 갈기 시작했습니다. 소음을 견디다 못해 마조 선사가 물었습니다. "지금 뭐하고 계십니까? 스승님, 시끄러워서 집중할 수 없어요." 그러자 회양 선사가 조용히 대답했습니다. "거울을 만들고 있다."

    마조 선사는 화가 나기 시작했습니다. "아무리 돌을 간다 해도 거울이 될 수는 없습니다!" 회양 선사는 말했습니다. "아무리 오래 앉아 있어도 붓다가 되는 것은 아니다."

　마조 선사는 충격을 받았습니다. 제자의 마음속에 분명하고 움직이지 않는 '모른다' 는 마음이 있다는 것을 알게 된 회양 선사는 이렇게 덧붙였습니다. "달구지가 움직이지 않는다면 말을 때리겠느냐? 달구지를 때리겠느냐?"
　이 말을 듣고 마조 선사는 깨달음을 얻었습니다.

....

　이 책은 2004년부터 2007년까지 유럽의 여러 나라에서 열렸던 법회에서 이루어진 법문들을 모아 만들었습니다. 스승이 할 일은 간단합니다. 배우는 이의 마음을 거울에 비춰보는 것처럼 보여주는 것입니다. 의문이 발생하고 그에 맞는 답을 찾는 과정 속에서 의미가 있는 가르침이 나타납니다. 세상에는 많은 의문이 있고 많은 해답이 있는 것처럼 보이지만 모든 의문과 모든 해답은 하나의 초점에 맞추어져 있습니다. 사는 것과 죽는 것, 오고 가는 것, 좋은 것과 나쁜 것, 고통과 깨달음을 넘어선 인간의 진정한 본성을 찾는 것이 그 목적입니다. 공간처럼 투명하고 거울처럼 맑은 그 본성 안에 붓다, 보살, 신, 인간, 동물, 악마 등 모든 것이 담겨 있습니다.

나는 돌아가신 큰 스승 숭산 선사께 많은 은혜를 입었습니다. 선사께서는 모든 제자들을 위해 법의 바퀴를 돌려 위대한 가르침을 주셨습니다. 세상의 모든 불교도와 스님, 그리고 번뇌의 고통 속에서 신음하는 중생들을 구하기 위해 나타난 많은 붓다와 조사(祖師)들의 가르침을 실천하는 한국의 신도들에게 진심으로 감사의 말씀을 드립니다.

2009년 음력 2월
헝가리 원광사에서
청안

차례

서문 · 5

1 자유와 복종 12
2 우리는 왜 태어났는가? 45
3 허상과 생각 65
4 수행과 방향 85
5 원하는 것과 살펴보는 것 105
6 무상함과 원숙함 129
7 하나의 마음, 마음 거울 161
8 열정, 진리와 카르마 191
9 나무와 열매 215

Foreword · 226

1 **Freedom and obligation** · 228

2 **Why were we born?** · 257

3 **Illusion and thinking** · 275

4 **Practice and direction** · 292

5 **Wanting and checking** · 308

6 **Impermanence and maturity** · 327

7 **One mind, mirror mind** · 353

8 **Passion, truth and karma** · 378

9 **The tree and its fruits** · 398

자유와 복종

세 가지 형태의 에너지
화두와 공안으로 수행하기
수행의 어려움
명상과 카르마
동기를 잃고 동기를 얻음
진정한 힘과 진정한 자아

학생 ⤳ 카르마에 대해서 말씀해주시겠어요?

청안 스님 왜 그것에 대해 알고 싶으신 거죠?

학생 ⤳ 그냥 그런 의문이 제 마음속에서 일어났습니다.

청안 스님 어떻게요?

학생 ⤳ 모르겠어요.

청안 스님 바로 그 말이 카르마에 대한 가장 중요한 가르침입니다. 우리의 카르마는 마음에서 비롯되었습니다. 이 마음은 어디에서 왔을까요? 대답은 '모른다'입니다. 그래서 수행을 해야 합니다. 진실로 '모른다'는 마음을 얻는다면 (탕!) 우리는 자신의 카르마를 완벽하게 조절할 수 있게 됩니다. 이 '모른다'는 마음은 빈 공간처럼 깨끗하고 거울처럼 맑은 상태를 말합니다. 이 거울로 우리는 원인과 결과를 볼 수 있습니다. 그리고 우리는 선택을 합니다.

　숭산 스님께서는 이렇게 말씀하시곤 했습니다. "인간은 아무런 이유도 없고 의미도 선택도 없음을 의미한다." 무슨 뜻일까요? 이것은 아주 중요한 가르침입니다. 사람들은 많은 생각을 하면서 자라지만 결국은 인생의 궁극적인 이유나 의미, 또 궁극적인 선택이 없다는 사실을 깨닫게 됩니다. 이때는 아주 크고 깊은 위기를 느끼는 순간이기도 하지만 한편으로는 깨달음을 얻을 수 있는 상태이기도 합니다. 모든 것이 무상하다는 사실을 깨닫고 우리의 진정한 자아를 찾으면 비로소 위대한 이유, 위대한 의미, 위대한 선택을 할 수 있게 됩니다. 이런 상태가 되기 위해서는 '모른다'는 말이 뜻하는 바를 분명히 알아야 합니다. 그리고 그 의미를 깨닫게 될 때 마침내 우리는 자유로워질 수 있습니다.

자유란 무엇인가에 대해서는 많은 설명이 있습니다. 그렇다면 카르마에서 자유로워진다는 말은 무슨 의미일까요? 개인의 자유나 집단의 자유란 무엇일까요? 사람들은 많은 사상을 얻기 위해 투쟁합니다. 하지만 이런 투쟁은 진정한 자유를 얻는 일과는 거리가 멀지요. 어떤 생각이나 사상도 우리의 근본 마음(original mind)을 설명할 수 없습니다. 원래 갖고 있던 근본 마음을 얻게 될 때 원래 갖고 있던 근본적인 자유(original freedom)도 함께 나타납니다.

그리고 자신이 처한 상황과 관계, 기능도 분명해집니다. 이때 우리는 자유로워집니다. 진실로 자유로워지는 것이지요. 이런 맥락에서 볼 때 카르마는 좋은 것도 나쁜 것도 아닙니다. 오히려 원인과 결과를 보기 위해 카르마를 이용할 수 있습니다. '나는 카르마로부터 자유로워져야 해'라고 생각할 필요가 없습니다. 우리가 육신을 지니고 사는 한, 그리고 이름과 형태로 이루어진 이 세상에서 사는 한 카르마에서 벗어날 수는 없습니다. 원인과 결과, 시간과 공간에서도 벗어날 수 없습니다. 카르마는 좋은 것도 나쁜 것도 아닙니다. 하지만 그 사실을 분명히 깨닫는 사람이 있을까요? 중생을 위해 자신의 카르마를 분명하게 사용하고 있나요? 만일 그렇다면 아무 문제가 없습니다. 계속해서 질문하세요.

학생 선 수행을 시작할 때 어려운 점은 무엇인가요?

청안 스님 선 수행은 가장 쉬운 일입니다. 선 수행을 시작할 때 어려운 점은 없습니다. 그때는 사람들이 대부분 순수한 초보자의 마음을 갖고 있기 때문입니다. 이들은 외면적으로는 어떤 고통에 시달리고 있지만 사실 깨닫지 못하는 더 많은 괴로움에 비하면 그 정도는 아무것도 아니지요.

하지만 깨달음을 얻기 위해서는 이론적인 이해보다 실제적인 수행이 필요합니다. 선사들을 만나고 그들을 진심으로 믿게 되면 그때부터 황금기입니다. 정말로 인생의 황금기가 시작됩니다. 본격적으로 수행을 시작하면 어려움도 생깁니다. 고요히 앉아 '나는 누구인가?' 하고 스스로 물을 때 마음 깊은 곳에서부터 자신의 카르마가 나타납니다. 과거의 카르마와 현재의 카르마가 나타납니다. 어쩌면 미래의 카르마도 볼 수 있을지 모릅니다. 여러분이 '나'라고 부르는 여러분의 존재를 관통해서 흐르는 원인과 결과가 만들어낸 일들을 보게 되면 너무나 괴로워서 '으…… 너무해! 너무해! 이런 수행은 옳지 않아. 보기 싫은 것을 보게 만들다니 이 수행법은 틀린 거야. 나를 행복하게 해줄 수 있는 다른 것을 찾아 봐야겠어. 난 행복해지려고 수행을 하는 거란 말이야. 내가 행복 하면 아마 이 세상도 행복해질 거야.'라고 하겠지요.

진실을 보지 않기 위해 이런 말이나 생각을 하게 됩니다. 어려움이 시작되는 것이죠. 그런데 이 어려움을 극복하면 두 번째 어려움이 발생할 수 있습니다. 책임감을 갖게 되는 것이죠. 모든 일은 우리가 느끼고 만들어낸 것이기 때문에 다른 사람이 아닌 우리 자신에게 책임이 있습니다. '나는 어떻게 행동하는가? 이 세상을 어떻게 살고 있나?' 자신에게 물어봐야 합니다.

그러고 나면 자신의 삶을 조정하는 사람은 아무도 없다는 사실을 깨닫습니다. 신도 부처도 여러분의 삶을 간섭하지 않습니다. 오직 여러분만이 자신의 삶을 조절하고 있습니다. 이렇게 커다란 책임감이 생겨납니다. 선불교에서는 이런 현상을 '자란다(growing up)'라고 말합니다. 고통이 자란다는 의미도 되지요. 이제 더 이상 외면할 수만은 없습니다. 아주 재미없는 일이지만 때로는 이런 감정이 자유롭게 느껴질 수도 있습니다. 이 방에 모인 여러분이 아주 진지하게 수행한다면 모든 것이 분명하게 보이는 순간이 있을 겁니다. 하지만 이것도 즐거운 일은 아닐 겁니다. 이것을 '인류의 보편적 의무'라고 합니다.

공기, 물, 토양 등 이 지구에 살면서 인간으로서 이용했던 모든 것을 우리는 어떻게 되돌려주고 있나요? 우리의 몸은 다섯 가지 원소로 구성되어 있고 지속적으로 영양분을 공급받습니다. 어떻게 이 모든 것을 되돌려줄 수 있을까요? 우리와 우주는 어떤 관계를 맺고 있을까요? 이런 것을 궁금해해야 합니다! 자신의 책임이 무엇인지 알았다는 것은 그만큼 자랐다는 의미입니다. 하지만 결코 쉬운 일은 아닙니다. 수행이란 처음 시작할 때는 재미있고 매력적이지만 시간이 지나면서 점점 어려워집니다. 만일 여러분이 어려움을 느끼게 되었다면 제대로 수행하고 있는 겁니다. 그러고 나면 이제 자신의 고통은 사실 온 세상의 고통이라는 것을 깨닫게 됩니다.

이 세상, 이 우주는 분명한 의미를 갖고 있습니다. 생각하지 말고 '그저 행하라'는 말은 자신의 카르마로 인해 발생한 결과는 자신이 해결해야 한다는 것을 뜻합니다. 이것은 여러분의 고유한 의무이고 인간으로서 해야 할 일입니다. 언제 수행이 재미있다고 느껴질까요? 바로 어떤 선입견이나 생각 없이 오직 수행에만 전념할 때입니다. 아시겠습니까?

학생 사람들이 선한 행동을 하면 좋은 카르마를 쌓게 된다고 하셨습니다. 하지만 이 일에 집착한다면 오히려 나쁜 카르마가 되는 건 아닌가요?
청안 스님 예를 하나 들어보겠습니다. 대부분의 나라에는 전쟁을 겪은 군인이 있습니다. 이들 중에는 집에 돌아와서도 여전히 전쟁터에 있는 것처럼 생각하고 많은 문제를 일으키는 사람도 있습니다. 그들은 평상복을 입고 있지만 자신이 겪은 이전의 카르마를 조절하지 못하면 많은 문제를 일으킵니다. (주장자를 마치 총을 잡듯이 집어 들면서) 느닷없이 화가 나서 "빵! 내가 전쟁터에서 어땠는지 알아?"라고 말하며 총을 발사할지도 모릅니다. 과거의 허상을 여전히 현실로 생각하고 있기 때문입니다. 이런 일은 옳지 않습니다. 질문 있으면 하십시오.

학생 저는 일을 하면서 가끔 에너지를 얻을 때가 있습니다. 그렇다는 것을 느낄 수 있어요. 만일 제가 어떤 일을 하면서 그것을 통해 에너지 얻기를 기대한다면 그것은 좋은 일인가요? 아니면 나쁜 일인가요?

청안 스님 무엇을 기대하는 것은 아주 피곤한 일입니다. 아무것도 기대하지 마십시오. 지난주에 나는 학생과 함께 설악산에 있는 봉정암에 갔었습니다. 가는 길은 아주 가파르고 거의 10킬로미터 정도를 쉬지 않고 올라가야 했죠. 하지만 너무 힘들어서 아무 생각도 들지 않았기 때문에 결과적으로는 아주 좋은 일이었지요. 오른발 다음에 왼발을 디뎌야 한다는 생각 말고는 어떤 생각도 들지 않았습니다. 바로 이런 겁니다.

만일 이렇게 올라가면서 '아휴, 힘들어. 하지만 이렇게 힘들게 정상에 오르면 어떤 에너지를 얻겠지. 조금만 참자.' 하며 기대한다면 정말로 잘못된 겁니다. 더 나쁜 것은 이런 마음이 여러분을 힘들게 한다는 점입니다.

생각이 일어나면 바로 그 순간 모든 에너지는 단전(丹田)으로 되돌아갑니다. 아무 생각 없이 호흡에만 집중해야 합니다. 그렇지 않으면 깨달음을 얻는 길에서 벗어나게 됩니다. 높은 산에 올라갈 때를 생각해보세요. 사람들은 결코 무리하지 않지만 자신의 한계를 뛰어넘기 위해 애씁니다. 7시간 동안 쉬지 않고 걷는 수행을 한 후 목적지에 도착하면 모두 숨을 고르며 기뻐합니다. 바로 이겁니다. 우리의 에너지는 아무 생각이 없을 때 발생합니다. 그리고 뭔가를 기대하는 순간 생각이 일어나는데, 그 기대감은 에너지를 빼앗아갑니다. 아무것도 생각하지 않는다는 것은 여러분과 이 우주가 완벽하게 하나로 연결되었다는 걸 의미합니다.

 이 부분에 대해 좀 더 자세히 말씀드리겠습니다. 에너지에는 세 종류가 있습니다. 첫 번째는 원기입니다. 기본적인 에너지로서 우리의 몸속에 존재하며 태어날 때부터 지니고 있는 것이지요. 두 번째는 공기인데, 텅 비어 있는 에너지입니다. 우리와 우주를 연결해주는 역할을 하며 숨을 쉬기 위해서는 꼭 필요한 에너지가 공기입니다. 이 대기는 우주의 에너지로서 공간 속에서 시간과 공간, 그리고 모든 형태를 제자리에 있게 만들어줍니다. 물질의 기본적인 상호작용이라고 할 수 있지요. 바로 우리 주위에 이 모든 것이 존재할 수 있는 이유이기도 합니다. 대기가 없다면 나무들이 하늘을 향해 서 있지도 못하고 땅이 단단하게 버티고 있을 수도 없습니다. 나무와 땅과 대기가 한데 어우러질 때 세 번째 에너지인 합기(合氣)가 발생합니다. 에너지가 한 곳으로 집중되어 있는 것이지요. 그렇지만 우리가 어떤 것에 집착하면, 가령 생각이나 감정, 지각, 충동 등 의식에 대해 집착하면 대기와 분리됩니다. 그렇게 되면 '나, 나의, 내 것'이라는 생각이 끊임없이 솟아오르기 시작합니다! 아주 소모적인 일입니다! 의기소침해 있거나 광적인 사람을 만나는 것과 같습니다.

안거(安居)에 참가해 수행을 하거나 마음을 모아 어떤 일에 집중하면 이런저런 생각이 사라지고 자신과 우주가 하나가 되는 것을 느낄 수 있습니다. 바로 이때 엄청난 에너지가 발생합니다!

에너지가 나타난다고 해서 그 사람의 마음이 완전히 비워지고 분명해졌다는 의미는 아닙니다. 이 점을 꼭 알아두시기 바랍니다. 어떤 사람들은 엄청난 에너지를 경험하고 바로 어리석은 행동을 하는 경우도 있습니다. 왜 그럴까요? '나는 이제 뭐든지 할 수 있어'라고 생각하기 때문입니다. 물론 뭐든지 할 수 있습니다. 사실입니다. 하지만 '나'라는 것이 주체가 되면 문제가 발생합니다! 정말 그렇습니다.

엄청난 에너지가 솟아나는 걸 느낀다 해도 아무 일이 없는 것처럼 행동해야 합니다. 그 힘을 여러분의 단전으로 돌려보내고 다르마〔법(法), Dharma〕의 저장고로 보냈다가 필요하면 꺼내 써야 하니까요. 절대로 '나는 이제 엄청난 힘을 갖게 되었어!'라든가 '너무 피곤해'라는 생각을 갖지 말아야 합니다. 단지 숨을 내쉬고 들이쉴 때마다 '오직 모를 뿐'이라고 생각해야만 합니다. 이렇게 해야 집중할 수 있고 자신이 원하는 대로 할 수 있기 때문입니다.

학생 저는 명상할 때 반드시 조금씩 쉬어야 합니다. 하지만 안거에 참가하면서 힘을 얻게 되었습니다. 그래서 전 더 많은 힘을 얻게 위해 쉬지 않고 계속 수행하고 싶습니다. 하지만 수행이 끝난 후에 바깥세상에 적응하려면 어려움을 많이 느낍니다.

청안 스님 어떤 일을 하면서 이것저것 생각하고 계산하면 그 일이 더욱 힘들어집니다. 지금 당신에게 그런 마음이 조금씩 나타나고 있는 것 같군요. 이것은 뱀의 다리처럼 전혀 도움이 되지 않는 일입니다. 계산하지 말고 오직 자신이 나아갈 방향만 생각하고 그대로 따르십시오. 만일 수행을 하고 난 후에 피곤함을 느낀다면 그냥 쉬십시오. 어떤 일을 하고 싶다면 의심하거나 비교하지 말고 그냥 행하십시오. 그렇게 하면 자신이 한 일이 무슨 원인에서 비롯되었고 어떤 결과를 가져왔는지 알게 됩니다. 느끼고 행동하십시오. '그저 행할 뿐'을 실행에 옮기세요. 당신 자신뿐만 아니라 그 어떤 것에 대해서도 이것저것 생각하거나 따지지 마십시오. 아시겠지요?

학생 유럽에서의 포교 활동에 대해 말씀해주세요.

청안 스님 유럽에 자리를 잡았을 때, 처음에는 '어떤 난관이 닥쳐오고 어떤 상황에 처하더라도 아무 문제 없어'라고 생각했습니다. 그리고 그때는 정말 아무 문제가 없었습니다. 하지만 시간이 흐르고 더 많은 사람들이 관심을 보이자 좀 더 계획적인 방법으로 운영해야 했습니다. 불필요한 행사나 이런저런 생각지도 못했던 일들이 발생했고, 지나친 호기심이나 적절하지 못한 에너지로 잘못된 결과를 가져오기도 했습니다. 모여든 사람들에게 다르마를 제대로 전달해줄 수 없었습니다.

다르마를 전하는 사람들은 듣는 사람들이 바르게 이해할 수 있도록 전달해야 합니다. 듣기 좋게만 이야기하면 사람들은 다르마가 아닌, 다르마를 이야기하는 사람에게 집착하게 됩니다. 바람직하지 않고 불필요한 일이지요. 다르마를 충분히 이해하지 못한 사람들은 자신이 수행을 시작할 수 없다고 여기게 됩니다. 무엇을 이해한다는 것은 지적 능력이 있다는 증거입니다. 지적 능력은 살아가면서 항상 필요하지는 않지만 불안함을 느끼지 않으려면 반드시 갖고 있어야 할 능력이기도 합니다.

무엇보다도 사람들이 자기 자신을 믿도록 만드는 일이 가장 중요합니다. 권위나 강한 세속적인 힘에 의지하면 자신의 주도권이나 자신을 관리하는 능력을 잃게 됩니다. 분명하게 행하는 대신 사변적인 생각 속에 빠지게 되는 거죠. 사변적인 생각이란 문제를 해결하기 위해 행동하지 않고 권위적이고 억압적인 논리로 문제를 숨기거나 비밀스럽게 해결하고자 하는 것을 말합니다. 문제가 생겼을 때 생각에만 빠져드는 버릇은 깨달음의 길을 가는 데 가장 큰 방해물입니다. 외부의 어떤 권위에도, 또한 그것과 관련한 어떤 관계에도 의지하지 않고 그 길을 가야 합니다.

수행은 사변적인 태도로 무시하거나 해결할 수 있는 것이 아닙니다. 숭산 스님께서 "생각하지 말라. 오직 할 뿐!"이라고 말씀하신 이유가 여기에 있습니다.

수행을 지도하는 사람들은 더 많은 인내심과 자비심으로 학생들을 대해야 합니다. 만일 내가 너무 자주 이렇게 (탕!) 지팡이를 든다면 배우는 학생들은 무안한 마음이 들면서 멀리 도망가고 싶어질 겁니다. 전에 그런 일이 실제로 일어난 적도 있고요. 이런 일이 일어나면 대부분의 사람들은 장애물을 만났다고 하거나 자신은 도저히 이해할 수 없는 추상적인 사건이 일어났다고 생각합니다. 하지만 충분히 설명하고 나면 이렇게 (탕!) 지팡이로 치는 이유를 어느 정도 이해하기 시작합니다. 비로소 가르침을 받아들일 준비가 된 것이지요. 유럽에서의 이러한 경험을 통해 나는 좀 더 신중하게 행동하고 평소의 나보다 한 발짝 느리게 처신해야 한다는 교훈을 얻었습니다. 아주 좋은 경험이었습니다.

나는 법문을 하면서 듣는 사람들과 완전히 한 마음이 되려고 애썼습니다. 한국이나 미국에서 법문을 할 때는 유럽에서보다 좀 더 단순하게 직접적으로 말을 해도 사람들이 잘 이해합니다. 사람들의 카르마가 서로 다르기 때문입니다. 유럽 사람들에게 법문을 할 때는 그들의 생각과 소원을 파악하기 위해 좀 더 천천히 쉽게 말해야 했습니다. 그들이 가장 절실하게 필요로 하는 것을 주어 원초적인 욕구가 충족되어야만 다음 단계로 나아갈 수 있기 때문입니다.

숭산 스님께서 세계 각국을 돌며 가르침을 펴실 때, 특히 유럽에서 힘든 시간을 보내셨다는 말씀을 들은 적이 있습니다. 그래서 대봉 스님께 그 이유를 물어보았습니다. 스님께서는 "유럽은 지역이 작게 나누어져 있고, 그 지역마다 특유의 문화가 있습니다. 그리고 각 문화마다 사상이 조금씩 다르기 때문입니다"라고 말씀하셨습니다. 글쎄요, 솔직히 말씀드리면 '조금씩' 다르지 않습니다. 아주 많이 다릅니다! 헝가리에서 북쪽으로 100킬로미터를 가면 슬로바키아입니다. 서쪽으로 300킬로미터를 가면 오스트레일리아이고 다시 북쪽으로 100킬로미터를 가면 체코입니다. 미국에서 이 정도의 거리는 먼 거리가 아닙니다. 때로는 업무를 처리하기 위해 그만큼의 거리를 가야 할 때도 있습니다. 3시간 거리를 매일 출퇴근하는 사람도 있습니다. 한국에서는 이만큼의 거리를 간다 해도 문화가 달라지는 경우는 거의 없습니다. 하지만 유럽, 특히 유럽의 중앙과 동쪽에서는 먼 거리를 가지 않아도 다양한 문화를 만날 수 있습니다.

이런 지역에서 수행을 가르치려면 그 지역과 그곳에 사는 사람들이 무엇을 원하는지 바르게 이해하고 따라야 합니다. 그렇게 했을 때 다르마를 제대로 전달할 수 있고 사람들을 고통에서 구할 수 있습니다. 궁금한 점 있으면 질문하세요.

학생 스님께서 유럽에서 포교하는 어려움에 대해 말씀하실 때 이런 의문이 들었습니다. 스님께서는 한국에서의 포교가 더 쉽다고 하셨는데 제가 느끼기로는 한국인들은 자신을 믿는 것이 아니라 붓다나 다른 민간 신앙이나 종교를 믿는 것 같습니다.

청안 스님 그것이 아주 큰 이점이 될 수 있습니다. 바로 그곳에서 한 발 더 나아가면 되니까요.

학생 분명 그렇습니다. 하지만 누구에게나 유리한 것은 아닙니다. 수행하는 여성에게는 큰 불리함이 있습니다.

청안 스님 수행하는 여성에게는 불리하다는 말씀은 무슨 뜻인가요?

학생 전통적으로 불교에서는 남성이 수행에 더 적합하다고 말합니다. 남성은 깨달음을 얻을 수 있지만 여성은 그럴 수 없다는 것이죠. 만일 스님께서 충분히 교육을 받은 비구니라 해도 다시 태어날 때는 남성으로 태어나게 해달라고 기도할 겁니다. 한국이나 대만에서 그런 마음을 가진 비구니들을 많이 만났습니다. 그들은 불교를 믿고 경전에 쓰여 있는 부처님의 말씀을 믿습니다. 그래서 자신들은 남성이 아니기 때문에 깨달음을 얻을 수 없다는 말도 믿고 있습니다. 깨달음을 얻기 위해서는 다음 생에 남성으로 태어나야 한다고 생각합니다. 저는 이런 일이 벌어지는 것이 참으로 이상합니다. 스님께서는 이 점에 대해 어떻게 생각하시나요?

청안 스님 조주 선사(趙洲禪師)는 "개에게도 불성(佛性)이 있습니까?"라는 질문에 "없다"라고 대답하셨습니다. 깨달음을 얻으려는 사람은 남성이든 여성이든 먼저 이 공안(公案)에 대해 깊이 명상해봐야 합니다. 누가 먼저 깨달음을 얻는가에 대해서는 생각할 필요가 없습니다.

〔공안(公案): '관청의 공문서(公府案牘)'에서 유래된 것으로서 참선 수행에 절대적인 규범성과 판단의 준척이 되는 핵심적인 명제를 말함 - 옮긴이〕

부처님께서는 모든 사물에 불성이 깃들어 있다고 말씀하셨습니다. 만일 우리가 어떤 생각을 절대적인 진리라고 믿는다면 설사 그 생각이 불교에 관한 것일지라도 깨달음의 길에 심각한 걸림돌이 될 수 있습니다. 어떤 생각도 점점 더 방해만 될 뿐입니다. 부처님, 부처님의 가르침, 그리고 그와 관련된 말씀을 믿는 사람들도 있을 겁니다. 다 좋습니다. 아무 문제도 없습니다. 하지만 자신이 믿는 것에 집착하고 그에 따라 움직이게 되면 그 믿음은 바로 (손가락을 튕겨 탁 소리를 내며) 우리가 가는 깨달음의 길에 방해물이 될 뿐입니다. 하지만 내가 앞에서 말씀드린 것처럼 그들은 기본적인 개념을 갖추고 있기 때문에 올바른 방향으로 이끌어가기가 쉽습니다. 이들은 사람들이 서로 다른 생각을 갖고 있을 것이라고는 미처 생각하지 못했더라도 관심사가 같다면 설사 많은 의견이 있어도 이를 맞추어가기가 좀 더 쉬울 것이라고 생각하기 때문입니다. 다른 질문 있습니까?

학생 저는 수행에 집중할 수가 없어요. 이 점이 저의 장애물입니다.

청안 스님 당신의 장애물이 어디 있나요? 보이지 않는데요.

학생 바른 자세로 앉아 있는 일은 할 수 있지만 제 마음은 이리저리 흩어집니다. 그것이 어려운 점입니다.

청안 스님 당신의 마음 상태를 계속 살펴보는 것이 바로 장애물입니다. 당신의 생각은 이곳저곳을 옮겨 다니지만 당신의 본마음은 움직이지 않습니다.

학생 　아니에요, 아니에요. 이리저리 옮겨 다니는 것은 제 생각입니다. 제가 알고 있어요.

청안 스님 　그렇다면 왜 그런 질문을 하셨나요?

학생 　스님께서 어떤 질문도 괜찮다고 하셔서요. (대중 웃음)

청안 스님 　만덕이(무상사에서 키우던 개 이름 – 옮긴이)는 자신의 꼬리를 잡으려고 빙빙 돌지만 현명한 사람은 깨달음 또는 무엇을 얻기 위해 매달리지 않습니다. (대중 웃음) 다른 질문 있나요?

학생 　스님께서는 스님의 생각대로 수행하시나요?

청안 스님 　당신의 질문은 당신의 생각인가요?

학생 　(탕!)

청안 스님 　단지 그것뿐입니까?

학생 　할!(선 수행을 할 때 지르는 일종의 기합 소리 – 옮긴이)

청안 스님 　하나는 이해했지만 둘은 이해하지 못했습니다. 지금 무슨 일이 일어났었나요? (대중 웃음)

학생 　저는 이해했는데요.

청안 스님 　당신은 하나는 이해했지만 둘은 이해하지 못했습니다. 방금 무슨 일이 일어났지요? 말씀해보세요, 네?

학생 　…….

청안 스님 　모르겠습니까? 금방 답이 떠오를 겁니다.

학생 　……. (스님을 바라봄)

청안 스님 　좀 더 많은 수행이 필요한 것 같군요.

학생 행복은 원인이 있습니까, 아니면 없습니까?

청안 스님 행복은 어디에서 올까요?

학생 제 마음에서 옵니다.

청안 스님 당신의 마음은 어디에서 왔습니까?

학생 (탕!)

청안 스님 그것뿐입니까?

학생 바닥은 노란색입니다.

청안 스님 오, 아주 훌륭한 대답입니다. 당신은 이제 한 단계 더 나아갔습니다. 그 마음을 간직하세요. 그러면 행복은 말없이 항상 당신 곁에 머물 겁니다. 큰 행복은 자신을 드러내지 않습니다. 그냥 그곳에 있을 뿐입니다. 이 산들은 아침마다 "안녕하세요, 다시 만나서 반갑습니다. 이렇게 일어나 법당에 와주셔서 정말 고마워요"라고 말하지 않습니다. 자신에 대해서도 말하지 않습니다. 저 하늘은 "이봐요, 당신이 보기에 내가 파란색인가요?"라고 묻지 않습니다. 그런 일은 일어나지도 않습니다. 그저 그들은 그곳에 있을 뿐입니다. 우리의 진정한 자아는 겉으로 드러나지 않습니다. 오거나 가지도 않습니다. 이 진리를 깨달으면 아무 말 없이 커다란 행복을 느끼게 될 겁니다. 당신이 어떤 상황에 있더라도 이 마음을 간직하기 바랍니다.

학생 화두를 어떻게 다루어야 할까요?

청안 스님 에너지를 당신의 단전에 모은 다음 질문을 생각해보십시오. 단어들은 사라집니다. 문장으로서의 화두는 사라집니다. 진정한 화두는 문자로 이루어지지 않습니다. 근본적인 질문은 문자로 나타낼 수 없습니다. 그렇지 않다면 우리의 마음은 항상 문자에 얽매여 움직이게 되겠지요. 바르게 수행하면 모든 생각이 사라집니다. 당신의 화두, 진정한 화두는 당신의 단전 아래에 있습니다. 마치 마른 스펀지가 물을 빨아들이듯이 단전은 이원론(二元論)적인 의문들을 흡수합니다. 이제 당신은 공간처럼 비어 있고 거울처럼 맑은 본래 마음, 우리의 본질로 돌아왔습니다.

당신은 이 거울을 통해 모든 사물과 우주를 있는 그대로 진실하게 바라볼 수 있습니다. 새가 날아오면 새를 봅니다. 산이 비춰지면 산을 보면 됩니다. 이것이 진실입니다. 그리고 그다음에는 깨달은 진실을 어떻게 사용할 것인가 하는 기능의 문제가 남습니다. 배고픈 이에게는 음식을 주고 목이 마른 사람에게는 물을 주어야 합니다. 본질, 진실, 기능 이 세 가지는 우리가 하는 수행을 지지하는 세 개의 기둥입니다. 생각하지 않고 있는 그대로 바라보는 단계를 거치고 나면 깨달음의 길로 들어설 수 있습니다.

학생 생각이 일어나는 것을 극복하려면 얼마나 오랜 시간이 걸릴까요? 끝없는 투쟁일 것 같기도 합니다. 돈오(頓悟)학파에서 말하듯이 이 모든 것이 한 번에 이루어져서 완전히 자유로워진다면 정말 좋겠어요.

청안 스님 하룻밤 사이에 당신의 카르마가 몽땅 사라질 것이라고 말하는 사람이 있었나요? 그렇다면 왜 30년 넘게 수행하는 사람이 생기는 걸까요? 정말 놀랄 만한 일이 아닙니까? 잘 들어보세요! 카르마는 그렇게 금방 사라지지 않습니다. 질문하신 분도 아시겠지만 사람들은 강한 습성을 갖고 있습니다.

우리 주변에는 달콤한 것이 많습니다. 초콜릿이나 호박죽, 이런 저런 생각들은 달콤합니다. 아주 달지요. 그중에서도 생각들이 제일 달콤합니다. 인간의 감각기관들은 대부분 목 위에 집중되어 있습니다. 따라서 보고, 냄새 맡고, 맛보는 기능은 (머리를 가리키며) 바로 여기에서 나옵니다. 느끼는 기능과 생각하는 기능도 모두 머리에서 시작됩니다. 모든 감각이 우리의 머리에서 비롯됩니다.

이 에너지로 느끼고 말하고 생각하기 전에, 그리고 에너지가 우리가 생각하지 못한 방향으로 움직이기 전에 원래 있었던 곳으로 돌려보내야 합니다. 불교도나 수행을 하는 사람들도 마찬가지입니다. 처음 시작할 때의 마음으로 돌아와 더 열심히, 더욱 간절한 마음으로 수행한다면 점점 익숙해지고, 언제 어디서라도 에너지를 돌려보낼 수 있게 됩니다. 간단한 일입니다.

수행을 하는 도중에 '번쩍' 하며 갑작스럽게 깨달음을 얻는 일이 자신에게 일어나지 않을 수도 있습니다. 하지만 수행이 빨리 진행되지 않는 것을 기뻐해야 합니다. 우리는 아직도 해결해야 할 문제를 지니고 있으며, 그 문제를 해결하기 위해 수행하는 겁니다. 이러한 과정을 거치며 우리는 성숙해집니다.

'빠르게' 깨달음을 얻는 일에 관한 아주 유명한 일화가 있습니다. 1980년대 초 미국에서 있었던 일입니다. 케임브리지 선 센터에서 명상 수행 프로그램을 운영하고 있을 때 한 여성이 안거에 참가했습니다. 그녀는 일주일 만에 우리의 가장 중요한 10개의 공안을 끝낸 후 "선은 너무 지루해요"라고 말하고는 불교의 다른 학파를 찾아 떠나갔습니다. 10개의 공안은 스님들이 해결하는 데에도 몇 년씩 걸리는 일입니다. 스님들이 하는 일은 이렇게 많은 시간이 걸립니다. 이런 어려운 수련을 하면서 자신의 카르마를 덜어내고 있는 것이지요.

어떤 일이 너무 쉽게 이루어지면, 그 일은 우리가 좀 더 분명하고 자비로워지는 데 전혀 도움이 되지 않습니다. 속도는 느리지만 조금씩 발전하고 있다면 이것은 진실한 수행자의 마음 상태로 한 걸음 더 깊이 들어가고 있다는 말입니다. 또한 여러분의 마음이 항상 맑은 상태를 유지하고 있다는 뜻이기도 합니다. 정식으로 수행하는 시간뿐만 아니라 평상시 활동할 때에도 단전은 매우 중요한 역할을 합니다. 단전으로 돌아간다는 것은 진실하게 '오직 모를 뿐'이라는 마음으로 돌아간다는 것을 의미합니다. 그때 우리의 마음은 진정 맑아질 겁니다. 이제 우리는 완전해질 수 있습니다.

하룻밤 사이에 이런 일이 일어나지 않는다고 걱정하지 마십시오. 수행을 꾸준히 계속하면 반드시 경험할 수 있습니다. 사실 장애물이란 없습니다.

학생 명상에는 끝이 없는 것 같습니다.

청안 스님 언제 명상을 시작이나 했었나요? (대중 웃음)

학생 ➤ 명상은 시작도 없고 끝도 없을 것 같습니다.

청안 스님 좋아요. 당신은 무엇이 궁금한가요?

학생 ➤ 저는 끝을 보고 싶어요.

청안 스님 알겠습니다. 잠깐 쉬고 싶지 않습니까? (웃음)

학생 ➤ 네, 쉬고 싶네요. (질문한 학생이 바닥에 눕자 대중 웃음)

청안 스님 (미소 지으며) 아직은 수행이 무르익지 않은 상태군요. 명상이란 우리의 내면을 쉬게 하는 겁니다. 본래의 편안한 마음을 찾는 것이지요. 본래의 편안한 마음은 이렇게 (누워 있는 학생을 가리키며) 바닥에 누워 엎치락뒤치락하는 상태가 아닙니다.

당신이 모든 욕심을 내버린 상태, '나, 나의, 내 것'과 같은 마음을 내려놓은 상태, 내면이 정말로 편안하게 쉬고 있는 상태를 말합니다. 이때 '나, 나의, 내 것'이라는 마음은 사라집니다. 진실로 본래의 편안한 마음 상태에 이르게 되는 겁니다.

학생 ➤ 하나 더 질문하겠습니다. 숭산 선사님께서는 종종 "모든 것을 내려놓아라. '나, 나의, 내 것'이라고 생각하는 그 마음을 내려놓아라"라고 말씀하셨습니다. 저는 지금 수행 중인데 오히려 제가 갖고 있는 '나'라는 마음은 갈수록 더 강해지는 것 같습니다. 그래서 약간 혼란스러워요. 이 강한 느낌은 무엇일까요? 수행을 해서 오히려 제 자아(ego)가 강해지는 것인가요?

청안 스님 강한 느낌이 드는 것과 강한 '나'를 갖는 것은 다릅니다.

학생 ➤ 알고 있습니다. 하지만······.

청안 스님 당신은 어떤 쪽인 것 같습니까?

학생 사실 제 마음속에는 '나'가 들어 있습니다. 그래요. 바로 그 점이 제 문제라는 걸 알고 있습니다.

청안 스님 이런, 참 안타깝네요. (대중 웃음) 하지만 당신은 그런 문제가 있음을 알고 있습니다. 이 방에 모인 모든 사람들은 그런 문제를 갖고 있지요. 그렇지요? 이제 그 문제를 어떻게 해결해야 하는지 알아볼까요?

이미 답은 나와 있습니다. 여기를 보세요. 이 '나'는 어디에서 왔습니까? 우리가 '나는 누구인가?' '나는 어디에서 왔을까?' '나의 본질은 무엇인가?'에 대해 수행할 때 이 문제에 부딪힙니다. (탕!) 진정한 에너지, 원래 있었던 에너지가 나타나면 '나'를 만들어냈던 우리의 모든 생각은 사라집니다. 이것에 대해서는 전에 말한 적이 있습니다. 생각이 사라지면 우리와 이 우주는 하나가 됩니다. 위대한 에너지가 나타나면 통일된 에너지가 나옵니다.

그러나 '이 에너지가 바로 나야' 또는 '나는 강한 사람이야'라고 한다면 바로 문제가 발생합니다. 강한 에너지를 가졌다고 해서 숨길 필요는 없습니다. 다만 '나'라는 존재 안에 가두어두지는 마십시오. 숭산 스님께서는 그저 모든 욕심을 버렸다고 해서 이 우주와 내가 하나가 되는 것은 아니라고 말씀하셨습니다. "아무것도 만들지 말라"라고 하셨습니다. 이것은 가장 중요한 가르침입니다. 아무것도 만들지 마십시오. 그러나 무엇을 행하고 그 일에 집착한다면, 놀라지 마십시오. 그런 일은 항상 일어날 테니까요.

우리는 항상 아무것도 하지 않는 깨끗한 마음을 갖도록 노력해야 합니다. 만약 무엇인가를 행했다면 결과를 원하지 마십시오. 잡지도 말고 살피거나 집착하지도 말아야 합니다.

학생 한 스님께서 법문을 하시면서 세상에서 가장 위험한 사람은 자신이 어떤 것에 대해 100퍼센트 완벽하게 알고 있다고 확신하는 사람이라고 말씀하신 적이 있습니다. 그런 다음 "선이란 자기 자신을 100퍼센트 완벽하게 믿는 것입니다"라고도 하셨습니다. 이것은 어떤 차이가 있을까요?

청안 스님 그 스님께 질문해야 하는 문제군요.

학생 저는 스님께 답을 듣고 싶습니다.

청안 스님 당신은 자신을 100퍼센트 완벽하게 믿습니까?

학생 아직은 그렇지 않습니다.

청안 스님 아직은 그렇지 않다면…… 그렇다면 당신이 자신을 완벽하게 믿을 때 이 질문의 답을 이해할 수 있겠군요. 지금은 말씀드리지 않겠습니다.

학생 스님께서는 매 순간 스님 자신을 얼마나 믿고 계시나요?

청안 스님 매 순간 말입니까?

학생 예. (대중 웃음)

청안 스님 이 주장자는 무슨 색입니까?

학생 엷은 갈색입니다.

청안 스님 주장자 색깔이 엷은 갈색이라는 것을 100퍼센트 확신하나요?

학생   그럼요. 제가 두 눈으로 보고 있는데요.

청안 스님   맞습니다. 아주 좋아요. 이런 방식으로 시작하는 겁니다. 그리고 매 순간 그 마음을 간직하도록 노력하십시오. 아주 강한 갈등으로 시달리거나 어려운 상황이 오더라도 그 마음을 버리지 마십시오. 숭산 스님께서는 "세상은 거꾸로 돌아갈 수 있어도 우리의 진실한 자아는 절대 그렇지 않다"고 말씀하셨습니다. 더 질문하실 분 없나요?

학생   좀 더 심각한 질문을 하나 하려고 합니다.

청안 스님   심각하다고요?

학생   네. 심각한 질문이요.

청안 스님   진실로 심각한 질문입니까? (대중 웃음)

학생   아주 심각합니다.

청안 스님   좋습니다. 질문하세요.

학생   공안 수행에 관한 질문입니다. 우리가 하는 수행은 하나의 과정인데 저는 점점 어렵게 느껴집니다. 공안에 대해서는 신경도 쓰지 않아요.

청안 스님   네, 계속 말씀하세요.

학생   이 수행은 그렇게 좋은 접근법은 아닌 것 같습니다.

청안 스님   질문하실 내용이 무엇입니까?

학생   어떻게 해야 제가 이 어려움을 극복할 수 있을까요? 어떻게 해야 제가 공안을 수행할 수 있을까요?

청안 스님   글쎄요, 당신이 공안에 대해 관심이 없다면 내 대답이 그리 도움이 되지 않을 것 같군요.

학생 ➤ 상관없습니다. 말씀해주세요.

청안 스님 진심으로 공안에 대해 다시 흥미를 느끼게 되기를 바라십니까? 본격적으로 다시 도전할 생각이 있나요?

학생 ➤ 그렇지 않다면 이런 질문을 드리지도 않았겠지요. 제게는 정말 심각한 문제입니다.

청안 스님 알겠습니다. 나도 신중하게 말씀드리겠습니다. 당신이 진실로 원하지 않는다면 내가 말해야 할 이유도 없으니까요. 당신이 정말로 알고 싶어 한다면 몇 가지를 알려 드리겠습니다.

학생 ➤ 네, 가르쳐주세요.

청안 스님 만일 당신이 가진 열정이 다 식어서 본래 갖고 있던 동기가 사라졌다면 아마 다른 것에 관심을 갖고 도전했거나 고통스러워했을 겁니다. 여러분의 다르마가 바닥이 났을 때 도전이나 고통은 가장 훌륭한 자극제가 됩니다. 가야 할 길의 방향을 분명하게 알고 수행의 동기가 충분한 경우에는 그냥 행동하십시오. 그냥 행하십시오. 그저 하면 됩니다. 하지만 그 길을 가면서 카르마의 단단한 벽을 만날 수도 있습니다. 그때 대부분의 사람들은 바닥에 납작하게 엎드리며 이렇게 신음합니다. "나는 관심 없어. 나는 단지 이것과 저것 사이에 나 있는 작은 틈에 끼었을 뿐이야." 이때가 가장 위험한 순간입니다. 삶과 죽음을 넘어선 것도 아니고 삶과 죽음의 중간에 있는 겁니다. 중간에 서서 어디로 가야 하는지 방향도 알지 못합니다. 이런 상태에 놓이면 자신을 일으켜 세우기 위해 스스로 위험하고 힘든 상황에 들어설 수도 있습니다. 하지만 이것도 우리에게는 쉬운 일이 아닙니다. 이 절에 살고 있는 비구니인 당신은 큰 실수를 저지르지는 않을 겁니다. 그런 일이 벌어진다면 이 절에 머무는 모든 이들이 고통스러워지니까요.

만일 이런 경우라면 정말로 당신에게 충격과 가르침을 줄 만한 그런 환경을 찾으십시오. 처음에 가졌던 마음을 다시 돌려줄 겁니다. 가끔 학생들은 훌륭한 말과 같습니다. 그들은 단지 원인과 결과만 생각하고 채찍의 그림자에 쫓겨 달리기 시작합니다. 하지만 시간이 지나면 나태해지거나 동기를 잃어버리게 됩니다. 그리고 다시 채찍으로 피가 나도록 맞고 고통을 겪어야만 비로소 평범한 말로 되돌아가 다시 달리기 시작합니다.

스스로 생각해볼 때 자신이 머리가 굳어 있고 고집 센 말과 같다고 여겨진다면 마부가 되어 자신에게 채찍질을 해보십시오. 절벽에 몰려 궁지에 빠져 있는, 도전이 필요한 상황으로 자신을 몰아가십시오. 아시겠습니까?

학생 제 존재 모두를, 제 인생 전부를 걸고 도전할 만한 위기를 만나려면 어떻게 해야 할까요?

청안 스님 무상사 근처에 있는 절벽에서 밀어드리겠습니다. 그걸 원하십니까? (대중 웃음)

학생 무슨 말씀이신지 알겠습니다만…….

청안 스님 이 시간이 끝나고 국사봉에 오르면 경험할 수 있습니다. 어려운 일은 아닙니다! 절벽에 매달려 자신에게 "이런 일을 원하는 건가?"라고 물어보면 됩니다.

학생 스님도 아시다시피 이곳은 아주 놀라운 곳입니다. 저는 유럽에 오래 있지는 않았습니다. 하지만 만일 제가 폴란드로 돌아가면 스님과 같은 일들을 경험하게 될 것 같습니다.

청안 스님 아마 그럴 겁니다.

학생 제 가족이나 친구들이 어떻게 살고 있고 얼마나 고통을 받고 있는지 보게 되면 충격을 받겠지요. 이곳은 마치 천국과 같습니다.

청안 스님 천국에서 잠들고 싶다면 먼저 당신을 깨워줄 수 있는 대상을 찾아야 합니다. 우스갯소리가 아닙니다. 천국에서 잠드는 것이 시간을 낭비하는 일보다 훨씬 더 좋은 일입니다.

학생 저를 깨워줄 대상은 어떻게 찾아야 하나요?

청안 스님 끝이 없는 당신의 카르마를 쫓아가세요! 가장 깊고 가장 더러운 카르마를 보게 되면 틀림없이 이제는 벗어나고 싶다는 생각이 들 겁니다. 더 궁금한 점 있습니까?

학생 저는 공안 인터뷰에서 한 번도 제대로 대답해본 적이 없습니다. 어떻게 대답해야 할지 잘 모르겠어요. 하지만 가끔 뜻하지 않게 마음속에 갖고 있던 생각들이 튀어나오기도 합니다. 오래된 습관 같은 거지요. 그것을 바로잡으려면 어떻게 해야 할까요?

청안 스님 바로 그런 이유 때문에 우리에게는 자신을 이끌어줄 스승이 필요합니다. 당신은 아직도 공안을 제대로 이해하지 못했기 때문에 공안 수행에 대해 충고해줄 사람이 있어야 합니다. 하지만 이야기하는 그 상황을 즐기지는 마십시오. 만일 그 상황을 즐기기만 한다면 당신은 진실을 알 수 있는 기회를 스스로 차단하고 인터뷰 시간을 불행하게 보내는 결과를 낳습니다. 당신의 생각은 당신과 해결책 사이에 있습니다. 수행을 지도하는 사람은 그 문제를 알고 지적합니다. 그것은 그가 할 일입니다. 당신이 그저 생각에만 집착한다면 문제점은 절대 해결되지 않습니다. 하나가 되지 않았기 때문이죠.

인터뷰를 하는 동안 마음들은 하나가 됩니다. 인터뷰를 하는 이유가 바로 여기에 있습니다. 순수하고 맑은 상태에서 지도하는 이의 마음과 학생의 마음, 질문하는 마음과 대답하는 마음, 이 모든 것이 하나가 됩니다. 본래의 모습으로 돌아가는 겁니다.

공안 수행은 절대 혼자 할 수 없습니다. 스승들은 스스로 볼 수 있는 것보다 더 분명하게 자신의 의식 상태를 보여줍니다. 이것은 우리가 얻을 수 있는 가장 큰 도움입니다. 참된 스승이라면 학생들이 제대로 믿기를 바랍니다. 그들은 우리가 자신의 잘못을 제대로 알고 고쳐서 진정한 자아를 찾을 수 있도록 도와줍니다. 진정한 자아를 찾은 우리는 이 세상에 도움을 줄 수 있습니다.

학생 그런 일은 절대 일어나지 않을 것 같아요.

청안 스님 당신이 '절대' 일어나지 않는다고 한다면 그렇게 되겠지요.

학생 하지만 그런 생각을 하면 너무 당황스럽습니다!

청안 스님 당신은 스스로 문제를 만들고 있군요.

학생 네, 저도 그렇게 생각합니다.

청안 스님 그 일에 대해 당황하지 마십시오. 다 부질없는 일입니다. 시간과 힘만 낭비할 뿐입니다. '모른다'는 마음으로 돌아와 수행하십시오. 그것이야말로 진정으로 소중한 일입니다.

학생 '모른다'는 마음이 어떤 것인지 정확히 설명해주십시오.

청안 스님 (탕!) 이 소리가 들리나요? 이 순간 당신의 마음은 아무것도 생각하지 않고 있습니다. 마음이 움직이지 않는다면 그것은 삶과 죽음을 넘어선 상태입니다. 삶과 죽음 이전의 원래 자리로 돌아가는 것, 이것이 바로 '모른다'는 마음이고 우리가 수행하는 이유입니다. 인터뷰를 하는 기본 목적은 공안에 대한 답을 얻고자 하는 것이 아니라 '모른다'는 마음을 얻기 위한 겁니다. 공안이 무엇인가에 대한 대답을 얻는 일은 부산물에 불과합니다. 그 마음은 지금 얻을 수도 있고 시간이 좀 더 흐른 후에 나타날 수도 있습니다. 당신의 직관, 당신의 진정한 자아, 이런 것들이 그 해답을 찾아내기 때문입니다. 그때는 '모른다'는 마음을 계속 유지하기 위해 또 다른 공안이 필요할 겁니다.

슬퍼하지 마십시오. 순수한 마음과 동기를 지닌 위대하고 영리하고 똑똑한 많은 사람들이 "3년간이나 수행을 했지만 공안에 대한 답을 못 찾았어"라며 애석해합니다. 달마 대사는 동굴 속에서 9년 동안 수행했습니다! 문제될 것이 무엇입니까? 항상 말씀드리지만 공안을 이해하지 못했다고 해서 낙담하지 마십시오.

자리에 앉아 '모른다'는 마음으로 수행하면 그것이 바로 우리의 진정한 보물입니다. 허공처럼 텅 비어 있고 거울처럼 맑은 상태를 유지해야 합니다. 공안은 단지 수행을 하기 위한 수단일 뿐이고 상황에 따른 바른 가르침, 관계와 기능을 위한 수단일 뿐입니다. 공안에 대한 답을 얻으면 무슨 일이 일어날까요? 다시 또 다른 공안을 받게 됩니다.

학생 (자신의 머리에 총 맞는 시늉을 한다)

청안 스님 아니, 아닙니다. 그러지 마세요. 그것은 해결책이 아닙니다. 그렇게 하면 당신은 또 다른 육체를 받고 모든 일이 다시 반복됩니다. 이것은 그런 일이 아닙니다. 또 다른 공안을 받는 편이 또 다른 삶을 사는 일보다 훨씬 쉽습니다. (대중 웃음) 다시 태어난다면 당신은 다르마를 다시 만나야 하고 제대로 된 스승을 만나 깨달음을 얻어야 하며 제대로 된 바른 곳에서 태어나서 온 세상을 구하기 위해 노력해야 합니다. 아마도 보통 어려운 일이 아닐 겁니다. 하지만 다른 공안을 수행하는 일은 아주 간단합니다.

학생 다른 사람의 카르마를 보실 수 있나요?

청안 스님 내가 당신의 카르마를 봐도 괜찮겠습니까? (대중 웃음) 질문하신 분이 원한다 해도 볼 생각이 없습니다. 내가 할 일이 아니기 때문입니다. 그 일은 당신이 해야 합니다. 아시겠습니까? 수행을 하면 자신의 카르마를 보게 될 겁니다. 질문 더 있습니까?

학생 저는 이제 막 명상을 시작했습니다. 하지만 명상을 하다 보면 가끔 제가 어떤 감정적인 상태에 사로잡혀 있는 듯한 느낌이 들 때가 있는데, 분노감 같아요. 그 분노 뒤에는 어떤 고통이 있는 것 같은데 심장 주변이 열리는 듯한 고통을 경험했습니다. 이런 것들이 그저 일어날 수 있는 환상인지 아니면 '나, 나의, 나를'이라는 생각을 멈추게 되는 과정인지 알 수가 없습니다. 어떻게 생각해야 할지 정말 모르겠어요.

청안 스님 당신은 정말로 그 경험에 대해 생각해보기를 원합니까?

학생 아니요, 그렇지 않습니다. 하지만 잘못된 길을 가고 싶은 생각도 없습니다.

청안 스님 명상은 몸을 움직이거나 말을 하거나 마음가짐에 대한 것이 아닙니다. 어디로 가는 것도 아닙니다. 길이 없습니다. 아시겠습니까? 반야심경에 따르면 길도, 인식도 없고 깨달음도 없다고 했습니다. 바로 그것이 명상입니다. 마음속에 떠오르는 일들은 우리가 찾는 것이 아닙니다. 좋은 것도 아니고 나쁜 것도 아닙니다. 나타났다가 사라지는 것들은 영원하지 않습니다. 그렇다면 이 감정들은 무엇일까요? 어떤 강한 감정이나 생각이 들 때면 그들이 무엇인지 알아보십시오. 그것이 우리가 할 일입니다!

만일 우리가 나타났다가 사라지는 것들에 대해 집착하기 시작한다면 예전과 같은 그 오래된 카르마로 다시 돌아가게 됩니다. 좋은 것은 좋다고, 나쁜 것은 나쁘다고 느끼십시오. 높은 것은 높게, 낮은 것은 낮은 상태로 받아들이세요. 그뿐입니다. 당신의 감정이나 생각이 어떠한지 확인하려고 하지 마십시오. 마음속에 있는 대로 그냥 느끼십시오. '모른다'는 마음으로 돌아가십시오.

어떤 설명을 듣는 일보다 더 명확하게 알 수 있을 겁니다. 생각하고 분석하려고 한다면 미안한 말이지만 곤란해질 겁니다. 논리적인 자세는 도움이 되지 않습니다. 특히 서구인들은 이런 태도를 버려야 합니다. 기독교도들의 수행에서 묵상을 빼고 나면 오직 기도만 남을 뿐입니다. 참선도 안거도 없이 오직 기도만 하는 한국 불교를 상상이나 할 수 있을까요? 지금 우리가 알고 있는 불교와는 전혀 다른 모습이겠지요. 그렇죠? 명확하게 알려고 하지 마십시오. 생각하지도 마십시오. 그냥 바라보십시오. 아무것도 원하지 마세요. 바로 그 순간 우리는 놀라운 곳에서 놀라운 시간을 보내게 됩니다.

학생 마음이 계속 움직이면 모든 일이 다 허상이란 말씀인가요? 그렇다면 이 환상에서 깨어나면 마음은 더 이상 움직이지 않는다는 건가요?

청안 스님 '마음이 움직인다'도 잘못이고 '마음이 움직이지 않는다'도 잘못입니다. 단지 이해하기 쉽게 하고자 사용하는 말일 뿐입니다. 움직이는 마음과 움직이지 않는 마음은 서로 반대 의미를 갖고 있습니다. 하지만 우리의 진정한 자아는 이 두 가지를 넘어선 곳에 있습니다. 바로 이 점을 이해한다면 (탕!) 어떤 일이 일어나도 흔들리지 않고 중심을 잡을 수 있을 겁니다. 또 방향이 바르다면 어떻게 행동해도 아무 문제가 되지 않습니다. 이제 무엇이든 할 수 있습니다. 스승의 말에 집착하지 마십시오. 그 말에 집착하는 순간 우리는 수행의 진정한 의미를 잃게 됩니다.

이곳에 모인 모든 분들이 열심히 수행하고 바른 방향을 따라 앞으로 나아가 보살의 길을 함께 걷게 되기를 바랍니다. 그렇게 할 때 우리는 진정한 자아를 찾고 모든 허상에서 벗어나 고통에서 신음하는 중생들을 구제할 수 있게 될 겁니다.

    모두 감사합니다.

··· 한국 무상사

2

우리는 왜 태어났는가?

사성제
14개의 대답하지 않은 질문들
'모른다'와 자비
수트라와 선
다르마의 전달

카티야(참선을 공부하는 학생)의 인사말 여러분, 안녕하십니까? 먼저 제가 어떻게 수행을 시작하게 되었는지, 그리고 그것이 얼마나 색다른 경험이었으며 제 인생에 얼마나 큰 영향을 미쳤는지에 대해 말씀드리겠습니다. 수행은 하나의 모험 같았고, 한나절의 꿈과도 같았습니다. 그리고 어느새 저는 선에 대해 공부하기 시작하던 때의 저와는 다른 존재가 되었습니다. '나'에 대한 감정, 인간으로서의 '나'에 대한 느낌들, '나'와 세상과의 관계 등 모든 것이 변했습니다.

솔직히 말씀드리면 저는 이 변화에 대해 충분히 대응할 준비가 되어 있지 않았습니다. 무슨 일이 일어나고 있는지, 그리고 그 일이 왜 일어났는지 알지 못합니다. 처음에는 내가 이것을 하는 이유가 명백하지 않았습니다. 하지만 일정 기간 규칙적인 수행을 지속한 후 제 인생에서 무슨 일이 일어나고 있고 그 영향력이 매우 크다는 사실, 그리고 명상 수행이라고 부르는 완전히 다른 방향으로 나아가기 시작했다는 것을 알게 되었습니다. 이것은 아주 중요합니다. '나 자신' 또는 '에고'라고 할 수 있는 벽 같은 존재들이 점점 얇아지면서 사라지기 시작했습니다. 수행을 시작할 때는 이런 것들을 기대하지 않았지만 이제는 간절히 원하고 있습니다. 왜냐하면 아주 의미 있고 유익하기 때문입니다. 저뿐만 아니라 모든 이에게 수행은 의미 있고 유익하리라 믿습니다. 감사합니다.

청안 스님 감사합니다. 카티야 양. 자, 이제 다르마나 선 수행 또는 우리의 삶에 대해 궁금한 분은 자유롭게 질문해주십시오.

학생 질문 있습니다. 왜 이런 수행을 해야 하는지 정말 궁금합니다.

청안 스님 당신은 왜 태어났습니까?

학생 어디서 태어났냐고요?

청안 스님 아니요, 왜 태어났습니까?

학생 왜라니요?

청안 스님 당신은 왜 태어났습니까? 왜 이 세상에 오게 되었을까요?

학생 모르겠습니다.

청안 스님 그렇기 때문에 수행을 해야 합니다. 자신이 왜 태어났는지 아는 사람은 그리 많지 않을 겁니다. '내가 왜 이곳에 있는 것일까?' 하고 의문을 갖는 사람도 많지 않습니다. 이런 사람들을 위해 수행이 필요합니다. 붓다께서는 이 의문에 대해 깊이 생각해본 끝에 '이 모든 것은 마음에서 비롯되었다'는 답을 얻었습니다. 처음에 붓다는 이 사실을 사람들에게 널리 알리기를 주저했다고 합니다. 화엄경에 보면 이때 최고의 창조자인 브라흐마를 비롯한 가장 높은 하늘의 신들이 내려와 "붓다여, 중생들에게 당신이 깨달은 것을 널리 알려주십시오. 이들의 눈은 무지로 덮여 있어서 제대로 볼 수 없습니다. 부디 중생들에게 가르침을 주십시오"라고 간청하는 대목이 나옵니다.

생각해보면 명상이나 선 수행이 대중들에게 아주 인기 있었던 적은 한 번도 없었습니다. 불교의 사상과 의식을 따르거나 다른 종교를 믿는 일, 다른 사상이나 우상을 섬기는 일들은 따라 하기 쉽습니다. 그저 믿고 그대로 따르기만 하면 됩니다. 또 이렇게 하면 사람들이 원하는 어떤 불변함이나 집단의식, 소속감 등에 대한 욕구가 충족되기도 합니다. 하지만 선 수행은 이런 욕구를 채워주지 않습니다. 사실은 전혀 관계가 없다고 할 수 있습니다. 선 수행은 앞에서 말한 의문점들의 근본이 무엇인지를 알기 위해 행하는 겁니다. 우리는 왜 이곳에 있을까요? 왜 태어나고 왜 죽는 것일까요? 태어나서 살고, 다시 죽어서 떠난다는 이 역설적인 일들은 무슨 의미를 지니고 있을까요? 우리가 어디로 가야 하는지 아무도 알지 못합니다. 설사 어떤 생각이나 꿈 등을 가졌다 해도 하룻밤 사이에 변할 수 있습니다.

왜 우리는 고작 70년이나 80년밖에 살지 못하는 것일까요? 전생에 우리는 무엇이었을까요? 그리고 죽은 후에는 무엇이 기다리고 있을까요? 이런 것들은 다 무슨 의미일까요? 붓다께서는 다른 성인들과 마찬가지로 이 문제를 깊이 생각하고 마침내 그 대답을 찾아냈습니다. 하지만 처음에 붓다는 그 깨달음을 널리 알리지 않고 침묵했습니다.

우주의 기원, 신의 기원, 인간 의식의 기원 등 붓다께서 질문을 받고도 대답하지 않은 '대답 없는 질문 14가지'가 있습니다. 많은 사람들이 이런 질문을 했지만 붓다는 끝내 침묵으로 대응했습니다.

왜 붓다께서는 '14가지의 형이상학적 질문'에 대해 대답하지 않았을까요? 많은 사람들이 질문을 했지만 그저 "이런 질문들은 삶이란 고통이고 그 고통은 집착에서 나왔다는 것, 집착을 끊어야만 고통에서 벗어나 깨달음의 열반에 오른다는 것, 그리고 그 깨달음을 얻는 방법을 찾는 것에 전혀 도움이 되지 않는다"라고만 말씀하셨을 뿐입니다. 만일 그 '14가지의 형이상학적 질문'이 앞에서 말씀하신 고통의 원인을 밝히고 벗어날 수 있는 방법인 사성제(四聖諦, Four Noble Truths: 네 가지 성스럽고 고귀한 진리 - 옮긴이)를 이해하는 데 도움이 되는 질문이라면 붓다께서는 기꺼이 대답을 해주셨을 겁니다. 하지만 붓다는 침묵을 지켰습니다.

붓다는 특히 무상(無常), 연기(緣起), 원인과 결과, 다르마의 성질에 대해서 강조하셨습니다. 무아(無我) 또는 '나라는 개념이 없는 존재'는 그의 가르침을 한마디로 나타낸 말이라고 할 수 있습니다. 이 외의 다른 가르침들은 지금 이곳에 있는 우리들의 존재 이유, 존재의 핵심에 대한 이론이 아닙니다.

어느 날 중국의 조주 선사께서는 붓다의 말씀을 모아놓은 불경을 공부하고 있는 승려들을 보고 이렇게 말했습니다. "금으로 된

먼지는 값은 나가지만 여전히 우리의 눈을 아프게 만든다네." 역시 같은 생각을 하던 붓다께서는 '우리는 왜 태어나고 죽는 것일까?' '우리는 왜 이 세상에 살아가는 것일까?' 라는 가장 심오하고 중요한 가르침을 전해주셨습니다. 다른 질문 없습니까?

학생 ▶ 좀 무지한 질문일 것 같은데요.

청안 스님 무지한 질문은 좋은 질문입니다.

학생 ▶ 무슨 말씀인지 잘 모르겠어요.

청안 스님 괜찮습니다. 질문하세요.

학생 ▶ 저는 가끔 '모른다'와 '상관없다'가 서로 비슷한 의미를 갖고 있는 것이 아닌가 하는 생각이 듭니다. 좋다와 나쁘다의 차이도 없는 것 같고요. 그렇다면 자비심을 키울 필요가 있을까요?

청안 스님 '모른다' 란 무슨 뜻일까요?

학생 ▶ 잘 모르겠습니다.

청안 스님 이 질문에 대답을 하는 순간 바로 당신은 실수를 저지르는 겁니다.(말로 표현하려는 것이 잘못이라는 의미 - 옮긴이)

학생 ▶ 실수라고요?

청안 스님 단어와 말이 있으면 '모른다'는 사라집니다. 모른다는 것은 무엇일까요? (학생이 바닥을 친다) 그렇습니다. 따라서 여러분이 이것을 이해할 때 (탕!) 여러분과 이 세상은 하나가 됩니다. 이것이 바로 자비심의 시작입니다.

학생 ▶ 이해가 잘 안 되는데요.

청안 스님 당신의 마음과 내 마음이 하나가 되면 그때 자비심이 일어납니다. 당신의 마음과 고통 받고 있는 고양이의 마음이 하나가 되면 그것이 바로 자비심입니다. 그러므로 '모른다'란 '내가 없다'를 의미합니다. '나, 나의, 내 것' 등 나라는 존재가 있다고 생각할 때 집착하게 됩니다. '모른다'는 마음은 이런 상태가 아닙니다. '나라는 개념이 없는 상태'일 때 자비심이 발생합니다. 더 이상 알아야 할 것이 없습니다. 그저 여러분의 업보를 내려놓고 '안다'에 대한 집착을 놓아버리십시오. 그러면 저절로 여러분과 이 세상은 하나가 될 겁니다.

'상관없다'에 대해서 이야기해보겠습니다. 이 말은 이해하기가 매우 쉽습니다. '상관없다'란 우리가 이미 어떤 생각에 사로잡혀 있기 때문에 보고, 듣고, 냄새 맡고, 만지고, 생각할 때 본질을 제대로 볼 수 없는 상태가 되었다는 의미입니다. 있는 그대로 맑게 바라볼 수 있는 마음이 이미 갖고 있는 생각에 따라 움직이게 되면 모든 사물에 대해 자신과 '상관'이 있는지 없는지 구별하게 됩니다. 즉, 제대로 보지 못하는 것이지요. 모든 것을 내려놓으십시오. 생각을 따라가면서 모든 것을 놓아버리십시오. 우리는 우주가 우리와는 다른 별개의 존재라고 믿기 때문에 제대로 보고, 듣고, 냄새 맡고, 맛보고, 만지고, 생각하지 못합니다. 이렇게 '모른다'와 '상관없다'는 다른 의미를 갖고 있습니다.

학생 잘 알겠습니다. 감사합니다.

청안 스님 천만에요. 자, 또 다른 질문 있으십니까? 어떤 질문이라도 상관없습니다.

학생 ▶ 궁금한 것이 있는데요, 스님께서는 경전을 읽으시나요?

청안 스님 네, 그럼요.

학생 ▶ 얼마나 자주 읽으시는지요?

청안 스님 매일 읽습니다.

학생 ▶ 어떤 경전을 읽으십니까?

청안 스님 매일 매 순간 우리는 상대방에게 어떤 영향을 미칩니다. 우리는 이런 모습을 언제 어디에서나 볼 수 있습니다. 질문을 하나 할까요? '수트라(sutra)'의 의미가 무엇인지 알고 있습니까?

학생 ▶ ……

청안 스님 좋습니다. 10년, 20년 동안 경전을 공부한 스님들과 비교해보면 나는 문맹 수준이라고 할 수 있습니다. 거의 야만인이지요. 하지만 선을 수행하면 만물을 제대로 바라볼 수 있게 됩니다. 경전을 공부하면서 평생 수행을 한 번도 하지 않는 스님도 있습니다. '수트라'는 붓다의 말씀을 모아놓은 것으로, '가르침'이라는 의미를 갖고 있습니다. 이 경전들을 통해 붓다의 가르침을 알 수 있습니다. 하지만 달콤한 초콜릿도 너무 많이 먹으면 위를 상하게 만들 듯이 경전을 지나치게 많이 읽는 것도 좋은 일은 아닙니다. 나 역시 관심 있는 경전을 수없이 많이 읽었고, 그 안에서 많은 것을 배웠습니다. 여러분에게 해준 이야기 중에는 경전에서 읽은 것들도 있습니다. 하지만 다르마를 설명하기 위해 경전을 인용한 적은 없습니다. 다르마는 경전을 읽어서 알 수 있는 것이 아닙니다. 또한 (머리를 가리키면서) 여기를 통해서 알 수 있는 것도 아닙니다. 인터넷에 로그인만 하면 마음이 만들어낸 이 세상에서 사람들이 매 순간 무엇을 하고 있는지, 어떤 이유로 행동하고 어떤 결과가 나타나는지를 알 수 있습니다. 이것이야말로 현실적인 가르침을 담은 경전이라고 할 수 있습니다. 개인의 업이나 집단의 업이 무엇인지 알고 싶다면 사람들의 얼굴과 눈을 보고 그들의 행동, 걸음걸이, 태도 등을 자세히 보십시오. 이들은 모두 살아 있는 가르침입니다.

붓다와 큰 스님들의 말씀을 글로 남겨놓은 것이 경전입니다. 경전이 좋다, 나쁘다 말할 수는 없습니다. 하지만 경전의 내용을 지혜로 만들기 위해서는 직관과 번뇌에 물들지 않은 깨끗한 마음이 필요합니다. 수행의 목적은 붓다의 마음을 얻는 겁니다. 경전을 많이 공부하고 안 하고는 관계가 없습니다.

숭산 스님의 《선의 나침반》을 보면 깨달음을 얻기 위해서 어떻게 해야 하는지 자세히 나와 있습니다. 여러 번 반복해서 읽어보시기 바랍니다. 선 수행이란 공안을 이해하기 위해 마음을 올바르게 움직이고 기능하게 만드는 훈련을 의미합니다. 공안을 제대로 이해했는지 토론해보면 마음이 기능을 발휘할 때도 있고 그렇지 않을 때도 있습니다. 살아 있는 가르침, 살아 있는 수행을 할 때 경전은 필요하지 않습니다. 공안을 갖고 자신이 처한 상황에서 해결 방법을 찾을 준비가 되어 있다면 살아가면서 부딪히는 커다란 문제를 해결하고 답을 찾을 수 있습니다. 간단하게 말해서 이런 것이 경전입니다. 경전을 좋아하나요?

학생 좀 어려운 질문인데요.

청안 스님 내가 경전에 의지하지 말라고 강조하는 이유는 그것이 '선의 4원칙' 중 하나이기 때문입니다. 붓다가 입멸한 지 1,000년이나 지났지만 사람들은 여전히 경전을 공부합니다. 이런 시대에 전통을 따르는 것은 아주 편한 일이지요. 사람들은 붓다께서 경전만 읽어서는 깨달음을 얻을 수 없다고 하신 말씀을 잊은 채 경전에 의지하여 경전과 함께 살아갑니다. 경전에 의지하는 것은 중간 단계라고 할 수 있습니다. 물론 중요한 단계이지만 사실은 수행을 하는 것과 안 하는 것의 중간 단계 정도에 해당됩니다.

달마 대사는 '선의 4원칙'을 이야기했습니다. 첫 번째 원칙은 '경전에 의지하지 말 것'입니다. 두 번째는 '마음에서 마음으로의 전달'이고, 세 번째는 '인간의 본성을 제대로 보기', 네 번째는 '자신의 참 모습을 찾아 깨달음에 이르기'입니다. 선에서 말하는 대부분의 말이나 행동은 경전의 커다란 배움의 피라미드에서 윗부분에 해당합니다. 제일 위에 올려놓을 돌 하나는 없는 상태입니다. 따라서 우리는 이 돌을 찾아야 합니다. (탕!) 왜 찾아야 할까요? 질문을 하나 하겠습니다. 경전에 있는 말씀들은 어디에서 온 것일까요?

학생 어디에서 오다니요?

청안 스님 경전은 어디에서 생겨났을까요? 어디에서 이런 가르침들이 나왔을까요?

학생 ─ 붓다께서 말씀하셨습니다.

청안 스님 붓다는 무엇입니까?

학생 ─ 붓다가 무엇이라니요?

청안 스님 나는 개인으로서의 붓다를 질문하는 것이 아닙니다. 마음에 대해서 이야기하고 있습니다.

학생 ─ 음…… 역사적인 인물로서의 붓다를 말씀하시는 건가요? 아니면…….

청안 스님 깨달음입니다. 붓다는 '깨달은 사람'이라는 뜻을 갖고 있지요.

학생 ─ 아, 예, 알겠습니다.

청안 스님 하지만 중요한 것은 이것이 아니라 붓다가 무엇을 깨달았느냐 하는 점입니다. 그래서 당신에게 깨달음을 얻은 붓다의 마음이 어떤 마음인가를 질문한 겁니다. 깨달음을 얻은 마음이란 무엇일까요?

학생 ─ 중요한 것은 그것이 아닌 것 같습니다.

청안 스님 중요한 것은 그 마음이 어디에서 왔을까 하는 문제입니다. 그것을 모른다면 우리는 경전을 바르게 이해할 수 없습니다. 만일 붓다와 똑같은 깨달음을 얻었다면 그것은 경전이 어디에서 비롯되었는지를 알게 된 것이라고 할 수 있습니다. 아시겠습니까? (탕!) 바로 마음입니다. 단어와 말 이전에 존재하는 마음, 아무것도 없는 공간과 같이 텅 비어 있고 유리처럼 맑은 마음입니다. 이 마음을 깨어 있는 마음, 붓다의 마음이라고 합니다. 마음이 이렇게 맑아지고 비워질 때 비로소 경전을 바르게 이해할 수 있게 됩니다. 생각에만 사로잡혀 있다면 결코 경전을 제대로 이해할 수 없습니다.

아무리 경전을 열심히 읽고 그 안에 있는 계율을 그대로 지킨다 해도 마음을 비워 맑게 하지 않는다면 아무 소용이 없습니다. 마음이 맑지 않다면 아무것도 이룰 수 없습니다. 최근에 이런 가르침의 원천인 깨어 있는 마음을 깨닫는 것이 중요한 문제가 되었습니다. 우리 안에 이미 존재하는 지혜와 힘, 직관력, 자발성 등을 일깨워주기 때문입니다. 자신이 이미 붓다의 마음을 갖고 있음을 깨닫지 못한다면 여러분은 자신의 잠재력을 방치하는 것이며, 여러분과 여러분의 진정한 자아 사이에 생각이라는 벽이 놓이게 됩니다.

이 벽이 사라지면 시간과 공간의 구별도 사라집니다. 즉, 여러분과 이 세상이 하나가 되는 겁니다. 우리의 마음과 우주의 법칙인 다르마가 하나가 되면 더 이상 규칙을 지킬 필요가 없습니다. 우리 사찰예법 첫 장에 선과 관련된 아주 재미있는 대목이 나오는데 내용은 이렇습니다. "5계 또는 10계를 받으면 어떻게 해야 계율을 지키고 어떻게 해야 계율을 어기는 것인지 잘 알아야 한다. 항상 변하는 자아를 버리고 진정한 자아가 되어야 한다. 본성으로 돌아가서 보면 이것도 없고 저것도 없다. 커다랗고 둥근 거울로 보면 좋은 것도 싫은 것도 없으니." 만일 여러분이 중도를 걷고자 한다면 계율을 지키는 문제에 대해서도 생각해봐야 합니다. 계율을 이해하면 행동이 좀 더 자유로워지고 인간적인 면에서도 더 완벽해질 수 있습니다. 다른 질문이 있으신가요?

학생 더 편할 것 같은데요.

청안 스님 무엇이 편하다는 건가요?

학생 계율이 있으면 더 편하지 않을까요?

청안 스님 음…… 난 그렇게 생각하지 않습니다. 계율에 집착해서 '아, 계율에서 이렇게 하라고 했지. 아, 이럴 땐 이렇게 해야 하고 저렇게 해야 해' 하며 그대로 따라 한다면 당장은 편하겠지요. 하지만 매번 계율에 맞는지 안 맞는지를 따져야 한다면 점점 피곤해질 겁니다. 마치 날카로운 칼날 위를 걷는 것처럼 위태위태한 기분이 들겠지요.

학생 스님께서는…… 그러니까 모든 사람이 그 계율을 지키고 있다고 생각하십니까?

청안 스님 아닙니다. 이 세상을 보십시오. 만일 사람들이 모든 것을 이해한다면 그렇게 커다란 계율이 왜 필요하겠습니까? 또 다른 질문 없나요? 어떤 질문이라도 하십시오.

학생 궁금한 것이 있습니다. 붓다께서는 마하가섭에게 어떤 것을 전해주셨다고 하는데 그게 무엇입니까?

청안 스님 내 앞에 앉아 있는 당신은 누구입니까?

(학생이 탕! 하고 바닥을 친다.)

청안 스님 그것뿐입니까?

학생 스님께서는 무엇을 보십니까?

청안 스님 제가 묻고 있습니다.

학생 하늘이 파랗습니다.

청안 스님 좋습니다. 붓다께서는 마하가섭에게 꽃을 주셨습니다. 마하가섭은 그 의미를 완벽하게 이해할 수 있기 때문이었죠. 숭산 선사께서는 이렇게 말씀하셨습니다. "오늘날 붓다께서 무엇인가를 전해주신다면 그것은 눈물을 통해서였을 것이다." 붓다께서 꽃을 보여주지 않고 눈물을 흘리셨다고 생각해보십시오.

불교가 이어져오는 동안 전법(傳法)의 모습은 매번 다르게 나타났습니다. 붓다 이후로 꽃을 집어든 사람은 없고, 5조 선사나 6조 선사 이후에는 쌀을 찧도록 시키는 사람도 없었습니다. 만일 6조 선사 혜능이 스승의 말씀을 이해하지 못했다면 법을 전해 받지 못했을 겁니다. 하지만 혜능 선사는 지팡이로 쌀을 세 번 찧은 스승의 마음을 이해했기 때문에 한밤중 삼경의 시간에 스승의 방으로 들어갔던 겁니다.

전법은 매 순간 상황에 맞게 일어나고 있습니다. 붓다가 살아게시던 시대는 모든 것이 아주 단순했습니다. 지금보다 훨씬 단순한 세상이었고 그렇기 때문에 전법의 방법도 간단하게 이루어졌습니다. 붓다께서 꽃을 들어 보였을 때 마하가섭은 그 의미를 완전하게 알아차리고 미소를 지었습니다. 지금 생각해보면 참 단순한 모습입니다.

이제 세상은 점점 더 복잡하게 얽혀가고 있습니다. 사람들의 생각 역시 중도에서 벗어나 점점 더 극단으로 치달으면서 고통도 더 커져갑니다. 그렇기 때문에 '나는 무엇인가?'와 같은 간단하고 원초적인 의문을 생각하며 마음을 단순하게 만들어야 합니다.

전법의 원래 의미는 무엇일까요? 지금 나의 이야기를 듣는 여러분은 어떤 사람들입니까? 이 질문에 대한 답을 찾았다면 완전한 전법이 이루어진 겁니다. 매일 아침 차가운 물로 세수를 하면서 우리는 법을 전해 받습니다. 신선한 공기를 마시고 하늘을 바라보면서 자연이 내려주는 법을 전해 받고 있습니다. 참으로 놀라운 일이지요.

다르마를 전하는 것은, 여러분도 아시다시피 뱀의 다리를 그려 넣는 일과 같습니다. 마음은 이미 그곳에 있지만 어떤 식으로든 형태를 갖추어야만 바깥세상에서 이해할 수 있기 때문입니다. 별도의 전법이 없을지라도 스승은 진정으로 법을 이어갈 사람이 누구인지 알아볼 수 있습니다. 법을 완전하게 이해하는 사람들입니다. 하지만 보통의 평범한 세상이나 수행자 집단을 위해서는 일종의 의식절차가 정말로 필요합니다.

수행은 진지하게 자신이 있는 곳을 살피며 한 걸음 더 나아가려는 노력을 말합니다. 이 방 안에 있는 여러분은 모두 이 사실을 알고 있습니다. 그렇지 않다면 이곳에 오지도 않았을 겁니다. 아마 여러분이 믿고 싶어 하는 어떤 대상이 있는 곳이나 자신의 참모습을 볼 수 없는 그런 곳에 가 있겠지요. 자신을 찾는 길을 간다는 것은 평범한 사람들에게는 아주 힘든 일입니다. 우리는 종종 이런 의문을 제기합니다. 왜 유럽에는 단순히 어떤 사상을 믿고 따르는 단체가 유난히 많은 것일까? 왜 그럴까요? 여러 사람들과 함께 몰려다니는 것이 더 편하기 때문입니다.

다른 사람들이 다 같이 믿고 있는 것을 그대로 따라 하기는 아주 쉽습니다. 겉으로 보이는 것만 따르고, 자신이 누구인지, 어디에 있으며 무엇을 하는지 알지 못한다면 정신적으로는 아직도 어린아이라고 할 수 있습니다. 우리는 성숙한 어른이 되어야 합니다. '어른'이란 자신의 힘으로 무엇이든 이룰 수 있는 사람입니다. 우리는 스스로 자신이 누구인지, 인간이란 어떤 존재이며 우리가 해야 할 일은 무엇인지 알아내야 합니다. 어떤 사상을 따르는 등 외형적인 것에 끌려 다녀서는 안 됩니다. 힘들게 얻은 진실은 우리를 단단하게 만들어줍니다. 많은 차이가 있지요. 이것은 참으로 대단하지만 힘든 일이기도 합니다. 하지만 일상적인 관점에서 본다면 그리 특별한 일도 아닙니다. 그저 수행하고, 자신의 일을 하면 됩니다. 그뿐입니다. 이렇게 할 때 우리는 지혜를 얻을 수 있고 우리가 사는 세상과 완벽하게 하나가 됩니다.

수행자의 마음은 아주 맑아서 자신이 어떤 상황에 놓여 있는지 알 수 있고, 이것이 동기가 되어 수행을 더욱 열심히 하게 만들어줍니다. 오늘날 우리들이 처해 있는 상황은 그리 좋지 않습니다. 아마 여러분도 알고 있을 겁니다. 노르웨이는 안전하고 부유한 국가입니다. 하지만 좀 더 살펴보면 그렇지 않은 부분도 있음을 알 수 있습니다. 오슬로에서도 사람들이 말하고 행동하고 상대방을 대하는 모습에서 좋지 않은 부분을 발견할 수 있습니다.

스님들끼리 사하라 사막에 대해 이야기하면서 "사하라는 아무것도 아니지. 무기만 다 팔아도 그 돈으로 사하라를 에덴동산으로도 바꿀 수 있다니까"라고 한 적이 있습니다. 과수원 아시죠? 과일이 주렁주렁 열린 나무로 가득 찬 곳이지요. 전 세계의 1년간 국방 예산액 정도만 있으면 사하라 사막을 과수원으로 바꾸어놓을 수 있습니다. 사실입니다. 그 돈으로 시작한다면 사하라 사막은 옥토로 바뀔 겁니다. 어려운 일이 아닙니다. 사막을 과수원으로 바꾸겠다는 마음을 먹고, 쓸데없는 무기 따위들을 팔아버리면 됩니다.

마음만 달리 먹으면 몇 억의 인구가 서로 싸우고 있는 이 세상은 30억이 넘는 이들에게 편안한 휴식처가 될 수 있습니다. 단지 몇 억 명의 마음가짐 때문에 우리는 곤란을 겪고 있습니다. 이들은 다루기도 힘들고 사회적 안정성도 유지하기 힘든 철없는 10대와 같다고 할 수 있습니다. 마치 창가 자리나 더 큰 의자를 차지하기 위해 사람들과 싸움을 벌이는 참을성 없고 욕심만 앞서는 10대처럼 행동하는 것이지요. 오늘날 많은 사람들이 성숙하지 못하고 지혜롭지 못한 마음을 갖고 있습니다. 나를 믿지 말고 여러분 자신을 위한 방법을 찾으십시오. 그것만이 유일한 방법입니다. 어떤 길을 선택하든지 그것은 관계없습니다. 올바른 길을 선택했다면 하늘은 파랗고 나무는 초록색이며, 승복은 회색이고 가사의 색은 갈색이라는 별로 다를 바 없고 특별하지 않은 결론을 내리게 될 겁니다. 하지만 이런 결론을 내리기 위해서는 엄청난 노력을 기울여야 합니다.

학생 ➤ 고맙습니다.

청안 스님 천만에요. 또 다른 질문 있습니까? (모두들 침묵) 여러분 마음속에 담고 있는 어떤 이야기라도 해보십시오. 그 이야기들이 내가 소개하는 선에 관한 일화보다도 훨씬 더 도움이 될 겁니다. 질문이 없으시다면 먼 옛날 중국에서 있었던 이야기를 해드릴까 합니다. 하지만 이야기보다는 여러분이 갖고 있는 생각이나 의문 사항들을 듣고 토론하는 편이 훨씬 더 이해하기 쉽고 유익할 것이라는 생각이 드는군요.

학생 ➤ 음…… 궁금한 것이 있는데요.

청안 스님 네, 말씀하세요.

학생 ➤ 제가 보기에는 가끔 바른 길을 가는 것이 아주 어려울 때가 있는 것 같아요. 그러니까 상냥하고 자비심이 넘쳐야 하는데 어떤 경우에는 그렇게 되기가 쉽지 않거든요. 더 좋은 방법은 없을까요?

청안 스님 왜 항상 상냥해야 한다고 생각하세요?

학생 ➤ 아니, 그게…… 그런 뜻이 아니라…….

청안 스님 항상 그럴 필요는 없습니다. '항상 상냥하게'와 '올바른 상황'은 다릅니다. 아이들에게 "하지 마"라고 소리칠 때가 있는데, 이것은 상냥한 행동일까요? 그렇지 않습니다. 그러면 상냥하지 않은 행동을 해야 할 필요가 있을까요? 그럼요, 그렇게 해야 할 때도 분명히 있습니다. 때로는 이런 상냥하지 못한 행동이 사람의 생명을 구할 수도 있습니다. 그렇습니다. 때로는 공공연하게 이렇게 행동하기도 합니다. 한번은 버스를 타고 파리에서 돌아오는 중에 좌석 때문에 약간 문제가 생긴 적이 있었습니다. 일행 중 반은 버스를 이용하고 나머지는 파리에 머물기로 했는데, 몇몇 사람이 버스가 밤 12시에 떠난다고 생각했습니다. 좌석배치를 시작했는데 이들은 바게트를 사러 갔습니다. 평소에 아주 모범적으로 행동하는 학생 한 명이 늦게 도착했을 때 나는 소리쳤습니다. "빨리 일행한테 가서 모이라고 하세요! 어서! 뛰어가요!" 그때 광장에 있던 200명이 넘는 프랑스 사람들은 이 모습을 좋지 않게 생각했을 겁니다.

하지만 나는 신경 쓰지 않았습니다. 만일 버스를 타지 못하면 우리는 비행기를 놓치고 모두 뿔뿔이 흩어지게 될 텐데, 그런 위험을 감행할 필요는 없으니까요. 삭발을 하고 두루마기를 입은 나를 보면 누구라도 정체를 알 수 있겠지만 나는 모든 것을 감수하고 크게 소리 질렀습니다. 그 순간에는 그렇게 해야 했기 때문입니다. 광장 반대편에 있는 빵집 안에 있던 일행들은 로켓이 발사되는 것처럼 빠르게 뛰어 나왔습니다. 바른 상황을 만들고 모든 일이 바르게 돌아가도록 하기 위해서는 상냥함을 포기할 필요도 있습니다. 상황에 맞게 행동해야 합니다. 언제나 누구에게나 상냥해야 한다는 강박관념은 버리십시오. 그리고 화 또는 욕망 등과 같은 다른 종류의 에너지가 자신을 지배하지 않도록 하십시오. 중요한 것은 감정입니다. 감정에서 모든 일이 일어나기 때문입니다. 만일 여러분이 어떤 감정을 느꼈다면 그것을 이용해보십시오. 자신에게 어떤 감정이 일어나는지 알지 못한다면 분명 문제가 있는 겁니다. 이때는 감정이 여러분을 지배하게 됩니다.

붓다의 가르침에서 가장 중요한 것은 '이것이 존재하면 저것도 존재한다'입니다. 질문이 있으면 대답이 있고 질문이 없으면 대답도 없습니다. 고통이 있으면 깨달음이 있고 고통이 없으면 깨달음도 없습니다. 이것이 바로 모든 사람이 자신의 내면을 돌봐야 하는 이유입니다. 무엇을 위해 수행을 하십니까? 선을 위해서도 수행 자체를 위해서도 아닙니다. 여러분의 인생을 위해 수행을 해야 합니다. 동기는 무엇인가요? 어떤 방법으로 하고 있습니까? 여러분의 수행이 제대로 이루어지려면 이 두 가지가 분명해야 합니다. 승복을 입고 머리를 깎고 하루에 세 번 수행을 해도 왜, 무엇 때문에 수행을 하는지 알지 못한다면 쉽게 포기하게 됩니다. 오늘 이곳까지 와서 질문도 하고 관심을 보여주신 여러분께 감사드립니다. 이곳에서든 다른 장소에서든 더 깊은 수행을 하시길 바랍니다. 감사합니다.

· · · 노르웨이 오슬로

허상과 생각

이원론적인 마음의 근원
수행과 기교
의식과 제의
붓다, 다르마, 승가(僧家)
허상과 '나'

청안 스님 여러분의 인생이나 매일매일의 수행에 대해 궁금한 것이 있으면 질문해주십시오.

학생 질문하겠습니다. 우리가 안고 있는 문제점들은 어디에서 오고 어디로 가는 것일까요?

청안 스님 당신이 오늘 이곳에 오도록 만든 것은 무엇입니까? (학생이 탕! 하고 바닥을 친다) 그것뿐입니까?

학생 좀 더 가르침을 주십시오.

청안 스님 이미 알려드렸습니다.

학생 감사합니다.

청안 스님 천만에요. 다른 질문 없습니까?

학생 스님께서는 대부분의 시간을 한국이 아닌 서양에서 보내고 계시지요?

청안 스님 잘못 알고 계시는군요. 지금까지의 제 일정을 보면 유럽보다 한국에서 보내는 날이 더 많았습니다. 내년에는 아마 50 대 50 정도가 되지 않을까 싶네요. 계속 질문하세요.

학생 저는 서양에서의 승려들의 일상이 궁금합니다.

청안 스님 서양에서의 승려들의 삶은 재미있습니다. 서양은 소수의 사람들만 가본 미지의 땅과 같다고 할 수 있습니다. 여러분이 한국에 가시면 곳곳에서 많은 사찰을 만날 수 있습니다. 거의 모든 사람이 불교 또는 불교신자에 대해서 잘 알고 있지요. 승려들로 이루어진 집단도 있습니다. 하지만 이곳에는 선원은 있지만 사찰이 없습니다. 서양이나 동양이나 승려들의 생활은 비슷합니다. 하지만 스타일은 약간 다르지요. 또 다른 질문 없습니까?

학생 틱낫한 스님께서는 이미 이 세상에는 충분한 수의 선 센터(Zen center)가 있다고 하시면서 더 많은 선 코너(Zen corner)가 생겨야 한다고 말씀하셨습니다.

청안 스님 선 코너라…… 사람들의 마음에는 수많은 자리가 있지만 센터, 즉 중심은 없지요. 계속 말씀하세요.

학생 음, 그러니까 제가 생각하기에는 큰 사찰일수록 여러 가지 프로그램이 많을 것 같습니다. 스님께서는 그곳에 머물면서 많은 에너지와 시간을 스님만의 수행에 사용할 수 있지 않나요?

청안 스님 죄송합니다만 나의 수행이란 없습니다. 만일 나의 수행이라고 한다면 그것은 극히 작은 부분에 불과합니다. 대선사님께서는 모든 존재를 위해서, 즉 큰마음으로 수행하라고 말씀하셨습니다. 큰마음이란 넓은 마음, 완전히 열린 마음을 의미합니다. 큰 마음으로 하는 수행은 '나의 수행'이라는 마음가짐을 버릴 때 가능합니다. 매 순간 올바른 행동이란 무엇인지, 올바른 관계와 상황, 기능은 무엇인지 생각하십시오. 이 의문에 대한 답을 얻었을 때 모든 망설임은 사라지고 더 흥미로운 일이 발생할 겁니다. 다른 질문 없습니까?

학생 어떤 사람들은 끊임없이 생각하고 자신을 돌아보는 일에 완전히 몰두하고 있습니다. 하지만 저는 노력하고, 노력하고, 또 노력하는데도 그렇게 되지 않습니다.

청안 스님 그런 사람들을 만났어도 자신에게 실망할 필요는 없습니다. 그들이 생각하고 느끼는 것에 몰두할 때 당신도 함께하십시오. 하지만 지나칠 정도로 하거나 자신을 위해서 하지는 마십시오. 그리고 때가 오면 그들에게 당신이 어떻게 수행하고 있는지 보여주십시오.

왜 사람들은 생각에 빠져들까요? 보지 못하기 때문입니다. 만일 제대로 볼 수 있다면 그렇게 행동하지 않습니다. 자신이 한 행동들이 어떤 결과를 가져오는지 보여준다면 "오, 이런, 내가 정말 어리석은 짓을 했구나. 당장 그만두어야지"라고 말하며 반성하겠지요. 사실 '더 많은 고통이 필요하다'는 말은 이럴 때 쓰는 말입니다. 그들은 그들 스스로 고통을 겪고 있으면서도 그것만으로 충분하지 않아 다른 사람들을 비난하고 괴롭힙니다. 남편, 아내, 남자 친구, 여자 친구와의 관계에서 이런 모습을 많이 볼 수 있습니다. 그들은 자신의 내부에 있는 문제를 제대로 보지 못하고 있습니다.

이런 사람들 앞에 깨끗한 거울을 놓아주어야 합니다. 반드시 맑고 깨끗한 거울이어야 합니다. 붓다께서는 "수행하고 중생을 살펴라"라고 하셨습니다. 거창하게 말한다면 "깨달음을 얻고 이 세상을 고통에서 구하여라"라고 할 수 있습니다. 깨달음을 얻기 위해 몇억 겁의 세월을 기다려야 한다면 도대체 언제 중생을 구할 수 있단 말입니까? 그저 마음을 깨끗하게 유지하기만 해도 우리는 다른 사람에게 도움을 줄 수 있습니다. 비워진 마음이 아닌 이중적인 마음을 갖고 있다면 제대로 볼 수 없습니다. 감정과 생각에 지배당할 수 있기 때문이죠. 비어 있는 마음이란 아주 단단해서 깨지지 않는 거울과 같습니다. 모든 것을 있는 그대로 보여주어 거울 속에 비친 사물과 우리가 하나가 되도록 해줍니다.

사물과 하나가 되면 자비심이 우러나고 다른 사람을 도와줄 수 있게 됩니다. 마음을 비우지 못했다면 여전히 어떤 것에 집착하고 있다는 말입니다. 집착하는 마음은 모든 것을 끌어당기는 성질을 갖고 있습니다. 우리의 인생에는 부정적인 것과 긍정적인 것이 함께합니다. 둘 다 긍정적이면 서로 끌어당길 수 없습니다! 서로 떨어져 있을 수밖에 없습니다. 마음을 비우지 못하고 집착하면 일어난 모든 일들이 한데 엉긴 채 그 자리에 그대로 남게 됩니다. 그 모여 있는 업들이 만든 에너지로 인해 우리가 이 세상에 다시 태어나게 된 겁니다.

학생 그렇게 해서 다시 태어났다고요?

청안 스님 네, 그렇습니다. 우리가 지금 살아가는 모습도 전생에 집착하고 행동했던 업의 에너지에 따라서 결정됩니다. '생각'에 빠지기 이전으로, '집착'에 빠지기 이전의 상태로 돌아간다는 것은 삶과 죽음을 초월한다는 말이지요. 이때 깨달음의 길이 열리고 우리는 진정으로 다른 사람들을 돕는 길을 선택할 수 있게 됩니다. 또 질문 있습니까?

학생 스님, 저는 좌선을 하는 동안 단전에 에너지를 모으려고 노력하는데, 기 또는 호흡이 충분히 모여서 더 많은 에너지가 발생하는 것처럼 느껴집니다. 이런 현상이 일어나도 상관없는 건가요?

청안 스님 아니요, 그렇지 않습니다. 다음 생에 당신은 쇼핑백, 그것도 아주 커다란 쇼핑백으로 태어날 겁니다. 치즈와 우유, 빵 등 이것저것 다 넣을 수 있는 아주 큰 쇼핑백 말입니다. 당신의 쇼핑백은 이제 에너지를 담고 싶어 하는군요. 선은 기술적인 것이 아니라고 제가 자주 이야기했을 겁니다. 단전을 더 크게 키우고 싶은 것은 아니겠지요? 원한다면 그렇게 해도 좋습니다. 더 작게 만들고 싶다면 그렇게 하십시오. 수행은 기교를 부리는 것이 아닙니다. 하지만 기교를 부려서 효과를 볼 수 있다면 상관없습니다. 한 번 해보십시오. 효과가 있다면 계속하고 그렇지 않다면 중단하기 바랍니다.

원래 수행의 목적은 마음을 비우고 이 세상을 살피고자 하는 겁니다. 물론 수행에도 실천 방법은 있습니다. 선 센터에 오시면 누구라도 명상하는 방법에 대해 배울 수 있습니다. 하지만 자신에게 맞는 방법을 찾는 것은 여러분의 몫입니다. 자전거를 탈 때 이것저것 조심해야 할 것이 있지만 자전거 자체에 연연해서는 안 됩니다. 자전거를 자꾸 손보려 하지 말고 그냥 타십시오. 올바른 선 수행 방법은 '그저 행하는 것' 입니다.

학생 그 말씀은 '아무것도 하지 말라' 는 의미인가요?

청안 스님 맞습니다. '아무것도 하지 말라' 는 뜻입니다. 질문 있으십니까? 네, 말씀하세요.

학생 불상 앞에서 절을 하거나 향을 피우는 이유는 무엇입니까?

청안 스님 '안녕하세요?' 라고 말하는 것을 의식이라고 할 수 있을까요? 매일 우리는 아침저녁으로 붓다와 여러 보살에게 '안녕하세요?' 하고 인사를 드립니다. 그것뿐입니다. "안녕하세요! 위대한 가르침을 주셔서 감사합니다. 저희는 그 길을 따르려고 합니다." 이렇게 인사하는 것뿐입니다. 당신은 모든 것을 정확하게 알고 싶어 하는 세심한 마음을 가진 분인가 봅니다. 염불을 하거나 특별한 '의식용 그릇' 을 사용해서 공양을 올리려고 하는데, 이 모든 것이 추상적이고 뭔지 잘 모르겠고 실용적이 아니라고 생각되면 그만두겠다고 할 수도 있겠네요. 화장실에 가서 볼일을 보고 나와서 몸이 가벼워졌습니다. 이것이 의식일까요? 시작과 끝이 있을 뿐입니다. 당신이 이곳에 와서 마음을 비웠다면 이것도 의식일까요? 이 수행 장소는 특별한 곳이 아닙니다. 그저 법문을 듣는 곳일 뿐입니다. 영혼의 화장실이라고 할 수 있지요. 아시겠습니까? 어느 곳에서든지 바른 마음으로 바르게 행동하면 됩니다. 아주 간단하지요.

여러분도 아시다시피 원시인들은 완전히 자연 속에서 살았습니다. 물질문명이 발달하지 않아서 그저 몇 가지 도구와 집, 그리고 몇 가지 지식만으로 살았습니다. 하지만 이들이 '나는 자연과 더불어 살고 있어'라고 생각하며 지내지는 않았을 겁니다. 그들은 자연의 일부였지만 그 사실을 의식하지 않았습니다. 만일 당신이 마음속에서 의식을 만들고자 한다면 당신의 행동과 당신 자신이 별개의 존재가 됩니다. 분별하는 마음이 발생하는 것이지요. 이 때문에 하나가 되어야 한다고 새삼 강조하는 겁니다. 하나가 되어야만 분별하는 마음이 발생하지 않기 때문입니다. (머리를 가리키면서) 이곳에서 '지금 의식을 치르고 있는 거야'라고 생각하는 한 경전을 읽어도 완전히 몰두할 수 없습니다. 우리는 다양한 문화를 접하고 있습니다. 사람들은 '만들어진 어떤' 스타일의 문화를 누립니다. 형식 갖추기와 요구 사항을 들어주기에 급급하면 본래의 기능은 사라져버립니다. (탕!) 절을 하거나 앉아 있거나 경전을 소리 내서 읽는 것은 어떤 의식이 아니라 그저 그렇게 행하는 일일 뿐입니다. (탕!)

따라서 여러분이 의식을 만들고, 어떤 목적을 갖고 명상을 하고 이런저런 개념들을 만들어낸다면 그것의 본래 의미는 모두 사라져버리고 제대로 이루어지는 것은 하나도 없게 될 겁니다. 생각은 좋은 것도 나쁜 것도 아닙니다. 하지만 우리가 그것에 집착하게 되면 생각이 강하게 분리될 수 있습니다. 이 생각을 없애면 '하나 되기'가 시작되고, 놀라운 변화가 일어납니다. 이전에는 느껴보지 못한 신선한 맛을 새롭게 알게 된 것처럼 커다란 차이가 발생합니다. 예를 들면, 사람들을 이전과는 완전히 다른 시선으로 바라보게 됩니다. 세상에 도움이 되는 일을 하고 있는 것이지요. 만일 이런 과정을 어떤 틀이나 형식에 맞게 정리하고 싶다면 그렇게 하십시오. 하지만 그렇게 해놓은 다음 바로 그 일을 잊으십시오. 이렇게 어떤 일을 틀에 맞춰서 진행하려고 하는 것은 마음과 생각에게 음식을 주는 일과 같습니다. 그러므로 음식을 준 다음에는 완전히 비우는 일도 필요합니다. 그래야만 마음을 건강하게, 신선하고 맑게 유지할 수 있기 때문입니다. 다른 질문이 있으신 분은 말씀하십시오.

학생 스님께서는 올바른 기능에 대해 말씀하셨는데요, 그렇다면 사람들은 음식을 먹을 때 왜 먹어보지도 않은 상태에서 간을 맞추는 것일까요?

청안 스님 이미 요리한 사람의 마음을 읽었기 때문입니다. 음식을 맛보기 전에 이미 맛이 짠지, 싱거운지 알고 있기 때문입니다. 아시겠습니까? 자꾸 확인하려고 하지 마십시오. 또 다른 질문이 있으신가요?

학생 우리는 선 수행에 대해 많은 이야기를 듣고 있습니다. 하지만 저는 이 이야기들이 모두 맞다고 생각하지는 않습니다. 또한 선이 인생의 실제적인 문제나 티베트 불교에서 말하는 감정적인 문제를 처리할 수 있다고 생각하지 않습니다. 선은 그런 문제들의 해결책이라기보다는 좀 더 수도자적인 수행에 가까운 것 같습니다.

청안 스님 티베트 불교 역시 본래 수도자적인 전통에 뿌리를 두고 있다는 말씀을 먼저 드리고 싶군요. 티베트 불교는 1959년까지 바깥세상에 알려졌죠. 중국이 침공한 후 그 모습이 세상에 알려지게 된 겁니다. 한국 불교는 그보다 약간 덜 알려져 있습니다. 1972년에 숭산 선사께서 미국으로 건너가 처음 포교를 시작했습니다. 여러분은 선을 좁은 시각으로 보고 있는 것 같군요. 우리들이 말하는 선은 문제의 뿌리를 직접적으로 건드리는 겁니다. 만일 그 뿌리를 잃는다면 모든 것을 잃는 것이라고 할 수 있습니다. 마음의 아주 기본적인 기능을 이해할 수 있게 된다면 매 순간 좀 더 효과적으로 마음을 다스리게 될 겁니다. 하지만 마음을 다스리는 방법을 아는 것만으로는 충분하지 않습니다. 티베트 불교에 이런 말이 있습니다. "만 가지의 방법을 사용했지만 아직도 깨달음을 얻지 못했네." 그렇습니다. 그들은 진지하게 마음을 다스리는 방법을 수없이 많이 배웠지만 깨달음은 얻지 못했습니다. (탕!) 중급 수준의 티베트 불교 교사들은 아주 복잡하게 가르치지만 높은 수준에 있는 링포체(Rinpoche)나 게세(Geshe)의 가르침은 매우 단순합니다. 왜 그럴까요? 그들은 가지를 건드리지 않고 바로 뿌리를 설명하기 때문입니다. 하지만 가지를 건드리지 않는다는 말이 '오직 행하라' 또는 '모든 것을 내려놓아라' 와 같은 화두에만 매

달려 있으라는 의미는 아닙니다. 매 순간 비어 있는 맑은 마음을 갖도록 힘쓰라는 말이지요. 만일 이미 습득하여 실천하는 수행 방법이 있다면 이렇게 하기가 자연스럽지는 않겠지요. 하지만 스승의 가르침에만 집착하면 자신이 처한 상황을 제대로 볼 수 없습니다. 자신을 믿고 바르게 수행하면 매 순간 바른 방법, 이미 정해지지 않은 자신만의 방법을 찾을 수 있게 됩니다.

독일의 작곡가 게오르크 프리드리히 헨델의 이야기를 하나 해 드리겠습니다. 그의 유명한 작품 중에 〈메시아〉가 있는데 이 곡을 들어보면 너무나 힘차고 강렬해서 마치 다른 세상의 음악처럼 느껴집니다. 다른 곡들과 확연히 다르지요. 이 곡의 원본은 커다란 책으로 묶여 있는데 아주 흥미롭습니다. 마지막 부분에는 헨델의 자필로 이렇게 쓰여 있습니다. "신은 나에게 말씀을 보내셨다." 아마도 〈메시아〉를 작곡할 때 헨델의 마음은 다른 곡들을 쓸 때와는 아주 달랐나봅니다. 잡념이 생기지 않았기 때문에 자신의 직관으로 이해한 모든 것을 악보에 쏟아 부을 수 있었던 것이지요. 자신이 무엇을 하는지 신경 쓰지 않았고, 어떻게 기교를 부려야 하는지도 생각하지 않았습니다. 즉, 그는 기교를 넘어섰던 겁니다. 명상을 할 때도 마찬가지입니다. 먼저 단전에 대해, 그리고 호흡, 기, 눈에 대해 배워야 하고 모든 방법을 익혀야 합니다. 이렇게 몇 년의 시간이 흐르면 명상을 하기 위해 자리에 앉아 배운 것을 일일이 복습할 필요가 없습니다. 그저 행하면 됩니다. 또 다른 질문이 있나요?

학생 선사의 가르침이나 어떤 단체에 소속되지 않고 깨달음을 얻으려는 사람들을 어떻게 생각하십니까?

청안 스님 참 흥미로운 도전이라고 생각합니다. 선을 지도하는 사람들은 대부분 "당신에게는 이끌어줄 사람이 필요합니다. 제대로 된 가르침과 모임이 있어야 합니다. 붓다와 다르마, 승가(僧家)가 필요합니다"라고 말합니다. 하지만 붓다의 일생을 보십시오. 붓다는 집을 떠나 1, 2년간은 스승 없이 홀로 수행했습니다. 따르고 싶은 확실한 가르침도 없었기 때문에 스스로 자신의 길을 찾아야 했습니다. 수많은 시도를 했고 거의 죽을 뻔한 적도 있습니다. 다섯 명의 금욕주의자들을 만나 그들과 함께 수행하는 중에 붓다는 깨달음을 얻었습니다. 아주 높은 능력을 지닌 사람이라고 할 수 있지요.

나 역시 제대로 수행하기 위해서 수많은 실패를 겪어야 했습니다. 아마도 99퍼센트의 사람들은 붓다와 불법과 승가의 도움이 필요할 겁니다. 붓다께서는 수행을 시작했을 때 이미 잘 익은 과일처럼 충분히 자질을 갖추고 있었습니다. 많은 경험을 했고 좋은 업을 많이 쌓아놓은 상태였기 때문에 곧바로 수행을 시작할 수 있었던 것이지요. 그는 깊은 의문과 위기를 느꼈지만 대부분의 사람들은 이것을 느끼지 못합니다. 수행이 잘못되어서 그런 것은 아닙니다. 아직 덜 성숙했기 때문입니다. 따라서 대부분의 사람들에게는 스승과 가르침, 학생, 붓다, 다르마, 승가 등이 필요합니다. 이들은 고통 속에서 괴로워하는 우리를 구하고 그럼으로써 이 세상을 구합니다.

 또 한 가지 중요한 것이 있습니다. 만약 여러분이 스스로 깨달음을 얻었다고 합시다. 그러고 나면 어떻게 해야 할까요? 가장 큰 고통이 존재하는 세상으로 나가야 합니다. 바로 인간들이 사는 세상입니다. 동물의 세계는 어떨까요? 사람들이 어지럽히지만 않으면 그들끼리는 아무 문제가 없습니다. 식물의 세계는요? 마찬가지로 아무 문제가 없습니다. 가장 큰 문제는 우리 인간들이 사는 세상에서 발생합니다. 한번 그 세상으로 들어가면 자신이 깨달은 것을 어떻게 인간 세상에 적용해야 하는지에 대해 고민해야 합니다. 어쩌면 깨달음을 얻는 일보다 이것이 더 힘들다고 생각할지도 모르겠네요.

 몇몇 숲 속 선사나 은둔 수행자에게서 들은 경험담을 하나 말씀 드리지요. 그들 중에는 15년에서 20년 동안 숲에 머물면서 수행하는 이들도 있습니다. 아무도 만나지 않고 그렇게 살아가는 거지요. 신도들이 숲이 끝나는 곳에 필요한 물품들을 놓아두고 가면 그때서야 모습을 드러냅니다. 이들 중에는 깨달음을 얻는 사람도 있고 그렇지 않은 사람도 있습니다. 하지만 다시 세상으로 돌아올 경우에는 많은 사람들이 더 이상 사회에 적응하지 못하고 방황합니다. 이들이 혼자 수행했다고 해서 문제가 되는 것은 아닙니다. 문제는 방향입니다. '나'는 깨달음을 얻었다고 생각하는 것이 가장 큰 문제이며, 이런 생각 때문에 사회에 제대로 적응하지 못합니다. 붓다께서는 깨달음을 얻은 후에 모든 이들이 자신처럼 깨달음을 얻을 수 있는 불성을 지니고 있다는 것을 알았습니다. 하지만 이들은 그렇게 생각하지 않기 때문에 불성에 대해 설명할 때에도 전혀 현실감이 없습니다. 진정으로 모든 이들에게 숨겨진 불성이 있다는 사실을 깨닫는다면 이들이 하는 말은 현실적으로 들리겠지요. 여러분이 올바른 가르침을 받고 올바른 수행 방법을 익혔다면 홀로 수행하는 것도 나쁘지 않습니다. 깨달음을 얻은 후에 이전의 여러분과 똑같은 처지에 있는 수많은 중생에게 많은 도움을 줄 수 있다면 그보다 더 좋은 일은 없기 때문입니다. 또 질문이 있습니까?

학생 아귀(餓鬼)에게 물을 주는 이유를 알고 싶습니다. 이들이 배고파한다면 음식을 주어야 하는 거 아닌가요?

청안 스님 알코올 중독자에게 술 대신 약을 주는 이유는 무엇일까요? 이 사람들이 원하는 것은 알코올인데 말이죠. 아귀들은 매우 배고파합니다. 그들은 커다란 배를 갖고 있고 음식을 소화시킬 수 없는데도 가는 목구멍으로 무엇인가를 끊임없이 삼키고 싶어 합니다. 따라서 그들에게 가장 좋은 음식은 여러분이 밥을 먹은 후에 밥그릇을 헹군 물입니다. 이것이 그들에게는 아주 맛있는 음식이죠. 가끔 색을 넣는 경우도 있는데 옳지 못한 행동입니다. 또한 음식 찌꺼기가 들어가도 안 됩니다. 이 점은 아주 중요합니다. 음식 찌꺼기가 식도에 걸리면 숨이 막혀 죽을 수도 있기 때문이죠. 아귀들은 밥그릇을 헹군 물을 받아들고 깨끗하고 맛있는 냄새가 나는 물이라고 여기며 행복해합니다. 더 궁금하신 것이 있나요?

학생 ☞ 스님께서는 수행을 할 때 바른 방향을 갖는 일도 중요하다고 말씀하셨습니다. 가끔 이런 말씀을 듣습니다. "오직 중생을 위할 뿐이다." 이 말이 무슨 의미인지는 알겠는데 어떻게 실천해야 하는지요? 제 마음은 항상 '나, 나의 것, 내가, 나를'과 같은 생각으로 꽉 차 있는 것 같습니다. "오직 중생을 위할 뿐이다"를 실천하려면 어떤 방향으로 가야 하는지 말씀해주십시오.

청안 스님 오, 아주 쉬운 일입니다. '나, 나의 것, 내가'와 같은 생각이 든다면 그것은 올바른 마음의 방향이 아닙니다. 완전히 나라는 존재를 잊을 수 있을 때 하늘이 정말 파랗다는 사실을 알 수 있습니다. 그리고 다른 사람에 대해서도 완전하게 느낄 수 있습니다. 자신의 문제를 확실하게 알면 모든 사물의 이치도 이해할 수 있게 됩니다. 그리고 한 단계 더 높이 올라설 수 있습니다.

학생 ☞ 스님이 말씀하시는 하늘은 정말 커서 모든 것을 덮어줄 수 있을 것 같네요.

청안 스님 생각에 집착하지 마십시오! 이 점이 가장 중요합니다. 생각에 집착하는 것은 큰 실수입니다. 약물 중독자, 특히 헤로인 중독자들은 그 상황에서 벗어나고 싶어 하면서도 주사기와 바늘을 버리지 못합니다. 주사기에 헤로인이 아닌 증류수를 넣고 다니면서 가끔 환각의 느낌이 생각나면 자신의 몸에 주삿바늘을 꽂는다고 합니다. 참 어리석은 짓 같지만 그들에게는 아주 심각한 일이지요. 그들은 이렇게 말합니다. "그냥 버릇이 돼서 그래요. 대리 만족 같은 거죠." 헤로인 중독이 나쁘다는 것을 알면서도 완전히 벗어날 수 없는 겁니다. 우리도 이들처럼 우리의 생각에 중독되어 있습니다.

'나, 나의, 나를'이라고 생각하는 것도 마찬가지입니다. 이것은 좋고 나쁨에 관한 문제가 아닙니다. 기본이 바르고 분명하지 않기 때문에 어떻게 생각해야 하는지 제대로 모르고 있을 뿐입니다. 대부분의 약물 중독자들은 세상을 멀리하고 쾌락과 자유만 찾으면서 자신의 존재를 확인하려고 합니다. 광신적으로 종교를 믿는 이들도 약물 중독자들과 같은 즐거움을 추구합니다. 이들이 책을 통해 자신들의 의식을 만들어간다면 약물 중독자들은 약물을 통해 같은 목적을 이루는 것이지요. 이들은 모두 곧 자신들이 보통 사람들이 사는 이 세상이 아닌 별천지에 도달할 것이라고 믿습니다. 이들 의식의 기본에는 '나'라는 개념이 깔려 있습니다. '나'만을 생각하는 것에서 벗어나고자 하는 소수의 사람들이 수행을 하지만, 가끔씩은 발밑에서 폭탄이 터지듯 펑 하고 그 생각이 나타나기도 합니다. 하지만 놀라지 마십시오. 이 생각은 몇 번이고 다시 일어날 겁니다. 그러나 열심히 진정으로 수행하면 한 번에 (탕!) 이 생각이 사라질 겁니다. 그때 '나'는 사라집니다. 영영 가버려 다시는 돌아오지 않습니다. 오직 그림자가 돌아올 뿐이지만 이제는 여러분이 간단하게 놓아버릴 수 있습니다. 더 이상 집착하지도, 믿지도 않게 될 겁니다.

붓다의 일화 중에 이런 이야기가 있습니다. 깨달음을 얻기 전에

마라(Mara)가 나타나서 여러 가지 달콤한 말로 유혹했습니다. 하지만 이것은 모두 붓다의 에고가 모습을 바꾸어 나타난 것이었습니다. 붓다는 많은 수행을 통해 이 사실을 알고 있었기 때문에 반응하지 않았습니다. 마라는 사라지고 잠시 후 군대가 나타났습니다. 수많은 군인이 수천 개의 화살을 쏘아댔습니다. 하지만 붓다는 놀라지 않았습니다. 그는 크샤트리아라고 하는 무사계급 출신이었습니다. 따라서 이 모든 것은 자신의 업에서 나타난 것이고, 이 광경도 환영이라는 것을 알고 있었습니다. 화살은 힘없이 땅에 떨어졌습니다. 어떤 이야기에는 화살이 꽃으로 변해서 꽃잎이 날렸다고도 합니다. 그것은 실제로 존재하는 화살이 아니었습니다! 그렇다면 어디에서 왔을까요? 그렇습니다. 환영은 나타났다가 사라집니다. 당신이 갖고 있는 '나'라는 생각도 나타났다가 사라질 겁니다. 그러면 하늘이 더욱 파랗게 보이겠지요. 정말로 파랗게요. 또 다른 질문 없습니까?

학생 스님께서 "마음을 비워라. 상대적인 마음을 갖지 말라. 에고가 사라지고 환영도 사라진다"고 말씀하시면 그 일이 아주 간단할 것 같아요. 저는 스님의 말씀을 믿거든요.

청안 스님 왜 그렇죠?

학생 모르겠습니다. 스님 말씀이 확고하게 들리기 때문일 겁니다. 하지만 어떻게 해야 하는지는 잘 모르겠습니다.

청안 스님 내가 입고 있는 가사의 색깔이 무엇이지요?

학생 ⟶ 회색입니다.

청안 스님 회색이라. 언제부터 이 옷의 색깔이 회색으로 보였습니까?

학생 ⟶ 늘 회색으로 보입니다만…….

청안 스님 그렇습니다. 그렇게 깨끗하게 비워진 마음을 늘 간직하십시오. 여러분이 인간으로서 혹은 수행자로서 자신이 어떻게 행동해야 할지 의문이 생기면 자연을 돌아보십시오. 어떤 말이나 사상보다도 자연은 우리에게 많은 가르침을 줄 겁니다. 하늘을 보십시오. 하늘에는 여러 가지 모양의 구름이 오갑니다. 오늘은 아주 예쁜 구름이 흘러 다니는군요. 하지만 하늘이 저곳에 있음은 변함이 없습니다. 오랫동안 수행을 하면 진정한 자아는 변하지 않는 하늘과 같고 어떤 대상에 대한 마음이나 정신적인 작용은 흘러가는 구름과 같다는 것을 알게 됩니다. 여러분도 아시다시피 하늘은 구름에게 집착하지 않습니다. 자신의 의식 속에서 일어나는 어떤 것에도 집착하지 마십시오.

 비워진 마음을 어떻게 간직해야 하는지 물으셨지요? 정말 좋은 질문입니다. 하지만 사실 이것은 간직해야 할 것이 아니라 잃어버려서는 안 되는 겁니다. 따라서 '움직이거나 말하지도, 마음을 내지도 말아야' 합니다. 또한 '어떤 수행 기교'도 부리지 말아야 합니다. 비운 마음을 간직할 때 모든 '나'가 사라집니다. 갖지 않았으니 잃을 것도 없습니다, 아시겠습니까? 한번 그 마음을 얻으면 잘 지켜야 합니다. 어떤 것에도 집착하지 않고, 어떤 모습도 만들지 말아야 합니다. 물론 우리는 인간이기 때문에 실수를 합니다. 그러고는 "아, 다신 그러지 말아야지" 또는 "잘못 생각했어!"라고 후회합니다. 날마다 자신에게 "나는 깨끗한가? 내 마음이 정말 깨끗한가?"라고 묻고 점검하는 일은 가장 나쁜 태도입니다. 이런 끔찍한 일은 그만두십시오. '내가 깨달음의 말씀을 제대로 듣고 있는 건가? 도대체 왜 안 들리는 거야?' 라는 생각을 하는 것은 '내 코가 붓다의 코와 닮았을까?' 하고 고민하는 것과 같습니다. 우리가 이렇게 불필요한 생각을 얼마나 많이 하고 있는지 아마 상상도 못할 겁니다. 이런 고민 대신 '내가 제대로 수행하고 있는 것일까? 다음에는 뭘 해야 할까? 이 세상에 도움이 될 만한 일을 해야 하는데 어떻게 해야 하지?' 라는 생각을 하십시오. 우리가 어떤 것에 내해 생각하는 일은 그리 중요한 일이 아닙니다. 이 점을 명심하십시오. (탕!) '내가 없으면' 생각도 사라집니다. 정체성에 대해 너무 많이 고민하지 마십시오.

  인간으로서 우리는 어지러운 것을 바로잡아야 하는 진실로 커다란 사명을 갖고 있습니다. 인간 세상의 어지러움을 바로잡고 사람들과의 관계, 사람들 행동의 어지러움을 정리하는 데 우리의 노력을 쏟아야 합니다. 수행하고 일상생활을 하고 지혜를 얻는다면 잘못될 일이 없습니다. 마치 좋은 의자의 튼튼한 다리와 같아서 절대 넘어지는 일이 없습니다. 마음을 비우기 위해서 수행을 해야 합니다. 일상생활은 여러분의 업을 소멸하고 중생을 돕는 데 필요합니다. 원인과 결과는 어떤 체계를 통해 일어나는 것이 아니라 있는 그대로에서 비롯된다는 사실을 깨닫기 위해서는 자연의 지혜가 필요합니다. 어떤 괴상한 모체 같은 것이 있다는 말에 현혹되지 마십시오. 아시겠습니까? 자연의 지혜를 올바르게 수행하는 데 쓰십시오. 더 많은 지혜를 얻게 될 겁니다.

여러분도 아시다시피 붓다와 노자 등 성인이 살아 있던 2,500, 2,600년 전에는 사람들의 삶의 모습이 아주 단순했습니다. 태어나고 죽는 일에 초연해지는 것이 가장 큰 문제였습니다. 지금 우리가 사는 세상은 아주 복잡할 뿐만 아니라 여러 가지 문제를 안고 있습니다. 먼저 삶과 죽음의 문제에 대한 깨달음을 얻어야 합니다. (탕!) 그리고 나면 바른 삶을 살 수 있습니다. 우리는 특별한 것을 가르치지 않습니다. 우리의 고유한 본성으로 돌아가서 맑게 비워진 단단한 마음으로 매 순간 바른 상황을 만들고, 바른 인간관계를 맺고 바르게 행동하는 방법을 알려줄 뿐입니다. 하지만 이것이 우리를 돕고 이 세상을 돕는 일입니다. 대단히 감사합니다.

··· 폴란드 바르샤바에서의 여름 안거를 마치고 난 후 법회에서

수행과 방향

서양에서 승려로 살아가기
생각, 집착과 카르마
교육과 수행
이해와 깨달음
경쟁심과 자비심

선을 공부하는 학생의 소개말 청안 스님은 1990년 헝가리에서 처음 선 수행을 시작했고, 1994년부터 6년간 한국에 머물면서 스님이 되기 위한 수련을 쌓았습니다. 1998년에 마침내 비구계를 받았으며, 1999년에는 지도법사가 되었습니다. 2002년에 스님은 헝가리로 돌아가 그동안의 경험을 바탕으로 헝가리에 사찰을 세우기 위해 노력하고 있습니다.

최근에는 헝가리에 원광사라는 국제적 선불교 사찰을 건립하려는 아주 놀랍고 훌륭한 계획을 추진 중입니다. 우리 모두는 마음으로, 물질적으로 도움을 보내고 있습니다. 원광사가 완공되면 유럽 출신 스님들이 돌아와 편히 머물면서 수행도 하고, 지역 사회에도 이바지할 수 있는 공간이 되리라 생각합니다. 모두 청안 스님 덕분이지요. 이제 저는 여러분과 친숙해질 이분을 소개하려고 합니다. 하지만 특별한 소개 말씀은 올리지 않겠습니다. 모든 것은 스님께서 알아서 하시리라 믿습니다. 궁금한 점이나 질문하고 싶은 점이 있다면 무엇이든 스님께 물어보십시오. 인생에 관한 문제든 수행에 관한 문제든 스님은 모두 대답해주실 겁니다. 어떤 질문에는 대답하지 않으실지도 모르지만요. (대중 웃음)

청안 스님 말씀 감사합니다. 저녁시간에 이렇게 와주신 모든 분들께 감사드립니다. 봉주르, 안녕하십니까, 여러분? 반갑습니다. 파리 선 센터에서 강연을 하게 된 것을 매우 기쁘고 감사하게 생각합니다. 이 방 안에 모인 분들은 선에 대한 기본적인 사항은 알고 있을 겁니다. 가사를 입었든 입지 않았든, 나이가 적든 많든 관계없이 우리는 모두 왜 우리가 이곳에 와 있는지 알고 있지요. 한번 이렇게 모이고 나면 모이는 이유에 대해서는 분명히 알게 되지만, 삶·수행·선과의 관계에 대해서는 계속 의문이 생기게 됩니다. 새로운 상황이 계속 벌어지기 때문이지요. 어떤 질문이라도 관계없습니다. 궁금한 것이 있으면 물어보십시오.

학생 ➤ 질문하겠습니다. 왜 스님이 되셨는지 여쭈어봐도 될까요?

청안 스님 질문하신 분을 위해 스님이 되었습니다.

학생 ➤ 아, 감사합니다.

청안 스님 천만에요. 더 궁금한 것이 있나요?

학생 ➤ 어떻게?

청안 스님 어떻게 스님이 되었냐고요? 아주 간단합니다. 계율은 도로의 표지판과 같습니다. 여러분이 가고자 하는 길을 가기 위해서는 계율을 따라야 합니다. 계율을 따르지 않고 다른 길로 돌아가거나 하면 처음에 출발했던 곳으로 되돌아가게 됩니다. 그렇습니다. 스님이든 신도든 모두 마찬가지입니다. 인간이기 때문입니다. 인간이기 때문에 그런 시도와 실패의 과정을 거치게 마련입니다. 이전에는 전혀 알지 못했던 일을 알고 싶습니까? 한번 해보십시오. 길을 잃으셨나요? 그것은 여러분의 실수입니다. 하지만 그로 인해 어떤 지혜를 얻게 되었다면 좋은 일입니다. 그렇게 얻은 지혜로 무엇을 하시겠습니까?

실수를 했든 지혜를 얻었든 간에 우리는 이제 시작했습니다. 선은 불교에서도 성숙한 범주에 속합니다. 동화로 가득 찬 유치원 수준이 아닙니다. 우리가 이곳에 있는 이유가 바로 그것입니다. 열여섯 살, 열일곱 살이 넘도록 저속하고 정신적으로 어린 티를 벗지 못하기를 원하는 사람은 아무도 없습니다. 우리는 모두 성숙해지기를 원합니다. 이미 그렇게 된 사람들도 있습니다. 누군지 모르겠다면 법당에 걸린 초상화를 보세요. 경허 스님, 만공 스님, 고봉 스님, 숭산 스님이 계십니다. 그분들은 성숙한 사람들이고 우리는 그들을 따라갑니다. 그들의 마음을 따라갑니다. 그러나 발자취를 그대로 따라갈 수는 없습니다. 발 사이즈가 다르니까요! (대중 웃음) 이 말은 그들은 그들의 카르마가 있고 우리는 우리의 카르마가 있다는 뜻입니다. 하지만 방향은 모두 같습니다. 깨달음을 얻고 중생을 구원하는 방법을 찾아가는 방향은 몇천 년간 변함이 없습니다.

어떻게 방향을 찾는가 하는 것은 여러분의 몫입니다. 내가 해줄 수 있는 일이 아닙니다. 어떤 사람들은 머리를 깎기도 하고, 9,000 킬로미터가 넘는 거리를 여행하여 사원에서 몇 년씩 지내면서 자신을 단련하기도 합니다. 하지만 그렇게 해서 원하던 것을 얻을 수 있는지는 여전히 확실하지 않습니다. 많은 실패담도 들려옵니다. 숭산 선사를 만난 사람들은 깨달음의 길을 찾는다는 말이 있습니다. 이 말은 깨달음의 길을 찾으려다 실패하는 이들도 많다는 의미로 이해할 수 있습니다. 시도하려는 마음이나 방향을 잃어버리고 자신을 더 이상 믿지 못하게 된다면 죽은 사람이나 다름없습니다. 물론 육체적으로는 여전히 살아 있고 움직이겠지만요. 겉으로는 말하고 생각하는 것처럼 보이지만 여러분의 깊은 내면을 들여다보면 이미 죽은 것이나 다름없습니다.

우리의 위대한 스승이신 숭산 선사께서는 "너 자신을 믿어라"라는 한 가지 가르침을 주셨습니다. 여기서 '너 자신'이 무엇을 의미하는지 명확하게 알아야 합니다. "나 자신을 믿으란 말이지. 문제없어. 할 수 있어"라고 말하는 사람도 있겠지요. 하지만 이때 그들이 믿는 것은 단지 자신의 거대한 이기심일 뿐입니다. 알겠습니까? 이것은 정말로 나쁜 일입니다. 이들은 심지어 '붓다에게 재를 털면'이라는 화두의 진정한 의미를 이해하지 못한 채 주변을 때려 부수거나 자신의 의견에 따르지 않는 사람들을 난폭하게 대하기도 합니다!

'너 자신'이라는 말의 의미를 정확하게 깨닫게 된다면 그 안에서 믿음을 갖는 일은 아주 쉬워집니다. 골똘히 생각해서 될 일이 아니며 저절로 깨닫게 됩니다. 어떤 방식으로 수행을 하든 어떤 모습의 카르마를 가졌든 그것은 문제가 되지 않습니다. 2000년에 한국에서 돌아와서 채 1년도 안 되었을 때 나는 숭산 선사께 "스승님, 저는 전쟁터에 나와 있는 것 같습니다. 제 머리 바로 옆에서 폭탄이 터지고 수류탄과 권총이 터지고 있는 것 같습니다"라고 편지를 보냈습니다. 예복을 입지 않고 두루마기나 동방을 입은 채 거리로 나서면 헝가리 사람들은 아무도 나의 신분을 알지 못했습니다. 가끔 "가라테! 크리슈나! 쿵후!" 하고 외치는 사람도 있었습니다. 그것이 그들이 알고 있는 전부였습니다. 이곳 유럽인들은 비구나 비구니가 무엇을 하는 사람인지 잘 모릅니다! 겉모습만 보고 '아마 저 사람은 달나라에서 왔나보다' 라고 생각하는 것 같아요.

학생 유럽에도 스님처럼 생활하는 사람들이 있나요?

청안 스님 있습니다. 저처럼 생활하는 사람들을 많은 곳에서 볼 수 있습니다. 좋은 일이지요. 지금은 폴란드, 리투아니아, 체코 공화국, 헝가리 등이 고향인 아홉 명의 스님만 알려져 있을 뿐입니다. 그렇기 때문에 수행 장소와 숙소의 역할을 할 수 있는 원광사 건립이 절실히 필요합니다. 이것은 정말로 많은 도움이 될 겁니다. 무상사는 이미 그 힘을 발휘하고 있습니다. 참 좋은 일이지요. 지어진 지 5년밖에 안 되었지만 이미 수행을 위한 견고한 환경을 갖춘 사찰로 자리 잡았습니다. 빈둥거리며 지낼 수 없는 장소가 되었지요. 아주 안전하고 흠이 없는 곳입니다.

학생 ▸ '카르마'란 무엇이라고 생각하세요?

청안 스님 질문하신 분은 왜 이곳에 오셨습니까?

학생 ▸ 네? 뭐라고 하셨죠?

청안 스님 무엇이 당신을 이곳으로 오게 만들었습니까?

학생 ▸ 아마도 제 생각엔…… 그냥 제 운명인 것 같아요.

청안 스님 그것이 인연이고 카르마입니다. 카르마는 특별한 것이 아니라는 사실을 아시겠지요. 유럽이나 미국에 사는 사람들뿐만 아니라 모든 서구인들은 선 수행을 시작하면서 카르마를 일종의 신처럼 여깁니다. 어떤 힘이나 능력 같은 비인격적인 존재이면서 또한 "그것은 당신의 카르마입니다" "제 카르마는 그렇습니다" "아, 내 카르마가 그렇지 뭐"라고 이리저리 사용하기가 아주 쉽기 때문이지요. 그리고 자신의 카르마로 인해 고통스러워합니다. 하지만 사실 '카르마'라는 말은 이런 뜻으로 사용하는 것이 아닙니다. 이 말에 대해 더 자세하게 알아보고 싶다면 '크르(kr)'라는 발음에 주목하십시오. '카르마'의 언어학적 근원인 '크르'는 영어에서는 '행동'을 뜻하고, 산스크리트어에서는 '자비로운 행동'을 의미하는 '카루나(Karuna)'라는 단어와 뿌리를 같이합니다. 이와 같이 '카르마'란 행동을 의미하는 것으로, 어떤 외적인 운명 같은 것이 아님을 알아두어야 합니다. 하지만 여러분의 행동이 모여 어떤 결과를 가져오는 것 또한 카르마라고 합니다. 자신의 행동에 대한 결과가 늦게 나타나기 때문에 이런 사실을 깨닫지 못할 뿐입니다. 사람들은 자신이 행동하고 곧 잊어버립니다. 하지만 그 결과는 나타나기 마련입니다. 자신이 만든 일이 아니라 외부의 영향으로 일어나는 결과라고 생각하기 쉽지만 그렇지 않습니다. 원인은 우리에게 있습니다. 단지 그 사실을 잊고 있을 뿐입니다.

이번 생에서 또는 다음이나 그다음에 어떤 생을 살더라도 자신의 카르마는 늘 함께합니다. 자신의 행동이 어떤 결과를 가져올지 알게 된다면 원하지 않는 결과를 가져올 행동은 하지 않게 되겠지요. 아주 바람직한 일입니다. 필요하다면 행동하십시오. 하지만 필요하지 않다면 행동하지 마십시오. 올바른 카르마는 진정으로 이 세상을 도울 수 있습니다. 자신이 원하는 결과를 얻기 위해서 어떤 원인을 만들어내야 하는지 모르는 것이 더 큰 문제입니다. 이 세상에 그렇게 많은 괴로움이 존재하고 사라지지 않는 이유가 바로 여기에 있습니다. 하지만 우리에게 내적 통찰력이 충분하다면 이런 괴로움쯤은 문제가 되지 않습니다. 바른 견해와 방법으로 접근할 때 바른 원인과 결과가 나타납니다.

카르마는 원인과 결과를 말합니다. 보통 원인과 결과가 모여서 습관이 되는데 이런 습관들을 한 사람의 인격으로 착각하게 됩니다. 여러분의 개인적인 카르마가 여러분을 대표합니다. '나에게' '나'와 같은 것들은 가장 큰 카르마입니다. 수행을 열심히 해서 자신의 내면을 분명하게 바라볼 수 있는 사람들은 '나'라는 것은 실재가 없다는 사실을 알게 됩니다. 단지 '나'라고 습관처럼 생각했던 것들이 모여서 '나'를 만들어내고, 이 습관들은 행동이나 사건, 그리고 이런 행동이나 사건이라고 여기는 것들이 모여서 생겨납니다.

　이제까지 카르마에 대해 설명했습니다. 하지만 이런 설명은 여러분에게 전혀 도움이 되지 않습니다. 선 수행에서 쓰는 방식처럼 마치 칼을 한 번 번쩍하고 휘두르듯이 단 한마디로 묻고 싶군요. "당신은 지금 여기서 무엇을 하고 있습니까?" (학생이 탕! 하고 마루를 친다.) 그것뿐입니까?

학생 ▶ 무슨 생각을 하시는지요?

청안 스님 아, 이런, 이런. 조금 전부터 아무 생각이 나지 않는군요. 그러니 질문하신 분이 무엇을 하고 있는지 내게 말씀해주십시오.

학생 ▶ 저는 이곳에 앉아서 스님의 말씀을 듣고 있습니다.

청안 스님 그렇습니다. 그것이 당신의 카르마입니다. 지금 여러분이 하고 있는 일들, 그것이 바로 여러분의 카르마입니다. 아시겠습니까? 선 수행을 할 때 "지금 이 순간을 맑게 인식하라"고 말하는 것도 바로 이런 이유에서입니다. 만일 이 순간을 맑게 인식한다면 카르마와 방향도 맑아질 겁니다. 이것이 선에서 말하는 카르마입니다. 더 질문하실 것은 없나요? 어떤 이야기라도 상관없습니다.

학생 ▶ 어떤 한국 스님들은 책을 읽지 말라고 하시던데요.

청안 스님 정말이요?

학생 ▶ 음…… 그러니까 그 말은 생각하는 마음을 키우지 말라는 뜻이었어요. 서구인인 우리들은 교육을 받음으로써 논리적으로, 더 도덕적으로 생각하게 되고, 육체적·철학적 등 여러 가지로 생각하는 능력을 갖게 된다고 알고 있습니다. 우리가 완벽한 마음을 갖고 태어났다고 하시는데 그렇다면 왜 교육을 받아야 하는 걸까요?

청안 스님   역사적으로 아주 위대한 인물들 중 한 분은 이렇게 말씀하셨습니다. "너희가 돌이켜 어린아이같이 되지 아니하면 결코 하늘나라에 가지 못할 것이다." 누구의 말씀일까요? 아시는 분 있나요? 그렇습니다. 예수께서 하신 말씀입니다. 역사책에도 나와 있고 모든 고전에도 등장하는 가장 위대한 스승 중 한 사람입니다. 왜 예수께서 "돌이켜 어린아이같이 되라"고 하셨을까요? 아이들은 자라나기 때문입니다. 그들은 반드시 성숙해야 하고 완전한 한 사람이 되어야 합니다.

만일 원한다면 그들은 자신들의 개인적인 생각을 뛰어넘을 수 있습니다. 하지만 생각을 발전시키지 않는다면 뛰어넘을 수 없습니다. 고대 그리스제국에서부터 로마와 다른 여러 제국에 이르기까지 '본래의 순수성'을 알기 위한 많은 실험이 있었습니다. 그들은 아이들에게 아무 말도 걸지 않고 키우기도 하고, 마음 소양을 위한 어떠한 노력도 하지 않는 등의 실험을 하였습니다. 그 결과 아이들의 지능 발달이 늦어지는 치명적인 불행을 초래하였습니다. 그러므로 선사가 책을 읽지 말라고 한 것은 여러분은 이미 기본적인 교육을 마쳤다는 의미입니다. 선 수행이 여러분의 교육을 대신하지는 않습니다.

앞에서 내가 선은 불교의 성숙한 부분이라고 말했는데, 이 말은 여러분이 이미 정상적인 교육을 충분히 받고 끝냈음을 전제로 하고 선 수행을 시작한다는 의미입니다. 현재 여러분의 의문은 너무나 깊고 심오해졌기 때문에 정규 교육이나 일반적인 지식만으로는 도저히 그 해답을 찾을 수 없습니다. 따라서 여러분이 고등학교, 대학교를 거치는 정규 교육을 받고 사회적으로 통용되는 상식을 통해 지금 일어나는 의문을 풀고자 한다면, 이런 형식적인 교육에서 얻은 지식으로는 인간이 가질 수 있는 가장 근본적인 의문에 대해 충분한 해답을 얻을 수 없다는 말씀을 드리고 싶습니다. 여러분이 사회에서 받은 교육들은 충분히 설명하고 있지만, 올바른 깨달음을 얻거나 경험을 하거나 제대로 이용하는 기준을 제시할 수는 없습니다. 물론 이런 교육은 중요합니다. 따라서 이런 두 가지 가르침, 즉 예수의 가르침과 선의 가르침을 함께 배워야 합니다. 예수께서는 "너희가 돌이켜 어린아이같이 되지 아니하면 결코 하늘나라에 가지 못할 것이다"라고 말씀하셨습니다. 마찬가지로 여러분이 해탈(Nirvana)을 얻기를 원한다면 자신의 개념적인 생각을 모두 초월해야 합니다. 개념을 초월하라고 했지만 사실 개념은 있어야 합니다. 그렇지 않다면 법문을 읽지 못하고, 듣거나 이해하지도 못하기 때문입니다. 아시겠습니까?

특별히 우리 종단이 매우 흥미로운 것은, 이곳에서 진정한 '공(空)한 생각'에 대한 가장 큰 가르침을 얻었다는 것입니다. 오직 '탕!' 하고 내리칠 뿐이죠. 그 사람들이 누구냐고요? 그중 몇몇은 이 지구상에서 만난 가장 똑똑한 사람들입니다. 그러고 나서 전제 자신에게 물었죠. '이거, 뭐가 좀 모순된 거 아냐?' 그것에 대한 대답은 '아니야!' 였습니다. 오직 바보만이 우리들이 모든 걸 이해하고 알고 있다고 믿습니다. 여러분이 어느 정도의 교육 수준에 이르면 우리가 아무것도 모른다는 걸 알아챕니다. 진정으로 아무것도 모른다는 것이죠. 따라서 여러분이 어떤 절대적 지식을 알기 원한다면 그것은 일반적인 지식이 아니며, 우리의 사고에 기반을 둔 어떤 전통적 지식도 아닙니다. 절대적인 지식이란 깨달음을 뜻합니다. 이 지식은 문자로 표현될 수 없으며, 지식이라는 말도 사실 충분한 표현은 아닙니다. 여러분이 이 사실을 알게 될 때, 커다란 범위의 '아무것도 모른다'를 깨달을 수 있습니다.

만일 여러분이 충분히 교육을 받지 못했거나 숙제를 다 하지 않았다면 그것은 작은 범위 안에서의 '아무것도 모른다'에 불과합니다. 이런 이유로 낮은 점수를 받으면 여러분은 학교에서 쫓겨나고 사회의 밑바닥 계층으로 밀려나게 될 겁니다. 커다란 범위의 '아무것도 모른다'라는 것은 이런 일과는 아주 많이 다릅니다. 이것은 문화와 관계없을 뿐만 아니라 교육을 얼마나 받았는가 하는 문제와도 관계가 없습니다. 그 어떤 것에도 영향을 받지 않습니다. '영향을 받지 않는다'라는 말은 여러분처럼 교육을 받은 사람도 중국의 6조 혜능 선사처럼 정규 교육을 받지 않은 사람도 깨달음을 얻을 수 있다는 뜻입니다. 근본에 대해 생각하려는 사람에게 방해물은 없습니다. 이런 말씀이 있습니다. "만일 선의 문에 들어서고 싶다면 일체 생각을 내지 말라." 이 말은 우리가 선에 대한 잠재력을 갖고 있다는 의미입니다. 생각을 아예 하지 말라는 것이 아니라 그저 생각을 내지 말라는 말입니다. 수행을 시작하면 이 의미를 정확하게 (탕!) 이해하게 될 겁니다. 그때 우리는 자신의 생각을 자신의 의지로 다스릴 수 있게 됩니다. 필요하다면 생각하십시오. 하지만 필요하지 않다면 생각하지 마십시오. 참으로 간단하지 않습니까?

원래 우리의 본성은 완벽합니다. 불성은 잃어버린 것이 아니라 마음속에 들어 있습니다. 우리 모두는 완벽한 불성을 갖고 있습니다. 이것은 교육을 많이 받거나 안 받은 것과는 전혀 관계가 없습니다. 불성의 성질이 이러합니다.

학생 선 수행에서 경쟁이란 어떤 역할을 하는 건가요?

청안 스님 눈먼 개가 있다고 가정합시다. 눈먼 개들은 강한 냄새를 따라 움직이다가 먼저 먹잇감을 차지하려고 서로 싸웁니다. 많은 다툼 끝에 개들은 그 냄새가 모두 같은 냄새였다는 사실을 깨닫게 됩니다. 이제 더 이상 경쟁이란 없는 거지요! 나는 선 수행을 하는 데에도 경쟁은 어느 정도 필요하다고 생각합니다. 인간들이 갖고 있는 가장 기본적인 본능을 자극하는 일이기 때문입니다. 경쟁하는 마음은 의욕을 불러일으킵니다. 주어진 공안을 열심히 탐구하려 하고 남보다 더 많이 절하려고 하며 더 많이 수행하고자 합니다.

학생 그렇다면 우리의 자비심은 어떻게 되는 건가요? 조절할 수 없는 건가요?

청안 스님 사실을 말하자면 그렇습니다. 조절할 수 없습니다. 수행을 계속하는 동안 경쟁심은 자비심으로 바뀝니다. 어떻게 그럴 수 있을까요? 훈련과 피, 특공대원 등 군인의 모든 것을 이야기하는 미국 군인 영화를 본 적이 있겠지요. 그들은 단체정신과 많은 훈련을 통해 힘들게 경쟁심을 배웁니다. '같이 행동'하면서 경쟁심을 배웁니다. 상대방을 더욱 이해하게 된 것이지요. 영화 속에서 군인들은 자신이 최고의 군인이 되려면 서로 서로 도와야 한다는 사실을 깨닫게 됩니다. 군인들에게 가장 중요한 일은 임무를 제대로 수행하는 것이니까요. 소속된 부대 안에서 훌륭하게 임무를 수행하면 군인들은 할 일을 제대로 해낸 겁니다. 만일 여러분이 그 안에서 튀고 싶어서 혼자 나온다면 임무를 제대로 수행하지 못하는 것은 말할 것도 없고 아마 전투 중에 죽거나 동료들마저 죽음으로 몰고 갈지도 모릅니다.

　선 수행을 시작하면 처음부터 모든 것이 명확하게 이해되지는 않습니다. 그러므로 주변 사람들의 행동을 따라 하려다 보면 모든 이들이 경쟁상대로 생각되어 오히려 그 마음을 감춘 채 수동 공격적 행동을 하거나 반대로 '나뿐이야!'라는 생각이 들어 적극적으로 경쟁심을 드러내기도 합니다. 하지만 시간이 흐르면 혼자의 힘으로는 도저히 이룰 수 없음을 알게 됩니다. 여러분에게는 승가가 필요합니다. 함께 모여 수행할 사람이 있어야 합니다. 숭산 대선사님께서 '같이 행동'하는 것이 가장 힘든 훈련이라고 말씀하신 이유는 이런 경쟁심 때문입니다. 성숙한 수행자가 되면 '같이 행동'하는 것이 바로 자비심이라는 사실을 알게 됩니다. 우리가 그 사실을 알기 전까지는 지옥에 있는 것과 같은 고통을 겪어야 합니다. 사람들은 자신의 오만함과 영리함을 믿고 '난 할 수 있어. 다른 사람들은 그냥 안개 속을 헤매도록 놔둬야지. 아마 내가 앞설 수 있을 거야. 제일 먼저 선사가 될 거야!'라고 생각합니다. 오랜 시간이 지나고 나서야 그런 마음을 갖다니 '정말로 바보스러웠어'라고 생각하게 됩니다. 이렇게 깨달을 때 우리는 게으름이 아닌 진정한 휴식을 취할 수 있게 됩니다. 더 편안하게 느끼며 쉴 때 우리의 다르마 에너지는 모든 사람에게 그 힘을 발휘하며 무조건적으로 다른 이들에게 도움의 손길을 내밀게 합니다. '움직이거나 말하지 않고, 마음을 내지도 않는 상태에 얼마나 빠르게 도달해야 하지?'와 같은 의문에 도달했을 때 경쟁심은 더 이상 문제가 되지 않습니다. 그 단계에 이르면 사람들은 모든 사물을 평정한 마음으로 바라볼 수 있게 되고, 따라서 남과 경쟁하는 마음을 넘어서게 됩니다. 아니면 수행을 그만두게 될지도 모르겠군요.

학생 〉 개인적으로 스님이 되신 것이 수행에 많은 도움이 되었는지요?

청안 스님 그럼요. 많은 도움이 되었습니다.

학생 〉 그냥 재가신도(在家信徒)인 것보다 더 도움이 되나요?

청안 스님 나는 여러 사람이 모여 있는 집단에 소속되어 있다고 말씀드릴 수 있습니다. 나는 함께 모여 수행하는 것을 좋아합니다. 수도원인 승가에서 수행하는 일은 정말로 재미있습니다. 세계 어느 곳의 승가에서도 수행할 수 있지만 만일 여러분이 자신의 삶을 불성을 찾는 일에 바치겠다고 마음먹었다면, 또 자신의 삶을 다르마의 수행에 바치겠다고 결심했다면 모든 사람들에게 좀 더 분명하게 그 뜻을 알려야 합니다. 엄한 승가의 분위기는 수행에 절대적으로 도움을 줍니다. 단, 이때 승가의 가르침은 올바른 것이어야 합니다. 올바른 불교와 다르마를 가르치고 있다면 그 승가는 성공할 수 있습니다. 참 좋은 일이지요. 마치 적재적소에서 제대로 활약하는 강한 팀이라고도 할 수 있습니다. 이 팀의 일원으로 있다는 것은 아주 환상적인 경험입니다.

수행이 옳을 '수 있다'고 말한 이유는 반드시 옳을 필요는 없기 때문입니다. 불교의 전통적인 가르침을 보면 명상을 중요한 수행 방법으로 강조하거나 삶의 양식이라고 보지 않았습니다. 만일 그랬다면 사원에서의 삶의 모습은 아주 달라졌겠지요. 아주 학구적이거나 예술적인 삶이 될 수도 있었을 겁니다. 다양한 모습을 상상할 수 있겠지요. 하지만 이런 모습일 거라고 장담할 수는 없습니다. 가끔 헝가리 사람들이 내게 묻습니다. "스님은 절에서 살고 계시지요. 그렇다면 화도 안 내고 욕망이나 무지와는 거리가 먼 생활을 하고 계시나요?" 나는 이렇게 대답합니다. "아니, 정반대입니다. 오히려 더 화를 내고 욕망이 들끓고 자신이 무지하다고 생각합니다. 좀 더 분명하게 자신을 바라보고자 하는 수행자들의 내면에는 이런 현상들이 가득하기 때문입니다. 하지만 사원이 제대로 운영되고 있다면 이런 카르마들이 인간관계나 그 기능에 관여하지 못합니다." 사람들은 대부분 내 말을 이해하지 못합니다. 왜 그럴까요? 아무도 절에서 생활해보거나 절을 방문해본 적이 없기 때문입니다. 나는 이렇게 덧붙여서 이야기합니다. "원하는 만큼 빨리 가기 위해 모든 수단을 동원한다고 가정해봅시다. 무슨 일이 일어날까요? 핸들이나 엔진, 완충장치 등에 아주 작은 문제가 있다고 해도 여러분은 큰 문제로 여길 겁니다. 시속 90킬로미터나 110킬로미터 정도가 아닌 시속 200킬로미터 또는 그 이상의 속도로 달려야 하기 때문입니다. 이런 해방감은 사원에 머물 때에도 느낄 수 있습니다. 돈을 벌지 않아도 되고 피와 몸을 나눈 가족도 없으며, 직업과 돈의 흐름과 같은 물질적인 인과관계에 집착하지 않게 되어 모든 사회적인 방해물이 사라지기 때문입니다. 카르마가 깨끗해질수록 수행 속도는 빨라집니다. 반대로 올바른 스승을 만나지 못하면 카르마는 점점 더 쌓일 뿐입니다.

    나는 정말로 운이 좋았다고 생각합니다. 항상 좋은 상황만 계속된 것은 아니지만 화계사에 머문 6년이라는 시간 동안 숭산 선사와 함께했기 때문입니다. 내 인생에서 가장 중요한 순간이었죠. 만일 숭산 선사께서 그곳에 안 계셨다면 우리의 삶은 좀 더 위험해질 수 있었고, 그렇게 의미 있는 삶이 될 수도 없었다고 생각합니다. 그것은 아주 분명합니다. 선사께서 입적하신 후 많은 비구와 비구니들은 다함께 지내기 위해 무상사로 향했습니다.

앞에서도 말씀드린 것처럼 여러분이 정말로 탁월하고 똑똑한 스승이 필요하고, 바르고 단순한 가르침을 원해서 출가하고 싶다면 길은 열려 있습니다. 나는 절에서의 생활은 재가신도들이나 수도생활을 하는 사람들 모두에게 아주 좋은 환경을 제공해준다고 믿습니다. 오직 머리를 깎고 출가한 사람만 절에서 수행할 수 있는 것은 아닙니다. 몸이 아픈 사람은 병원에 가고 죄를 지은 사람은 감옥에 가듯이 수행하고자 하는 사람은 절에 가면 됩니다. 절은 수행하기에 아주 적합한 장소이며 그곳에서 서로 도우며 함께 깨달음을 얻을 수 있기 때문입니다. 질문하실 것이 더 있나요? 네, 말씀하세요.

학생 〰 절에서 머물려면 어떻게 해야 하나요?

청안 스님 관례대로 하면 됩니다.

학생 〰 관음선종일 경우에는 어떻게 합니까?

청안 스님 관음종 사원에 묵는 일은 매우 쉽습니다. 주지 스님께 말씀드려서 허락을 받으면 절에서 묵을 수 있습니다. 물론 절에서 지내는 동안 행동도 매우 조심해야 합니다. 간단한 노동을 하기도 하는데 이 일은 여러분 자신의 마음 수행뿐만 아니라 삶의 방식에도 도움이 될 겁니다. 절에서 머물며 수행을 하고자 할 때에는 어떤 종파가 자신에게 맞는지 충분히 알아보십시오. 만일 내가 속한 종파가 맘에 든다면 프로비던스 선원에서 수행할 수도 있습니다. 무상사는 아름답게 피어 있는 연꽃처럼 활짝 열려 있습니다. 한국의 절에서 서양 신도가 수행하려면 아직은 조금 불편합니다. 물론 무상사에서는 얼마든지 가능합니다. 만일 무상사 밖에서 머물며 수행하기를 원한다면 그렇게 할 수 있습니다. 다만 주변을 청결하고 단정하게 정리하는 것은 잊지 마십시오. 사람들은 대부분 처음에는 절에 머물면서 엄격하고 정확한 하루 일과를 보내다가 때가 되면 떠납니다. 자신의 삶을 살기 위해서입니다. 그들의 카르마는 절 밖에 있기 때문이죠. 카르마가 이끄는 대로 살더라도 항상 깨달음을 얻기 위해 애쓰고, 마음을 비우고 거울처럼 맑게 유지하도록 노력하십시오. 여러분의 상황과 관계, 행동들은 모두 다른 중생들에게 영향을 미치기 때문입니다. 어느 곳을 가더라도 우리가 서로 만나 다르마를 주고받는 일들이 일어나기를 바랍니다. 또한 함께 수행하고, 함께 깨달음을 얻어 이 세상을 고통에서 구할 수 있게 되기를 바랍니다. 감사합니다.

··· 파리 선 센터

# 5

원하는 것과
살펴보는 것

비밀 수행과 선
원하는 마음과 깨달음
수행과 카르마
마음 살펴보기와 완전함
병, 생각과 치료
어린아이와 방향

선을 공부하는 학생의 소개말 지금으로부터 4년 전 처음 수행을 시작했을 때 저는 걱정도 의심도 많았습니다. '왜 내가 아침 일찍 일어나야 하지? 그건 건강에 안 좋아' 라고 생각하기도 하고, '왜 제단에 절을 해야 하는 거야? 나는 붓다를 믿지도 않는데' 또는 '체코에는 있지도 않은 불경을 어떻게 읽을 수 있지? 게다가 난 무슨 말인지 이해하지도 못하잖아' 하며 걱정하기도 했습니다. 하지만 가장 큰 의문은 중생을 고통으로부터 건져내기 위해 밤낮으로 기도하겠다는 사홍서원(四弘誓願 the Four Great Vows)의 첫 구절에 있었습니다. 마음속에서 '이건 말도 안 돼. 내가 어떻게 모든 중생을 고통에서 구해낼 수 있지?' 라는 의문이 생겼습니다. 하지만 어느 날 아름다운 이야기를 읽은 후 그 구절을 이해할 수 있었습니다. 이야기에는 한 여인이 등장합니다. 그녀는 해변을 걷다가 가끔씩 걸음을 멈추고 조개를 집어 바다로 던졌습니다. 이렇게 산책을 하다가 조개를 던지는 그녀의 모습을 보고 한 사람이 물었습니다. "지금 뭐 하세요? 도대체 알 수가 없군요." 여인이 대답했습니다. "조개들을 살리려 하고 있어요." "하지만 그렇다고 해서 모든 조개를 살릴 수는 없잖아요. 파도가 다시 밀려오면 조개들도 다시 해변으로 올라오는데 당신이 조개 한 마리를 도로 바다로 던진다고 해서 뭐가 달라지나요?" 그 말을 듣고 난 후에도 그녀는 여전히 조개를 집어 바다로 던지며 대답했습니다. "이 하나의 조개에게는 커다란 의미를 지닌 일이거든요." 여러분이 무슨 수행을 하고 어떤 방법으로 수련하든 모두 호흡법에 관한 겁니다. 이 점을 명심하십시오. 호흡하는 방법은 여러 가지가 있지만 가장 중요한 것은 호흡을 멈추지 않는 겁니다. 수행하기를 멈추지 마십시오. 여러분도 중생을 구할 수 있습니다.

청안 스님 아주 훌륭한 말씀, 대단히 감사합니다. 여러분을 오늘 이곳에서 만나게 되어 무척 기쁘군요. 호흡법이나 수행, 삶에 대해 질문하실 것이 있으면 해주시기 바랍니다. 질문 없습니까? (잠시 침묵) 질문이 없으시면 제가 몇 주 전에 받았던 국제 전화 이야기를 하겠습니다. 처음에 걸려온 전화 내용은 순수하게 수행에 관한 것이었습니다. 우리는 이미 수많은 호흡법을 알고 있습니다. 단지 그중 하나를 선택해서 열심히 수련하다 보면 어느덧 그 수행을 충분히 이해할 수 있게 되고 중생들을 구할 수도 있습니다.

그다음 전화는 헝가리 어딘가에 사는 한 여인으로부터 온 전화였습니다. 그녀는 "스님, 상담할 게 있어요. 스님 이름은 전화번호부에서 찾았답니다"라고 말했습니다. 전화번호부에는 영적 수행을 가르치는 강좌들의 번호가 나와 있습니다. 참 신기하게도 그 강좌를 진행하는 사람들은 너무나 많은 것을 알고 있으며 심지어 전생까지도 알아낼 수 있다고 하더군요. 재미있지 않습니까? 마음을 조용하고 평화롭게 만드는 방법은 여러 가지가 있습니다. 소주천(小周天: 대부분 체내 생명에너지인 기가 맥을 통해 정상적으로 순환되어 흘러가도록 경락을 유통하는 방법, 수련법. 인간의 몸을 하나의 작은 우주로 생각한 것 – 옮긴이)부터 시작하여 자신의 가장 중요한 기를 돌게 하는 수련법 등 여러 가지 방법을 소개하고 있습니다. 그리고 이런 수련을 익히기 위해서 드는 비용도 나와 있는데, 120시간 수련에 400유로를 받고 있었습니다. 나중에 웹사이트를 보니 200시간으로 바뀌어 있더군요. 이 여인은 그 사실을 알고 있었습니다. 특별한 것을 찾는 많은 다른 사람들과 마찬가지로 이 여인도 비밀스러운 것에 흥미가 있었기 때문입니다.

처음에 나에게 이렇게 묻더군요. "저는 유체이탈 경험이 많습니다. 그래서 이 과정을 들으려고 하는데 스님께서는 어떻게 생각하세요? 저에게 맞을까요?" 내가 대답했습니다. "그 수련 과정에 대해서는 잘 모르겠군요. 한 가지 물어보겠습니다. 당신이 당신 몸 안에 있을 때 무엇을 보았습니까?" 그 여인은 나에게 자신이 본 것에 대해 말했고 나는 다시 질문을 했습니다. "당신이 당신 몸 밖에 있을 때는 무엇을 보았나요?" 그러자 그녀는 매우 흥미롭게도 자신이 이것저것을 보았다고 대답했고 나는 세 번째 질문을 했습니다. "당신의 내부와 외부에서 본 것들은 모두 이름과 형태를 갖고 있고 모두 당신의 마음의 대상이 아니었던가요?" 그러자 그녀는 대답했습니다. "그럼요. 내 몸 안에 있다가 다음번에는 내 몸 밖에 있는 그런 식이었습니다." 내가 "하지만 항상 '나'라는 것은 존재하고 있지요. 그렇지 않습니까?"라고 하자, 그녀는 "그럼요. 내 몸도 잊고 오로지 마음만 남은 것처럼 느낀 적도 있습니다"라고 말했습니다. "좋습니다. 하지만 이 모든 인식의 대상이 되는 명색(名色: 명은 정신적인 것, 색은 물질적인 것. 명색은 물질적인 것과 정신적인 것이 결합된 상태를 말함 - 옮긴이)은 왔다가 사라집니다. 그렇죠?" 하고 내가 말했습니다. 그녀 역시 모든 명색은 왔다가 사라지는 것임을 알고 있었습니다. 어느 정도는 불교를 이해하고 있는 것 같았습니다. 다시 내가 물었습니다. "깨달음의 길은 무엇이며 그 길은 우리를 어디로 이끌고 있다고 생각하나요? 우리는 어디로 가야 할까요?" 그 여인은 많은 지식을 쌓았지만 진정으로 알고 있는 것은 하나도 없었습니다. 이미 마음이 어느 정도 오염되어 있었죠. 나는 '모른다'에 대해서, 그리고 이름도 형태도 오가는 것도 없는 것에 대해서 설명해주었습니다. 바로 (탕!) 이 점에 대해서 알려주었습니다.

  그 여인은 내 말을 이해하기 시작했습니다. 내가 물었습니다. "무엇을 얻기 위해 그렇게 많은 돈을 들여야 합니까?" 그녀는 "아, 스님과 말씀을 나누는 게 더 유익할 것 같아요"라고 말했습니다. 계속해서 몇 가지 이야기를 더 나눈 다음 나는 마지막으로 그녀에게 말했습니다. "당신도 아시겠지만 이 모든 수행법은 매우 훌륭합니다. 하지만 한 가지 말씀드릴 것이 있습니다. 붓다께서는 이 모든 수행법을 익히는 것보다 왜 수행을 하는지 아는 것이 더 중요하다고 말씀하셨습니다. 바로 깨달음을 얻어 중생을 구하는 것이지요. 만일 당신이 그런 이유로 수행을 한다면 어떤 방법을 택해도 상관없습니다. 하지만 만일 그런 목적이 아니라면 아주 간단하고 순수한 수행이라 해도 당신을 파멸로 몰고 갈 겁니다. 깨달음을 얻고 싶지 않다면 당신이 갖고 있는 이기심, 즉 '나, 내 것, 나의'와 같은 생각을 버리지 않아도 됩니다. 아마 버리고 싶지도 않고, 잊거나 잃어버리고 싶지도 않을 겁니다. 당신의 자아(ego)와 수행법이 한데 섞이면 좋은 결과를 얻을 수 없습니다." 그녀는 내 말을 이해했고 감사하다고 하면서 전화를 끊었습니다.

정해진 방향 없이 단지 기교만 있는 수행은 무익하고 쓸모가 없습니다. 마치 모래사장으로 떠밀려온 조개를 주워 야구놀이를 하며 놀다가 다시 모래 위에 던져놓는 것과 같습니다. 이것은 수행이 아니라 그저 놀이일 뿐입니다.

선은 아주 간단합니다. 한 번에 번쩍하고 깨달음을 얻는 겁니다. (탕!) 깨달음을 얻고 중생을 구하는 것이지요. 그저 아무것도 생각하지 않고 모래사장으로 떠밀려온 조개를 다시 바다로 돌려보내는 것과 같습니다. 질문을 더 받겠습니다. 네, 말씀하세요.

학생 모든 스승은 깨달음을 얻으라고 말합니다. 그러면서 한편으로는 우리가 무엇인가 얻기를 원하는 것은 잘못이라고 말합니다. 무슨 뜻인지 모르겠어요.

청안 스님 당신은 무엇을 원합니까? 만일 원하는 것이 있다면 바로 지옥의 불구덩이에 떨어지는 심정을 맛보게 될 겁니다. 무슨 말이냐 하면 만일 우리가 무엇을 원한다면 그것은 명색을 갖춘 것이기 때문입니다. 또한 명색이 있는 것은 왔다가도 다시 돌아가기 마련이고 그들이 사라지면 당신도 사라지기 때문입니다. 즉, 무엇인가를 원한다는 것은 집착이 생긴다는 말입니다. 우리가 어떤 물건이나 사람에게 집착하면 곧 그들과 함께 존재합니다. 그리고 그들이 사라지면 우리도 사라지는 것이지요. 그것은 엄청난 고통입니다. 무엇을 원한다는 것, 깨달음을 얻기를 원한다는 것은 커다란 환상입니다. 모든 종파에서는 깨달음이 가장 중요하다고 강조하며 '본래의 자아로 돌아가라!' 또는 '불성으로 돌아가라!'고 말합니다.

왜 그런 말을 하는 걸까요? 그 이유는 무엇일까요? 우리는 이미 마음속에 불성을 지니고 있기 때문입니다. 밖에서 찾을 필요가 없습니다. 어떤 성인이나 다른 사람이 주는 것도 아니고 어떤 특별한 마음 상태가 되어야 하는 것도 아닙니다. 이미 우리 안에 있기 때문에 '얻을' 수 있는 것이 아닙니다. "아무것도 깨달을 것이 없다는 사실을 깨닫는 것"이라고도 말합니다. 무슨 뜻인지 이해하기가 어려울 겁니다. 하지만 상관없습니다. 오히려 좋은 기회입니다. 내가 여러분의 눈을 보며 "아무것도 깨달을 것이 없다는 사실을 깨달으세요"라고 말한다면 분명히 머릿속이 텅 비는 듯한 느낌이 들 겁니다. 그렇습니다. 이런 것일까요? (탕!) '아무것도 깨달을 것이 없다는 것을 깨닫는 것'이라니 도대체 이게 무슨 말일까요? (청안 스님은 놀란 듯이 말하고 대중 웃음)

어떤 소리가 났을 때 우리는 잠시라도 그 순간만큼은 생각을 멈춥니다. 어리석은 한 마리의 말에 관한 이야기가 있습니다. 영리한 마부가 채찍 끝에 당근을 매달고 그 냄새로 말을 유혹했습니다. 당근 냄새를 맡은 어리석은 말은 곧장 마차를 끌고 앞으로 달리기 시작했습니다. 하지만 아무리 달려도 말은 결코 당근을 차지할 수 없습니다. 이 이야기는 무엇을 의미하는 것일까요?

만일 여러분이 '나는 깨달음을 얻기를 원해요'라고 한다면 그 말이 바로 가장 큰 걸림돌이 될 겁니다. 왜냐하면 '나'는 결코 깨달을 수 없기 때문입니다. 말이 당근을 차지할 수 없는 것처럼 말입니다. 내가 속한 종파에서는 개가 뼈를 쫓아 뛰어간다고도 말합니다. "'모른다'는 상태로 돌아가라!"는 말을 하는 것은 바로 이런 이유 때문입니다. '모른다'는 말은 명색을 뛰어넘고 삶과 죽음을 넘어서며 왔다가 가는 것, 깨달음과 무지를 넘어서는 겁니다. 다른 말로 하면 바로 이것입니다. (탕!)

만일 여러분이 무엇을 원하고, 무엇을 만들거나 알아보려 하고, 붙잡거나 집착하면 그것이 곧 여러분을 방해하게 될 겁니다. 방해를 받고 싶지 않다면 아무것도 만들지 말고, 원하지도 말고, 알아보거나 붙잡거나 집착하지 마십시오. 그렇게 될 때 여러분은 자신의 진실한 본래 모습과 만날 수 있습니다. 어려운 방법이 아닙니다. 아주 쉽습니다. 식사할 때는 먹는 일에만 집중하십시오. 경전을 읽을 때는 오직 경전만 읽고, 앉아 있을 때에는 앉는 일만 생각하십시오. 다함께 절할 때는 절하는 일만 생각하면 됩니다. 아주 간단하지요. 여러분이 뭔가 다른 일을 만들거나 원한다면 모든 것은 사라지고 맙니다. 알아보고, 붙잡고, 집착하면 모든 것은 사라져버립니다. 질문 있습니까? 네, 말씀하세요.

학생 우리가 어떤 특별한 수행이 필요한 이유는 무엇입니까?

청안 스님 질문하신 분은 특별한 수행이 필요하세요? (질문한 학생은 아무 대답을 하지 못한다.) 의문 나는 점에 대해서 더 질문해보세요. (침묵) 좋아요. 지금 당신은 바로 이런 상태에 있다고 할 수 있어요. 당신이 레스토랑에 가서 웨이터에게 "메뉴에 있는 음식을 모두 주세요"라고 말합니다. 그 말을 들은 웨이터는 당신이 주머니에 두둑한 수표책이라도 갖고 있는 엄청난 벼락부자라고 생각하고는 주방에 가서 이렇게 말할 겁니다. "자자, 서둘러요. 메뉴에 있는 모든 음식을 만들어야 해요." 마침내 모든 음식이 만들어졌는데 당신이 많은 음식을 보며 이렇게 말하는 것과 같습니다. "아, 미안해요. 배가 고프지 않네요. 난 단지 모든 음식을 주문하면 어떨까 하고 생각해보았을 뿐이에요." 자, 당신은 무엇이 알고 싶었나요? 말씀해보십시오.

학생 그냥 하는 것만으로도 충분하다면서 왜 방석에 앉고 절도 하는 건가요?

청안 스님 어떻게 하는 것이 충분하다고요? 다시 한 번 질문해주세요.

학생 그저 하기만 하면 된다면서 왜 앉아서 수행도 하고 절도 하는지 모르겠습니다.

청안 스님 아, 무슨 말인지 알겠습니다. 앉아서 수행하고 절하는 것 외에 무엇이든 할 수 있을 것 같습니까? 절대 그렇지 않습니다. 그렇기 때문에 앉아서 절하는 과정이 필요합니다. 사람들은 행동하면서도 많은 생각을 하는데, 그러면 행동을 완전히 망치는 결과를 가져옵니다. 우리가 수행하는 이유가 바로 여기에 있습니다. 몸이 아프지 않다면 병원에 갈 필요가 없습니다. 스코다(Skoda : 체코의 자동차 회사로 세계에서 가장 오래된 자동차 회사 가운데 하나임 - 옮긴이)에서 나온 자동차가 절대 부서지지 않는다면 서비스 센터 같은 것은 필요 없겠지요. 하지만 우리는 병원에 가야 할 때가 있고, 스코다 자동차 역시 서비스 센터에 갈 일이 생깁니다. 마음이 정말로 어지러워 질 때가 있습니다. 무슨 이야기를 듣거나 무슨 광경을 보았을 때 그 기억이 마음속에 오래 머무르는 것이지요. 몇 달씩 그 기억을 되새기고 있는 사람들도 있지만 다 쓸데없는 행동입니다. 여러분은 이미 이 사실을 알고 있을 겁니다. 어떻게 그 생각을 멈출 수 있을까요? 바로 여기로 (탕!) 돌아오지 않으면 결코 생각을 멈출 수 없습니다.

아마 여러분은 이렇게 (탕!) 여기로 돌아오라고 하는 것은 '모른다' 는 상태로 돌아오는 것이라고 말하겠지요. 또 '마음을 내지 말라' '1번이라고 생각하는 마음을 내지 말라' 또는 '명색을 가리는 마음을 내지 말라' '눈에 보이는 것에 현혹되지 않은 마음을 내라' 는 의미로 생각하는 분들도 계실 겁니다. 네, 맞습니다. 모두 같은 말입니다. 여러분의 마음이 그만큼 맑기 때문입니다. 허공처럼 텅 비어 있고 거울처럼 모든 것을 맑게 비추는 마음을 갖고 있기 때문입니다. 거리를 바쁘게 걷는 사람들을 보십시오. 그들은 자신의 생각에 빠져 있기 때문에 바로 눈앞에 있는 자신의 진실한 모습을 보지 못합니다. 자신만의 생각에 빠져 걷다가 전봇대를 들이받기도 하지요. 그들의 마음은 어디에도 없습니다. 잃어버린 겁니다. '낚시라도 하러 갔나, 외출하고 없네' 라는 영어식 표현이 있습니다. 낚시하러 가기가 싫다면 가지 않아도 됩니다. 수행이 필요한 것은 바로 이런 이유 때문입니다.

하지만 이 수행은 특별한 것이 아닙니다. 아시겠습니까? 수행이 특별한 것이라고 생각한다면 매일매일 행하는 명상이 아닌 그 이상의 것이어야 합니다. 날마다 수행하는 일은 특별한 일이 아닙니다. 100년 또는 1,000년 이상씩 지속되어온 문화 속에 사는 사람들은 그 문화를 당연하게 받아들입니다. 마찬가지로 수행도 언제나 우리와 함께 있었습니다. 언제든지 행할 수 있습니다. 외국에서 수입된 문화라면 그것은 당연히 특별한 것이겠지요. 여기 이 해초를 한번 보십시오. 이것은 김입니다. 아주 좋아 보이지요? 맛도 아주 좋답니다. 만일 여러분이 프랑스나 독일, 체코 공화국이나 헝가리 같은 서양에서 이 김을 구입하고자 한다면 시내에 나가서 아주 비싼 값에 사야 할 겁니다. 특별한 것이니까요. 하지만 한국에 가면 쉽게 구할 수 있습니다. 길모퉁이에 있는 작은 가게에서도 살 수 있고, 큰 시장이나 마을, 도시나 해안가 등 어느 곳에서도 구할 수 있습니다. 소금으로 간을 해서 잘 말은 김밥은 가격도 매우 저렴합니다. 이것만 먹으면서 살아도 됩니다.

내가 말하는 수행은 특별한 것이 아닙니다. 하지만 명상에 대해 한 번도 들어본 적도 직접 명상을 해본 적도 없는 사람들은 특별하다고 생각하겠지요. 이를 이용해 큰돈을 버는 사람도 있습니다. 맞춤 명상, 뭐 이렇게 말하면서 여러분의 뇌를 이리저리 조정하고 모든 문제를 해결해주겠다는 사람들 말입니다. 이들은 정말로 나쁜 카르마를 만들어내고 있습니다. 누구든지 깨달음을 '살 수' 있다는 환상을 만들어서 깨달음과 자유로움을 가르치는 다르마를 돈을 받고 팝니다. 제일 나쁜 일입니다. 이들은 자신이 만든 카르마는 반드시 자신에게 돌아가며 누구도 그것을 대신 받을 수 없다는 사실을 감추고 있습니다. 깨달음은 돈으로 살 수 있는 것이 아닙니다. 오직 행동하는 사람만 얻을 수 있습니다. 아시겠습니까? 좋습니다. 다른 질문은 없나요?

학생 저는 매일매일 수행을 합니다. 얼마 전에는 기간을 정해놓고 수행에 전념한 적이 있습니다. 이 기간 중에 수행에 매료된 사람들을 만났는데, 특히 직장인들이 많은 관심을 보였습니다. 이들은 수행에 대해서 들어본 적도 없었습니다. 어떤 사람은 다시 일하러 갈 수 없게 될지도 모른다는 두려움에 빠지기도 했고, 차나 지갑을 분실하는 사람도 있었습니다. 몇 주 지나서 정말로 차를 도둑맞았습니다. 하루는 밤에 수행하고 있는데 동료 한 사람이 자신도 그날 밤 수행을 하고 있었는데 마치 벽이 자신을 향해 무너질 것 같은 생각이 들었다고 말하는 것이었습니다. 일정대로 수행을 마치고 나자 모든 것은 제자리로 돌아왔고, 잃어버렸던 차와 지갑도 되찾았습니다. 모두가 행복해졌지요. 이런 일들이 모두 어느 정도는 서로 관련 있는 일이었을까요?

청안 스님 왜 계속 수행하면서 무슨 일이 일어나는지 관찰해보지 않았습니까? 만약에 좀 더 있다가 차를 찾았다면 차 안에 돈이 들어 있었을지도 모르는데…… 보시금이나 기부금 같은 거 말이죠. 만약에 수행 중에 벽이 무너졌다면 당신의 동료는 새 집을 갖게 되었겠지요. '만약에'라고 생각하는 한 결코 답을 얻을 수 없습니다. '만약에' 무슨 일이 벌어지는 경우는 없기 때문입니다. 모든 일은 다 그럴만한 이유가 있기 때문에 일어나는 것이지요. 한 가지 분명한 사실이 있습니다. 당신이 수행하는 모습은 다른 이들, 특히 당신이 수행하고 있다는 것을 모르는 이들에게는 아주 인상적이겠지만 그들의 반응은 다양할 겁니다. 잘 보십시오. 나는 그들에게 일어나는 일들과 당신의 수행 사이에 직접적인 관련이나 어떤 상관관계를 설정하지 않았습니다. 이유가 무엇일까요? 기본적인 법칙 중 하나가 성립되지 않았기 때문입니다. 이야기를 하나 들려드리겠습니다. 이미 알고 있는 분도 있겠지만 모르는 분이 더 많을 겁니다. 붓다께서 살아 계셨을 때 마하 목갈라나(Maha-

Moggallana) 또는 막달라야나(Magdalayana)라고 불리는 제자가 있었습니다. 그는 신통력이 뛰어났는데 붓다가 태어난 카필라 왕국이 전쟁으로 인해 엄청난 피해를 입게 될 것을 미리 알게 되었습니다. 그는 급히 나무 아래에 앉아 명상 중인 붓다를 찾아가 말했습니다. "스승께서는 이 사실을 알고 계셨습니까?" 붓다께서 대답하셨습니다. "물론이다. 나는 이미 모든 것을 알고 있었느니라." 목갈라나는 왜 전쟁을 막지 않느냐고 물었고 붓다께서는 막을 수 없다고 대답하셨습니다. 목갈라나는 안타까워하며 물었습니다. "이유가 무엇입니까? 스승께서는 무슨 일이든 하실 수 있지 않습니까? 당신은 이미 위대한 깨달음을 얻으셨습니다! 고향 사람들을 도와주실 수 없다고요? 자비심도 없고 가여운 마음도 없단 말씀입니까?" 붓다께서는 아무 대답도 하지 않으셨습니다. 그러자 목갈라나는 카필라 왕국 전체를 작은 그릇에 담아 도솔천에 올려 놓았습니다. 도솔천은 항상 평화로운 곳이고 항상 빛이 비추며 행복이 가득한 곳입니다. 일주일이 지났고 전쟁도 끝이 났습니다.

 정말로 신통력이 뛰어났던 목갈라나는 카필라 왕국을 다시 지구에 데려다 놓기 위해 그릇 뚜껑을 열고 들여다보다가 깜짝 놀랐습니다. 그 안에 있던 작은 왕국은 전쟁으로 이미 파괴되어 있었습니다. 그는 붓다께 뛰어가 물었습니다. "이 모든 사실을 알고 계셨나요? 그런가요?" 붓다께서 대답하셨습니다. "내가 그리 하였노라." 목갈라나가 소리쳤습니다. "왜 그러셨나요? 저는 모든 방법을 사용해서 왕국을 보호하려고 했습니다." 붓다께서 대답하셨습니다. "받아야 할 업은 없앨 수 없느니라."

　내가 당신 직장 동료들의 카르마를 크게 신경 쓰지 않는 것은 바로 이런 이유 때문입니다. 당신 자신도 당신의 카르마를 변화시킬 수 없습니다. 하지만 맑고 바른 수행을 하면 카르마 역시 맑고 바르게 변합니다. 이것만큼은 확실하다고 말씀드릴 수 있습니다. '만약에'로 시작되는 질문에는 대답하지 않겠습니다. 그것은 중요하지 않습니다. 사람들에게 무슨 일이 일어나든 그것은 그들의 카르마 때문입니다. 당신이 정말로 해야 할 일은 주변과의 관계를 좋게 만들어 자신의 카르마를 투명하게 유지하는 일입니다. 이것은 다른 사람들에게도 좋은 영향을 미칩니다. 그들은 곧 당신의 투명함을 느끼게 될 테니까요. 그다음에 일어나는 일은 그들의 카르마입니다. 질문 더 있나요? 어떤 질문이라도 관계없습니다.

학생 　저는 한 가지 문제가 있습니다. 수행하는 동안 마음을 평안하게 가지려고 애쓰는데 마음이 평안해지면 생각이 멈춥니다. 그때 내 안에 있는 다른 존재가 이렇게 말합니다. "나는 모든 걸 조정할 수 있어." 그 순간 평화와 평안은 끝나버립니다.

청안 스님 　평화와 평안이 끝나버렸다고요? 그래요, 맞습니다. 그렇게 되어야 합니다. 당신의 숲에 적군이 쳐들어와서 큰 싸움을 벌이다가 총 쏘기를 멈추었다고 합시다. 어떨까요? 갑자기 주변이 아주 조용해지겠지요. 하지만 당신이 "고마워요"라고 외치는 순간 총소리는 다시 나기 시작합니다. 마음을 확인하지 말아야 합니다.

간단합니다. 당신의 진정한 자아는 정신적인 것과 물질적인 것보다 더 이전에 존재하며 말로 표현할 수 없습니다. 혼잣말 같은 건 하지 마십시오. 당신의 진실한 자아와 대화하는 것이 아닙니다. 당신의 생각이 소리가 되어 나타나는 것이지요. 그 목소리는 두 개였다가 더 많아지기도 합니다. 그 목소리에 집착하기 시작하면 당신은 고결한 마음을 잃게 됩니다.

예를 들어보겠습니다. 정말로 열심히 수행하여 점점 마음이 맑아지는 것을 느끼게 되면 "그래, 이제 됐어!"라고 말합니다. 그런데 이때 사람들이 "이제 됐어!"라고 한 말은 총탄이 되어 높이 날던 다르마라는 비행기를 공격하여 내 자신이라는 바닥으로 추락하게 만듭니다. 그러면 모든 것이 끝나버립니다. 그러니 특히 수행을 할 때에는 침묵해야 합니다. 꼭 그런 일이 아니더라도 수행할 때에는 방해물이 많은 법입니다. 자신의 마음이 어떤 상태일까 궁금해하지 마십시오. 생각에 몰두하는 이상 마음은 절대 고요해질 수 없고, 이런저런 생각이 끊임없이 일어납니다. 하지만 그 생각을 없앨 수는 있습니다. 화두에 집중하십시오. 이것들은 '모른다'는 생각에서 시작되며 바로 우리가 수행하는 이유이기도 합니다.

선불교에서는 우리의 생각을 고요히 잠재울 수 없다고 말합니다. 아주 중요한 이야기입니다. 생각이 일어나기 이전의 상태로 돌아간다면 어지럽게 일어나는 생각들은 모두 사라집니다. 고요해질 것도 없고 고요한 상태가 될 필요도 없습니다. 모든 생각이 사라졌기 때문입니다.

　아마 명상을 하는 내내 다른 생각이 든 일은 모두 경험해본 적이 있을 겁니다. 하지만 아무 문제도 없습니다. 생각이 떠오를 때마다 마음을 깨끗한 거울처럼 유지하려고 노력하십시오. 거울처럼 모든 것을 비추는 마음을 유지하면 어떤 생각도 수행하는 여러분을 방해하지 못합니다. 다시 말하지만 생각이 일어난다는 사실에 너무 집착하지 마십시오. 모두 같은 말입니다. 마음속에서 일어나는 생각에 집착하지 않으면 모든 것은 원점으로 돌아가게 됩니다.

　돌을 던지지 않았다면 그 돌이 우리의 머리 위로 떨어지는 일도 일어나지 않을 겁니다. 모든 돌이 바닥에 떨어질 때까지 그냥 기다리십시오. 돌을 만지지 말고 땅 위에 쌓이도록 그냥 두십시오. 믿어지지 않겠지만 떨어진 돌을 들여다보면 온통 지문으로 덮여 있음을 알 수 있습니다. 바로 우리들의 지문입니다. 생각이 일어나는 일을 멈출 수 있다면 고통도 사라지게 할 수 있습니다. 그리고 우리 자신의 고통을 사라지게 할 수 있다면 세상을 고통스럽게 만드는 일도 멈추게 할 수 있습니다. 그러니 자신의 마음 상태를 점검하려고 하지 마세요. 오직 '모를 뿐'입니다. 수행 중에 많은 생각이 일어납니까? 아무 문제 없습니다. 생각이 조금 일어나는 것 또한 아무 문제가 되지 않습니다. 아무 생각도 들지 않는다 해도 문제될 것은 없습니다. 어떤 것, 어떤 상태에도 집착하지 마십시오.

'이제 됐어!' 라고 말하지 마십시오. 이제 이런 행동은 실수라는 것을 알겠지요? 나는 가끔 선을 공부하는 학생들을 만나곤 합니다. 그들 중에는 아주 의지도 강하고 진정으로 마음이 맑아지기를 원하는 학생들이 있습니다. 이들은 아주 열심히 수행하지만 나와 면담할 때면 이런 말을 합니다. "스님, 마음이 맑아지지 않아요. 정말 미치겠어요." 이런 마음가짐이 정말 나쁘다는 것 정도는 여러분도 잘 아시겠지요. 어쩌면 이들은 '나는 생각이 너무 많아! 정말로 많아. 어떻게 해야 하지? 정말 어떻게 해야 하는 거야?' 라는 생각에 거의 제정신이 아닐 수도 있습니다. 이런 상태도 정말 도움이 안 됩니다. 걱정할 것 없습니다. 우리는 인간입니다. 숨을 들이쉬고 내쉬며 자신의 눈을 통해 자신의 몸을 바라봐야 하는 그런 존재입니다. 우리는 그런 육체를 갖고 있습니다. 이것만으로도 이미 대단한 것을 갖고 있는 것이지요. 그러므로 이 방 안에 모인 여러분은 자신의 육체와 함께 행복해질 수 있습니다. 질문 더 하실 분 있나요? 어떤 질문도 관계없습니다.

질문이 없다면 내가 받은 전화 통화 이야기를 좀 더 해드리겠습니다. 이번 이야기는 좀 더 재미있습니다. 이런 내용의 전화를 받았습니다. 그는 "제 친한 친구가 스님과 이야기를 나눠보라고 해서 전화했습니다. 저는 30년간 정신과 의사로 일했습니다. 20년 가까이 대학에서 명상을 배웠고 얼마 전부터는 혼자 명상도 했습니다. 그런데 문제가 생겼습니다. 도대체 제가 무엇을 위해 명상을 하는지 모르겠다는 생각이 들었습니다"라고 하면서 이야기를 시작했습니다.

　우리는 좀 더 이야기를 나누었습니다. 그는 명상 수행에 대해 완벽하게 이해했고 수련 방법에 대해서도 잘 알고 있었습니다. 내가 다시 물었습니다. "당신은 왜 명상을 하십니까?" 우리는 다시 심각한 이야기를 주고받았고, 나는 그 남자의 카르마가 무엇인지, 왜 그가 자신의 명상 수행에 대해 그렇게 고민하고 있는지 알 수 있었습니다. 그는 암에 걸린 환자였고 그 때문에 아주 우울한 상태였습니다. 그는 자신이 암과 싸운 지 10년이 지났고 비록 지금 살아 있긴 해도 걸어 다니는 시체에 불과하다고 말했습니다. 이런 수행법에 집착하면서 자신이 살아 있음을 확신할 수도 있습니다. 하지만 그는 산 것도 죽은 것도 아닌 그 어딘가에 자신을 옭아매고 있었습니다. 내가 물었습니다. "단지 앉아서 숨을 내쉬고 들이쉬는 것에만 집착한다면 아무것도 얻을 수 없습니다. 마치 당신의 몸을 냉장고에 넣고 꽁꽁 얼리는 것과 같습니다. 당신은 우리의 몸이 영원히 살아 있을 거라고 생각하십니까?" 그는 "아니요. 저는 모든 사람은 죽는다는 사실을 알고 있습니다"라고 대답했습니다. 내가 다시 말했습니다. "당신은 아직도 모르고 있습니다. 자신은 암에 걸린 매우 불행한 사람이라고 생각하고 있으니까요. 그렇지 않습니다. 당신은 불행하지 않아요. 그저 당신의 카르마로 인해서 암에 걸렸을 뿐입니다. 절대 불운한 사람이 아닙니다. 지난 10년 동안 언제라도 자신이 죽을 수 있다는 것을 알면서 살았습니다. 병은 당신의 몸속에서 언젠가는 죽을 것이라는 메시지를 당신에게 계속 보내고 있습니다. 오히려 다른 사람보다 유리한 상황이라고 할 수 있지요."

이 세상 모든 사람들은 암에 걸릴 수 있습니다. 죽음에 이르는 병이지요. 육체를 갖는 순간, 즉 이 세상에 태어나는 그 순간부터 우리는 죽음에 이르는 병에 전염되었고 살아가는 동안 그 병이 온몸으로 퍼져가고 있습니다. 나는 자신 있게 이렇게 말해주었습니다. "언제 병에 걸렸는지, 얼마나 더 오래 살 수 있는지는 중요하지 않습니다. 어떤 마음가짐으로 어떤 삶을 살았느냐가 훨씬 더 중요합니다. 모차르트를 보세요. 당신이 그의 음악을 좋아하는지는 모르겠지만 그는 훌륭한 클래식 작품을 많이 남겼습니다. 짧은 시간이지만 아주 창의적이고 의미 있는 삶을 살았던 사람입니다."

그 사람은 내 말을 이해한 것 같았습니다. 이해한다고 몇 번이고 말했죠. 하지만 나는 다시 말했습니다. "죄송하지만 제 말을 이해하지 못한 것 같군요. 당신은 30년 동안 책을 읽었습니다. 그리고 지난 10년간 특별한 수행법을 익혀 명상도 했고, 인연법에 대해서도 이해하고 있습니다. 하지만 단 한순간도 생각을 멈추지 않았습니다. 생각을 멈춰도 숨은 쉴 수 있습니다. 하지만 몸과 마음이 분리되면 그때는 어떻게 될까요? 그래도 숨을 쉴 수 있을까요?" 그는 모르겠다고 대답했습니다. 내가 말했습니다. "이제 마음이 정말로 당신의 몸으로부터 벗어날 수 있도록 수행할 때가 온 것 같습니다. 무슨 말인지 아시겠지요? 당신은 곧 몸을 잃게 됩니다." 그는 이미 온몸에 암세포가 퍼진 상태였습니다. 화학 요법 치료를 받으면서, 몇 년 동안 거의 단식에 가까운 특별한 식이요법을 병행했지만 아무 효과가 없었습니다. 수술도 불가능한 상태고, 이미 암세포는 중요한 장기에까지 퍼지고 있었습니다. 만일 암세포가 목까지 퍼진다면 아마 그는 다시는 일어나지 못할 겁니다. 신경과 동맥을 건드리면 바로 그 자리에서 죽을지도 모릅니다. 그는 이 모든 것을 이미 알고 있었습니다. 자신의 카르마와 자신에게 일어난 일을 이미 이해하고 있었습니다. 하지만 그는 이 점을 모르고 있습니다. (탕!) 삶과 죽음에서 자유로울 수 없고 카르마를 뛰어넘을 수 없다는 사실을 이해하지 못하는 한 우리는 자유로울 수 없습니다. 이것을 이해하지 못하는 한 우리는 자신 속에 들어 있는 악마를 쫓아낼 수 없습니다. 그러므로 '오직 모를 뿐'이라는 말을 항상 명심해야 합니다. 또 다른 질문 없습니까?

마지막으로 최근에 부다페스트 선 센터에서 있었던 행사 이야기를 하겠습니다. 다르마 미러(Dharma Mirror)에서는 이 행사를 탄생 100일 기념행사라고 했지만 3개월된 아기부터 열 살, 열두 살이 넘는 아이들까지 모두 참가했습니다. 어린이들을 축복해주는 행사라고 할 수 있지요. 행사가 진행되는 동안 우리는 관세음보살을 연호했고, 행사의 주관자는 아이들의 이마에 물에 적신 하얀 천을 세 번 갖다 대면서 "대자대비(大慈大悲) 나무 관세음보살"이라고 말했습니다.

아이들은 분위기에 푹 젖어 아주 흥미로워했습니다. 사람들이 불경을 외우기 시작하자 큰소리로 떠들던 아이들이 조용해졌습니다. 어린아이들 중에는 조는 아이도 있었고, 좀 더 큰 아이들은 재미있어했습니다. 대부분 조용히 자리에 앉아서 행사가 진행되는 모습을 보거나 엄마들 얼굴을 쳐다보기도 했습니다. 하지만 많이 움직이지는 않았습니다. 이마에 천을 세 번 갖다 대면서 "대자대비 나무 관세음보살"이라고 말해주었을 때 아주 작지만 심오한 사건이 일어났습니다. 아이들이 마음속으로 이 말을 받아들였던 겁니다. 이들은 어른들이 진심으로 자신을 사랑해주고 도와주고 있다는 느낌을 받았습니다. 이것이야말로 진정한 대자대비, 즉 커다란 사랑이며 자비심입니다. 아이들은 우리의 미래이자 미래의 부처님입니다. 또 다른 미래의 부처님의 부모가 될 존재들입니다. 이들을 올바르게 키우는 것은 우리의 책임입니다. 또한 보살로서 당연히 해야 할 일입니다.

두 가지 상황에 놓인 아이들이 있습니다. 첫 번째 부류의 아이들은 병원이나 집에서 태어나 울기도 하고 떼도 쓰면서 무럭무럭 자라납니다. 두 번째 부류의 아이들은 우리 안에 있습니다. 이들은 우리 인생의 결과이며 우리와 함께 자라납니다. 첫 번째 부류의 아이들은 쉽게 찾아볼 수 있습니다. 하지만 두 번째 부류의 아이들을 본 적이 있습니까? 내 안에서 나와 같이 자라는 아이들을 어떻게 볼 수 있을까요? 그 아이들은 미래의 우리 모습입니다. 그들의 모습이 어떤지 알 수 없다면, 그 말은 곧 지금과 과거의 우리 모습을 모른다는 말이고, 미래에도 어떤 모습인지 알 수 없다는 말과 같습니다.

　나는 여러분이 대자대비를 실천할 수 있는 거울처럼 깨끗한 마음 상태가 되기를 바랍니다. 이런 마음가짐을 갖게 되면 아이들이 많든 적든 상관하지 않고 내 아이뿐만 아니라 다른 사람의 아이들까지도 모두 사랑으로 보살피게 됩니다. 또한 우리 안에 있는 아이들에게도 사랑을 줄 수 있습니다. 이렇게 될 때 우리는 아주 쭉 뻗은 평탄한 길을 가게 될 겁니다. 설사 넘어진다 해도 금방 일어날 수 있습니다. 그렇게 될 겁니다. 나는 가끔 우리 모두가 함께 수행하고 앞으로 나아가 깨달음을 얻어 모든 중생을 괴로움에서 구하는 모습을 상상하곤 합니다. 함께 해주신 여러분들께 감사드립니다. 대단히 감사합니다.

··· 체코 브르노

무상함과 원숙함

전통의 선택

선에 입문하다

수행의 발전

분명함, 힘, 그리고 '모른다'

삭발과 수도원 생활

가족관계와 이혼

반대의 본질

레나타(참선을 공부하는 학생)의 인사말 처음 수행을 시작했을 때 저는 참으로 생각이 많았습니다. 수행을 하고 얼마간의 시간이 지났을 때에도 여전히 많은 생각이 들었지만 수행 초반과는 많이 달랐습니다. 선을 지도해주시던 분의 말씀에 따르면 수행을 시작하는 사람들은 거의 대부분 어떤 문제를 갖고 있다고 합니다. 이들은 문제가 있다는 사실뿐만 아니라 그것에 대한 근본적인 이유가 있다는 것을 깨달았기 때문에 수행을 시작하게 되었습니다.

불교에서는 중생을 고통에서 구하기 위해 수행해야 한다고 말합니다. 이 두 가지 이유를 어떻게 관련지을 수 있을까요? 저 역시 처음에는 해결해야 할 문젯거리가 있었고 명상 수행이 도움이 될 것이라고 생각하여 수행을 시작했습니다. 많은 사람들이 이와 비슷한 이유로 명상을 시작할 겁니다.

하지만 수행을 시작하고 시간이 흐르면서 어떤 마음으로 시작했는가보다는 어떤 마음으로 계속 수행하고 있느냐가 더 중요하다는 사실을 깨닫게 됩니다. 저는 이제 3개월간의 안거를 마쳤습니다. 생전 처음 경험해보는 안거였습니다. 안거 후 이 평화스러운 분위기를 뒤로하고 돌아간 세상은 마치 벽을 두드리는 것처럼 답답했지만 3개월을 앉아서 보내야 하는 일만큼 충격적인 일은 아니었습니다.

안거를 시작하자 그동안 경험했던 온갖 시련과 어려움이 머릿속에 떠올랐습니다. '이걸 어떡하지?' 하는 생각이 들었습니다. 많은 일을 해결하려고 하는 버릇 때문에 힘들었던 순간도 있었지만 고요히 앉아 내면에서 일어나는 일에 집중하려고 노력했습니다. 그리고 이 모든 문제는 외적인 요인이나 다른 사람들 때문에 일어난 것이 아니라 내가 만들어낸 것이라는 사실을 깨닫게 되었습니다.

또한 외적인 요인들 역시 내가 스스로 만들어낸 것에 불과하다는 것도 알게 되었습니다. 내가 그것들을 바라보고 이해하는 방법에 문제가 있었던 것이죠. 말로 설명하기가 어렵군요. 여러분도 경험해보시기 바랍니다. 그저 앉아서 자신의 내면에서 무슨 일이 일어나고 있는지 들여다보십시오. 어떤 정해진 자세나 특정한 장소에서만 가능한 일이 아닙니다. 그냥 아무 곳에서나 편한 자세로 앉아 마음속에서 무슨 일이 일어나고 있는지 느껴보십시오. 이렇게 하다 보면 자신에 대해 좀 더 분명하게 알게 됩니다. 그리고 자기 자신뿐만 아니라 다른 사람에게도 도움의 손길을 내밀 수 있게 됩니다. 이상 제 말을 마칩니다. 감사합니다.

청안 스님   레나타의 소개말, 감사합니다. 오늘 밤 여러분을 이렇게 만나게 되어 매우 기쁩니다. 의문스러운 점이 있으면 무엇이든지 물어보시기 바랍니다. 여러분은 불교나 선에 대해서 배운 적이 없습니다. 따라서 수행에 관한 질문은 물론 영적인 수련이나 일상생활, 그리고 일상생활을 하면서 수행하는 것에 관한 어떤 질문도 상관없습니다. 편안한 마음으로 질문하시기 바랍니다.

학생   제가 질문하겠습니다. 먼저 왜 불교인가요? 그리고 불교 중에서도 왜 선불교인지 궁금합니다.

청안 스님   사람들은 여러 가지를 하려고 합니다. 좋은 일입니다. 하지만 아무 일도 되지 않을 때 우리는 불교를 찾습니다. 불교에는 티베트 불교, 남방 불교, 이런저런 이론의 북방 불교 등 대대로 내려오는 아주 많은 학파가 있습니다. 하지만 더 이상 이런 불교에서 만족을 찾을 수 없을 때 사람들은 선불교로 눈을 돌리게 됩니다. 선불교에서 우리가 얻어 갈 것은 아무것도 없습니다. 오직 이것뿐입니다. (탕!) 깨달음을 얻는 과정은 힘들고 고단하지만 진리를 얻기 위해 가야 할 길입니다.

종교나 영성, 사물에 대한 환영을 지워버릴 수 있다면 우리는 깨달음을 얻을 수 있습니다. 기독교인들은 하나님을 믿습니다. 불교도들은 붓다를 믿거나 보살을 믿습니다. 불교의 정토종에서는 모든 사람이 정토로 들어가기를 바랍니다. 선불교에서는 우리를 어느 곳으로 데려가려 하지 않고 무엇을 주려고 하지도 않습니다. 오직 이 순간이 중요하다고 강조할 뿐입니다. 이 순간을 충실하게 보낸다면 여러분과 이 세상은 하나가 될 수 있습니다. 그 순간에는 깨달음도 고통도 없습니다. 무엇이 있을까요? 단지 이것뿐입니다. (탕!)

이 소리를 듣게 되면 '모르겠다'는 생각이 듭니다. '모른다'란 생각하지 않는 상태를 말합니다. 이것이 바로 선입니다. 하지만 많은 사람들은 이런 이야기를 좋아하지 않고 "아, 선은 지루해. 난 나를 행복하게 해줄 뭔가가 정말 필요하다니까"라고 불평합니다. 이런 이들을 만족시키기 위해서는 영혼을 파는 쇼핑몰에서 더 많은 상품을 준비할 필요가 있습니다. 나쿱니(Nakupni) 쇼핑센터를 좋아하는 사람들은 이곳에서 충분히 즐겁게 시간을 보낼 수 있을 겁니다. 좋은 일이지요. 그대로 해야 합니다. 다시 말씀드리지만 선은 여러분에게 아무것도 주지 않습니다. 왜냐고요? 이미 여러분은 모든 것을 갖고 있기 때문입니다. '본래 모든 인간은 완벽한 존재이니'라는 말씀이 있습니다. 자신이 완벽한 존재임을 깨닫는다면 더 이상 아무것도 필요하지 않을 겁니다. 아시겠습니까? 이유가 무엇인지 궁금한가요? 왜 불교이고 왜 선인지 궁금한가요? 이런 의문을 갖게 되면 아무것도 제대로 알 수 없습니다.

붓다의 일생을 한번 보십시오. 붓다의 삶은 아주 흥미롭습니다. 어릴 때에는 훌륭한 왕자가 되기 위해 열심히 노력했습니다. 그리고 28세 무렵에는 삶에 대해 커다란 의문을 갖게 되면서 생활태도가 바뀌었습니다. 갑자기 가족과 궁궐을 떠나 많은 은둔자들과 요가 선생에게서 가르침을 받았습니다. 이들은 모두 자신이 갖고 있는 모든 지식을 붓다에게 가르쳐주었지만 그는 이것에 만족하지 않았습니다. 이 학파들은 이론적인 면에서 충분히 성장하지 못했고 후에는 모두 소멸했습니다.

스승을 떠난 붓다는 숲 속으로 들어가 떠돌아다니며 고행을 시작했습니다. 배운 대로 수행하기도 하고 스스로 개발한 수행법을 시도해보기도 했지만 아무 도움이 되지 않았습니다. 최고, 최상의 깨달음을 얻을 수 없을지 모른다는 생각도 들었습니다. 실패하고 다시 수행하는 일을 반복하면서 6년을 지낸 어느 날 붓다는 강둑에 있는 나무 밑에 앉아 있었습니다. 그는 49일을 꼬박 같은 자세로 앉아 있었고, 마지막 7일간은 잠도 자지 않은 채 명상에 잠겨 있었습니다. 그렇게 49일을 보낸 후 붓다께서는 깨달음을 얻었습니다. 어떻게 얻었을까요? 그것은 아무도 모릅니다.

샛별이 떠오르는 것을 바라보던 붓다는 갑자기 깨달음을 얻었습니다! 샛별에 그 모든 것이 담겨 있어서 모든 인간이 며칠 샛별을 보면 최고이며 최상인 완벽한 깨달음을 얻을 수 있단 말인가요? 그렇지 않습니다. 왜 우리는 샛별을 보아도 깨달음을 얻지 못할까요? 6년이 넘는 시간 동안 수행과 실패를 반복하는 그런 생활을 하지 않았기 때문입니다.

선 수행에 입문하기는 상대적으로 쉬운 편입니다. 하지만 선 수행을 계속하는 것은 그리 만만한 일이 아닙니다. 선 수행을 할 때 사람들은 '아, 난 정말 튼튼하구나. 그래, 참선이란 이런 거야. 정말 멋지구나' 라고 생각합니다. 그리고 수행을 계속하면서 자신의 카르마를 느끼게 되고 뜻하지 않은 일들이나 어찌해야 할지 모르는 관계가 얽히면서 이 모든 어려움이 갑자기 수행자에게 달려듭니다. 그러면 참선 수행이 멈춰지고 자아가 멈춥니다. 생각할 수 있던 모든 것이 갑자기 멈춰버립니다. "어, 무슨 일이지? 왜 이러는 거야?" 하면서 모두들 당황하지만 일어난 모든 일을 이해하지는 못합니다. 그리고 점차 이 모든 현상을 받아들이고 상처 입은 상태로 다시 시작합니다. 여러분이 정말로 진지하게 수행하고 있었다면 다시 시작할 수 있습니다. 이것이 선 수행입니다.

가장 중요한 것은 어려움이 닥쳐도 굴하지 않는 마음입니다. 괴로워도 자신의 카르마로 일어나야 합니다. 그렇게 하다 보면 아마 전과는 다른 느낌이 들겠지요. 수행과 삶, 모든 인간을 이전과는 다른 시선으로 바라보게 됩니다. 여러분의 눈이 팡! 하고 열리는 순간 쓸데없는 생각들은 모두 사라집니다. 그런 다음에는 더 많은 생각들, 놓지 못하고 집착하고 있는 것들을 모두 버릴 수 있게 됩니다. 이제 모두 끝났습니다. 하지만 모든 사람이 이런 경험을 좋아하지는 않습니다. 선 수행이 대중적 인기를 끌지 못하는 이유도 바로 여기에 있습니다. 선 수행은 깨달음에 도달하는 바른 방법을 알려줍니다.

다르마를 쉽게 풀어서 이야기해준다면 많은 사람들이 좋아하겠지요. 확신을 주고 뭔가를 약속해준다면 그것 또한 많은 사람들에게 매력적일 겁니다. 하지만 이것은 성숙한 방식은 아닙니다. 어린아이들은 쉽고 달콤한 이야기를 좋아합니다. 사람들에게 인생은 무상하다고 이야기하면 모두들 실망스러워합니다. 하지만 인생이 무상하다는 것은 사실입니다. 사람들은 이렇게 말합니다. "제발, 저는 뭔가를 원하고 있어요. 깨달음을 얻기를 원한다고요." 그러나 다르마에 따르면 '나타나는 모든 현상은 그 현상이 나타날 수 있는 조건이 필요합니다. 그 조건에 따라 현상이 유지되기도 하고 사라지기도 합니다' 라고 말하면 사람들은 매우 실망합니다. 하지만 이것 역시 진리입니다!

변하지 않는 것이 있습니다. 하지만 그것은 이름과 모양을 가진, 즉 명색도 몸도 마음도 아닙니다. 생각, 감정, 기억 그런 것도 아닙니다. 무엇일까요? (탕!) 이 소리를 듣는 바로 이 마음입니다. 여러분이 이 소리를 들었다면 그것은 마음이 작용했기 때문입니다. 배고픈 사람을 만났을 때 그에게 음식을 주는 행위가 바로 마음입니다. 하지만 우리는 마음을 잡을 수 없습니다. 다른 이에게 줄 수도 없습니다. 그 사람 역시 이미 마음을 갖고 있기 때문입니다. 우리는 이 사실을 모르고 있지만 붓다는 깨달으셨습니다. 이 위대한 깨달음을 얻은 후 붓다께서는 이렇게 말씀하셨습니다. "인간들은 모두 마음 깊은 곳에 불성을 갖고 있다. 이 사실을 깨달아야 한다." 하지만 우리들은 이런 경험을 했나요? 이런 깨달음을 얻었나요? 그렇지 않습니다. 사람들은 대부분 자신들의 고통에 집착합니다. 왜 그럴까요? 자신이 그 고통을 확실하게 느끼고 있기 때문입니다. 우리는 자신이 얼마나 악한지, 또 얼마나 선한지 잘 알고 있습니다. 세상은 좋기도 하고 나쁘기도 하다는 것도 압니다. 이런 서로 반대되는 사실은 사람들을 분열시키는데, 그것도 이미 알고 있습니다. 그뿐만 아니라 이런 일에 익숙하고, 이런 상태에서 태어나 교육도 받았기 때문에 세상은 원래 이렇다고 생각합니다. 이런 상황을 제대로 바라볼 수 있도록 가르치기보다 먼저 '모른다'만 강조하면서 가르치려는 사람도 있습니다. 그들은 "이런, 내가 무엇을 사려고 했는지 모르겠어요. 나는 그것을 하려는 것이 아니었어요"라고 말합니다.

아무 일도 할 수 없을 때 사람들은 이렇게 행동하려고 합니다. 많은 사람들이 문제를 갖고 있습니다. 이곳에 온 여러분도 거의 대부분 문제를 갖고 있습니다. 선에 대해 아는 것이 없어도 선 수행을 하려고 합니다. 참 재미있는 현상입니다. 사람들은 선에 대해서 설명할 수 없습니다. 선의 핵심에 대해서 설명한다는 것은 불가능합니다. 하지만 선은 분명히 어떤 작용을 한다는 사실을 느끼기 때문에 자리에 앉아 아무 생각도 하지 않고 그저 '모른다'는 사실만 되뇔 뿐입니다. 그러다 보면 모든 것을 비추는 거울을 보고 있는 것처럼 마음속에서 온갖 생각이 일어납니다. 대부분 끔찍한 영화를 보고 있는 것처럼 추악합니다. 왜 그럴까요? 자신이 했던 일들을 그대로 보게 되기 때문입니다. 만약 그것이 거룩한 영화라고 해도 자신이 했던 일들을 그대로 보고 있는 겁니다. 그저 앉아서 자신이 했던 일들이 모두 떠올랐다가 사라지기만을 기다리십시오. 영화가 끝나면 거울만 남습니다. 이제 모두 비워졌습니다. 조금이라도 이런 경험을 하게 된다면 우리는 깨달음의 길에 접어든 겁니다. 분명하게 볼 수 있는 능력을 갖게 된 것이죠.

선 수행을 계속하는 사람들은 어떤 믿음이나 사상에 빠져든 것이 아닙니다. 그들은 명철하고 강하게 바라보기를 원합니다. 수행자들은 자신이 경험한 명철함이 이 세상에 바른 영향을 준다는 사실을 깨닫게 됩니다. 이런 말씀이 있습니다. "마음 하나가 깨끗하면 온 세상이 깨끗하고 마음 하나가 어지러우면 온 세상이 어지러워진다." '모른다'는 사실로 시작했던 사람들이 사실은 자신이 굉장한 힘이 있는 존재라는 사실을 깨닫는다니 참 재미있지요? 우리는 이렇게 강합니다! 원하는 모든 것을 할 수 있는 능력이 있고 그 길을 찾을 수도 있습니다. 사람들이 불교나 선에 안주하는 이유가 여기에 있습니다. 질문 더 있습니까? 어떤 질문이라도 부담 없이 해주시기 바랍니다.

학생 음…… 스님께서는 이렇게 선불교적인 환경에서 태어나셨나요? 아니면 태어나신 환경을 자신에 맞게 바꾸신 건가요? 실례가 되지 않는다면 스님의 가정환경에 대해 알고 싶은데 말씀해주실 수 있나요?

청안 스님 그럼요. 상관없습니다. 나 역시 인간으로서 이 세상에 태어났습니다. 이 점은 아주 중요합니다. 나나 질문을 한 학생이나 이 방에 계신 다른 분들은 모두 똑같이 부모님 사이에서 가족의 한 구성원으로 태어났습니다. 우리는 태어날 때부터 머리털을 갖고 있고 머리털이 어느 정도 자라면 잘라내야 합니다. 나는 19세가 될 때까지 왜 그래야 하는지 알지 못했습니다. 물론 길고 고불고불한 머릿결을 유지하기 위해 미장원에 드나들기는 했지만요. 열아홉 살이 되던 어느 날 지금은 돌아가신 아버지께서 "제발 머리 좀 단정히 하고 다녀라"라고 말씀하셨습니다.

학생 스님께서 열아홉 살이었을 때요?

청안 스님 네. 열아홉 살 때입니다. 그전에도 아버지는 그런 말씀을 많이 하셨습니다. 하지만 이번에는 정말 내 머리 모양이 맘에 안 드셨던 것이지요. 그런 모습을 하고 집 밖을 나가는 것이 못마땅하셨기 때문에 전에도 여러 번 그렇게 말씀하셨고, 그날도 다른 날과 마찬가지 심정이셨겠지만 내게는 전혀 다르게 들렸습니다.

나의 부모님은 정말 좋은 분들입니다. 한 번도 내 생각에 간섭하지 않으셨고 친구를 사귀거나 운동을 하거나 여행을 하는 것에 대해서도 전적으로 내 의견을 존중해주셨습니다. 단지 옷과 머리에 대해서만 관여를 하셨습니다. 옷차림은 어머니 담당이었는데 항상 단정하게 입도록 신경을 써주셨습니다. 그리고 아버지께서는 머리 모양에 대해 가끔 말씀하시는 정도였는데, 내가 열아홉 살이던 그날 이후로는 더 이상 말씀하실 필요가 없게 되었지요. 나는 미용실에 가서 "박박 밀어주세요"라고 말했습니다. 미용사 이투쉬카는 깜짝 놀랐습니다. 그녀는 내가 걸음마를 시작할 때부터 알던 사람인데다 금발에 곱슬곱슬하고 긴 내 머릿결을 아주 좋아했기 때문입니다. 놀란 이투쉬카는 허공에 대고 손으로 쓱쓱 문지르는 시늉을 하며 "이렇게 싹 밀어달라고?"라고 물었습니다. 나는 "네, 그렇게 해주세요"라고 대답했습니다.

그날 집으로 걸어가면서 나는 생전 처음 상쾌한 가을바람을 머리로 느낄 수 있었습니다. 아주 기분이 좋았습니다. 그 모습으로 집에 돌아오자 난리가 났습니다. 할아버지 옷을 입고 있어서 그런 것은 물론 아니었습니다. 나는 할아버지 옷을 입고 다니기를 좋아했습니다. 60대가 입을 만한 바지에 20대에 어울리는 셔츠를 입었다고 그 난리가 난 것이 아니라 내가 머리를 싹 밀어버렸기 때문이었습니다. 어머니는 "세상에, 이게 뭐니. 꼭 죄수 같구나"라고 하시면서 울먹이셨고, 아버지는 "도대체 왜 이런 짓을 한 거냐?"라고 소리치셨습니다.

그때 나는 낮지만 분명한 어조로 말씀드렸습니다. "오늘 아침 저는 식구들끼리 머리 모양에 대해 언쟁을 벌여야 하는 일이 싫어졌습니다. 언쟁의 대상을 없애버리면 아무 일도 일어나지 않을 것이라고 생각했기 때문입니다." 아버지는 화가 머리끝까지 나서 2주가 넘도록 나와 말을 하지 않으셨습니다! 하지만 그 일은 아주 흥미로운 어떤 일을 시작하는 씨앗일 뿐이었습니다. 여러 해가 지나고 출가해야겠다고 결심했을 때 나는 그 어떤 이유도 막을 수 없다는 생각이 들었습니다. 어떤 의문도 이유도 없이 출가하거나 출가하지 않거나 둘 중의 하나를 택할 수밖에 없었습니다. 나는 아무 말 없이 출가했습니다.

이후로 나는 많은 수행을 하면서 그 당시 내가 왜 그런 행동을 했는지 이해할 수 있었습니다. 여러분도 어린아이로서의 시간을 거치면서 많은 경험을 하고 그 시간 동안 배우고 깨달으면서 어른이 되었습니다. 어른이 된다는 것은 아주 신나는 일이기도 합니다. 내가 나의 일대기를 읽어내려가리라고 기대하지는 마십시오. 그런 일은 일어나지도 않고 중요하지도 않습니다.

  중요한 것은 바로 여러분 자신입니다. 지금 눈앞에 무엇이 보이는지, 지금 귀에 무슨 소리가 들리는지 아는 것이 중요합니다. 내가 출가를 하고 계속 수행했기 때문에 우리는 이렇게 만날 수 있었습니다. 살면서 가장 훌륭한 사람들을 만난 시기도 바로 수행 기간이었습니다. 가장 대하기 힘든 사람들 역시 수행을 받으면서 만난 사람들이었습니다. 진정으로 성숙한 영혼을 갖기 위해서는 자신의 카르마를 모두 놓아버려야 합니다. 커다란 자물쇠가 채워진 감옥에 갇힌 나를 구할 열쇠를 찾기 위해서가 아니라 부단히 노력하기 위해 출가하여 스님이 된 겁니다. 모든 장애물, 습관, 사물, 생각 들이 우리를 주저앉히고 망설이게 합니다. '당신은 최대한 빠르게 도달할 수 있습니다'라고 한다면 이 말은 사람들에게 희망을 주기도 하지만 그만큼 위험하기도 합니다. 만일 할 수 있는 한 빠른 속도로 운전한다면 어떤 일이 벌어질까요? 최대한 빨리 목적지에 도착하거나 최대한 빨리 차가 뒤집혀버릴 겁니다. 자신의 혈육, 해오던 일들, 사회에서 매장당하는 일들을 두려워하지 않고 열심히 노력할 때 많은 일들이 일어날 수 있습니다.

  학생 어떤 일들이 일어나나요?

청안 스님 우선 사회적으로 매장될 수 있습니다. 하지만 사회에서 벗어난다면 좀 더 열심히 많은 시간을 들여 수행에 매진할 수 있겠지요. 1년에 두 번 있는 결제, 즉 1년에 두 번씩 90일간 수행에 매진에 매진을 거듭할 수 있습니다. 그러다가 커다란 벽을 만난 것 같은 느낌이 드는데 그것이 여러분의 카르마입니다. 이런 장애물을 만나도 자신이 가야 할 길이 어느 쪽인지 그 방향을 잊지 마십시오. 예를 들어 결혼한 사람이라면 그 부인은 분명히 날마다 좋으니 나쁘니 하면서 자신의 남편을 평하겠지요. 남편 역시 부인에 대해 만족하는 면이나 불만족스러운 점에 대해서 이런저런 평을 할 겁니다. 직장에서도 상사나 동료들이 여러분에 대해 이런저런 평가를 내립니다. 사회에서도 마찬가지입니다. 다양한 계층의 사람들은 자신의 기준으로 여러분을 판단하고 이야기합니다. 하지만 불교에 귀의하여 출가하게 되어 승단에 속하면 사정은 달라집니다. 물론 몇몇 사람들은 우리들의 행동이 어리석다는 것을 알고 지적해줄 수도 있습니다. 하지만 그들은 그렇게 행동하지 않습니다. 우리 스스로 자신의 잘못을 깨닫게 될 때까지 기다려줍니다. 또한 승단에서는 특별히 맡기는 일이 없습니다. 물론 절에서 일손이 필요할 때 도와줄 수는 있습니다. 하지만 이 경우 그에 따른 금전적 보상은 없습니다. 생물학적으로 맺어지는 가족관계도 없습니다. 모두 붓다의 말씀 속에서 한 가족이 되는 것이지요. 이런 점들이 달라지는 것들입니다.

그렇다면 승려가 되면서 달라진 점들을 어떻게 사용해야 할까요? 돌아가신 숭산 스님께서는 "방향, 방향, 방향을 알아야 한다"고 말씀하셨습니다. 방향을 정하지 못하면 가야 할 길을 잃고 헤매게 되겠지요. 그렇다면 어떤 방향이 올바른 것일까요? 깨달음을 얻고 모든 중생을 구할 수 있는 길로 가는 방향이 우리가 가야 할 곳입니다. 붓다가 말씀하신 깨달음을 얻고 고통에서 신음하는 모든 중생을 구하는 길 말입니다. 출가하여 스님이 된 사람이라면 모든 노력을 이 방향을 찾는 일에만 기울일 수 있으므로 빠르게 길을 찾게 될 겁니다. 나는 1994년에 승려가 되었는데 그 후의 생활은 정말 흥미로웠습니다. 마치 우주를 여행하는 것처럼 신났습니다. 단지 집을 떠나 살기 때문은 아닙니다. 좋은 사람들을 많이 만나고 좋은 경험을 하고 할 일도 있기 때문이었습니다. 이 일은 내가 지금까지 겪어온 일 중에서 가장 보상이 큰 일이기도 합니다. 이 외에도 좋은 일들을 많이 경험할 수 있지만 가장 기억에 남는 일만 여러분께 말씀드렸습니다. 여전히 '왜 스님은 머리를 깎고 출가했을까' 하는 의문이 남겠지만 그에 대한 대답은 드릴 수 없습니다. 그동안 나에 대해 많은 질문을 받았지만 대답을 하지 않은 것도 있고, 사적인 부분에 대해서는 말해줄 수 없기 때문입니다. 그것이 참선이고 불교입니다. 또 다른 질문은 없나요?

학생 이것도 스님의 경험담에 대한 질문 같기는 한데…… 아주 재미있는 경험이라고 말씀하셨는데 그것이 어떤 상황이었는지 궁금합니다.

청안 스님 내게 가장 신나는 경험 중 하나는 오스트라바에 와서 오른쪽에는 레나타, 왼쪽에는 수잔나를 두고 이야기하게 된 겁니다. 더구나 당신이 '덴버 99'라고 쓰인 셔츠를 입고 내 앞으로 미소 지으며 걸어왔으니 이보다 더 좋은 경험이 있을까요? 나의 경험이라고 해서 특별한 것은 없습니다. 질문하신 분은 매 순간 자신을 바르게 보고 남을 돕기 위해 어떤 노력을 하고 있습니까?

학생 '돕는다'는 말은 누군가를 만나서 그 사람에게 도움을 주는 그런 일을 말씀하시는 건가요? 스님께서는 중생들을 어떻게 도우시는지요?

청안 스님 이야기를 하나 들려드리겠습니다. 한 공주가 있었습니다. 그녀는 검은 머리에 키가 크고 날씬했으며 예쁜 미소를 지니고 있었습니다. 하루는 해변을 걷고 있는데 한 기자가 그녀에게 다가왔습니다. 평소에는 인터뷰하기가 매우 힘든 인물이었기 때문에 공주를 발견한 기자는 "좋아, 공주에게 몇 가지 물어봐야겠다"라고 혼잣말을 하며 달려가서는 다른 기자들처럼 시시한 질문만 늘어놓았습니다. 하지만 따뜻한 성품을 지닌 공주는 기자의 물음에 성실하게 대답해주었습니다. 마침 그때는 썰물 때였는데 모래사장에는 물에 쓸려가지 못한 많은 조개들이 그냥 남아 있었습니다. 공주는 자신의 손이 닿는 곳에 조개가 있을 때는 즉시 주워서 바다로 던졌습니다.

이 모습을 지켜보던 기자가 물었습니다. "모래사장에는 그것 말고도 많은 조개가 남아 있습니다. 그런데 왜 하나만 주워서 바다로 던지는 건가요? 무슨 의미가 있습니까?" 공주가 대답했습니다. "그 하나의 조개에게는 대단히 중요한 일이니까요." 그러고는 조개 하나를 주워서 바다로 던져주었습니다. 이제 여러분에게 하나 묻겠습니다. 한 사람을 구하는 것과 모든 중생을 구하는 것은 같은 일일까요, 다른 일일까요? (잠시 침묵) 또 다른 질문 없습니까?

학생 제게는 할머니가 계십니다. 3년 전에 수술을 하고 인공심장으로 생활해오셨습니다. 지금은 상태가 훨씬 나빠졌는데 의사는 또 수술을 해야 한다고 합니다. 수술을 받으면 건강해지겠지만 나이가 많기 때문에 수술 중에 돌아가실 수도 있고, 수술을 받지 않는다면 2~3년밖에 더 살지 못한다고 합니다. 할머니께서는 어떻게 해야 할지 모르겠다고 하십니다.

청안 스님 할머니가 그렇게 말씀하셨다고요? 나이든 여인들은 모든 것을 알고 있는데 이상하군요. (웃음) 할머니께 이렇게 물어보십시오. "할머니, 선택을 하셔야 하는데요. 수술을 하고 더 오래 사시는 방법과 수술을 안 하고 그냥 버티시는 방법이 있어요." 이렇게 말씀드리면 할머니께서 상황을 이해하지 않으실까요? 연세가 어떻게 되시나요?

학생 일흔 두 살이세요.

청안 스님 노인들의 생각은 젊은 사람들과 아주 다르다는 것을 알아야 합니다. 물론 할머니께서 결정하셔야 할 문제이지만 그전에 한 가지 분명히 알아야 할 것이 있습니다. 할머니께서 어떤 결정을 하시든 가족들은 한결같은 사랑으로 보살펴드려야 합니다. 그것이야말로 할머니께서 원하는 것이기 때문입니다. 얼마나 많은 시간이 남아 있는지 아무도 모릅니다. 할머니께서 수술을 받으신다 해도 만일 작은 실수라도 생긴다면 30초 만에 돌아가실 수도 있습니다. 무사히 수술이 끝나서 5년, 7년 아니 10년을 더 사실 수도 있습니다. 무슨 일이 생길지는 아무도 모릅니다. 사람들은 나이가 들어갈수록 이성적으로 생각하는 능력이 줄어듭니다. 그렇습니다. 자신들의 경험을 헛되이 쓰는 것이지요. 지능도 예전보다 떨어져서 자신의 처지에 대해 확실하게 생각할 수 없습니다. 손자들이 할머니, 할아버지를 좋아하는 이유는 서로 비슷하기 때문입니다. 아직 확실한 사고를 할 나이가 되지 않은 아이들이거든요. 할머니, 할아버지도 더 이상 분명하고 이성적인 사고를 할 수 없습니다. 하지만 부모들은 매우 엄격해서 "할머니, 애들한테 항상 오냐오냐하시지 마세요. 버릇 나빠져요"라고 불평을 합니다. "아이고, 내 새끼……"라고 생각하는 것이 바로 할머니, 할아버지의 마음입니다.

그들은 오직 사랑과 자비심을 베푸는 것에만 신경을 쓸 뿐 얼마나 더 살 수 있는지에 대해서는 관심이 없습니다. 이미 자신들이 머지않아 죽을 것임을 마음속 깊이 알고 있습니다. 언제 어떻게 죽음을 맞이할까요? 그것은 아무도 모릅니다. 오직 살아 있는 동안 온 힘을 다해 사랑하고 자비를 베풀고자 할 뿐입니다. 그렇기 때문에 그들이 어떠한 결정을 내리든 자식들은 사랑으로 도와드려야 합니다. 대개 노인들은 우리 할아버지께서 그랬듯이 혈전증으로 병원에 갈 일만 기다리며 시간을 보내기 마련입니다. 그때 우리 가족은 식탁에 둘러앉았습니다. 아주 훌륭한 의사였던 아버지께서는 낮지만 확실한 어조로 할아버지께 무슨 일이 일어날지 말씀하셨습니다. 약 두 시간 넘도록 조용히 그러나 분명하게 말씀하셨습니다. 이런 대화는 여러분이 컴퓨터 앞에 앉아 몇 초 만에 뚝딱하고 해치우는 채팅에서 오가는 말들과는 다릅니다. 인간의 이야기이고 삶과 죽음에 관한 이야기입니다. 이렇게 살고 있는 세상을 떠나는 것에 관한 이야기입니다. 그리고 누구에게나 곧 일어날 수 있는 일에 관한 이야기입니다.

노인들에게 우리가 그들을 얼마나 사랑하며 그들의 결정을 무조건 따르고 도울 마음이 있다는 사실을 알려드리는 것이 정말로 중요합니다. 그들이 결정을 내리도록 도와야 합니다. 그들을 위한다는 이유로 우리가 결정을 내려서는 안 됩니다. 또 다른 질문 있습니까?

학생 전에 제 아들이 친구들과 어디를 갔는데 한 친구가 혼자 남아 있다가 몇 명의 집시들에게 맞는 일이 일어났습니다. 친구들이 돌아오기 전에 집시들로부터 정말 심하게 구타를 당한 것이지요. 제 아이는 친구를 도와주지 못한 것에 대해 절망했고 크게 화가 났었습니다. 그것은 벌써 10년 전 일이고 지금 아이는 중학교에 다니고 있습니다. 얼마 전에 여자 아이까지 포함한 친구 세 명이 이곳 오스트라바의 광장에서 집시들에게 또다시 구타당하는 일이 생겼습니다. 오후였고 주위에는 사람들도 있었지만 아무도 도와주지 않았습니다. 제 아들은 자신이 그곳에 있었어도 도와주지 못했을 거라고 생각하고 있어요. 아이가 내면에 안고 있는 화를 어떻게 풀어줘야 할지 모르겠습니다.

청안 스님 알겠습니다. 아이에게 자석 두 개를 보여주면서 다른 극끼리 서로 잡아당기고 같은 극끼리는 밀어낸다는 사실을 일러주십시오. 사람들이 마음속에 공포와 근심을 갖고 있을 때 그 감정들은 동전의 양면과 같아서 동전을 건드릴 때마다 공포와 근심의 감정이 번갈아 나타나지만 사실은 하나의 감정입니다. 내면에 공포나 화를 갖고 있는 사람들은 대개 공격적인 성향을 나타냅니다. 이것을 피하는 방법은 오직 하나뿐입니다. 두려워하지 마십시오. 두렵지 않으면 화도 나지 않습니다. 완벽한 해결책이 없다는 사실을 받아들이기란 여간 힘든 일이 아닙니다.

아마도 그 소년은, 아니 그 청년은 아주 강한 격투기 선수가 될 수 있을 겁니다. 많은 친구들을 사귀고 서로 보호해줄 수 있겠지요. 하지만 마음의 문제는 결코 해결되지 않습니다. 만일 이 문제를 직접 해결하겠다고 마음먹는다면 집시들을 때려주겠지요. 그러면 더 많은 집시들이 몰려오고 더 많은 친구들이 필요합니다. 그러면 결국 싸움만 커질 뿐입니다.

이 문제를 해결하는 유일한 방법은 자신의 내면에 있는 이중적인 사고나 반대되는 생각들을 버리는 겁니다. 만일 자신의 내면에 공포나 화가 없다면 집시들은 공격하지 않을 겁니다. 무슨 말인지 알아들으시겠습니까? 부다페스트에서 3년을 보내는 동안 나는 집시와 이웃해서 살았기 때문에 그들의 습성을 알고 있습니다. 이야기를 하나 해드릴게요. 어느 날 밤 11시쯤 나와 학생 두 명이 법문

공부를 마치고 돌아가는 길이었습니다. 그 지역은 11시가 넘으면 집시 외에는 아무도 지나다니지 않는 곳이었죠. 마치 계엄령이 내린 거리 같았는데 경찰이 그렇게 의도한 것은 아니었습니다. 하지만 그 시간 8구역은 백인이라고는 찾아볼 수 없는 동네가 되었습니다. 나는 삭발한 머리에 회색빛 승복 차림이고, 학생 두 명도 머리를 삭발하고 오렌지색 옷을 입고 있었습니다. 우리는 선 센터로 돌아가는 길이었습니다. 한 블록만 더 가면 선 센터가 있는데 그 사이에 있는 광장에는 집시들이 모여서 한가로이 이야기를 나누고 있었습니다.

마침내 우리를 목격한 무리가 동료들에게 소리를 질렀는데, 말로 옮기기는 민망하지만 집시들은 우리를 보며 "제기랄, 저것들은 뭐야?"라고 했습니다. 우리 일행은 뭔가 문제가 생기리라 예상했습니다. 그러나 그때 무리 중에서 다른 사람이 말했습니다. "그냥 가게 둬라. 난 저들을 알아." 그러자 아무도 움직이지 않았고 더 이상 말을 거는 사람도 없었습니다. 우리는 가던 길을 그대로 걸어갔습니다. 뛰지도 않고 주변을 두리번거리지도 않았습니다. 그저 지금까지 걸어온 대로 앞만 바라보며 계속 걸었습니다. 그렇게 3분 정도 더 걸어서 모퉁이를 두 번 돌아 우리 일행은 아무 일 없이 선 센터에 도착했습니다.

그 후 아무도 그 일에 대해 더 이상 이야기하지 않았습니다. 어떻게 이런 일이 일어날 수 있었을까요? 여러분이 보시다시피 나는 그때도 지금처럼 회색 승복 차림이었는데 아마 격투기 선수처럼 보였던 모양입니다. 그 구역에 사는 집시들은 이런 모습의 나를 보면 언제나 "이봐요, 당신 소림사에서 왔어요? 옷차림이 아주 끝내주는데. 어이, 쿵후 할 줄 아나?"라고 말을 붙이더군요. 이때 만일 꽁무니를 빼려 한다거나 거만을 떨면서 대하면 집시들은 금방 알아차립니다. 또 어느 한쪽으로 치우치게 행동하거나 마음의 중심을 잃고 허둥대도 쉽게 우리의 심리 상태를 파악합니다. 그들은 아주 예리한 관찰력을 갖고 있어서 어떤 뛰어난 지성인보다도 훨씬 예리하게 사람들과 사람들의 감정을 파악하는 능력을 갖고 있습니다. 마음을 편하게 갖고 친구처럼 다정하게 대해주면 집시들은 그 사람을 기억합니다. 그때 나는 이렇게 대답했습니다. "네. 격투기 선수와 비슷하다고 할 수 있지요. 하지만 주먹으로 싸우는 것이 아니라 마음과 싸운답니다. 내 적은 밖에 있지 않아요. 이 마음속에 있습니다. 마음속의 적을 모두 물리치게 될 때 세상 사람들은 모두 내 친구가 된답니다." 하던 일을 멈추고 내 말을 듣던 집시 한 명은 "와우!"라고 한마디로 응답하더군요. 이 말은 '참 바보스러운 일을 하는군' 또는 '무슨 말인지 도무지 모르겠어'라는 의미이지요. 그렇게 반응을 보이던 집시 청년이 또 물었습니다. "그럼 주먹을 사용해서 당신 자신을 보호할 때도 있나요?" 나는 이렇게 대답했습니다. "아마 그럴 겁니다. 하지만 마음이 편안해지면 아무 문제도 일어나지 않습니다." 그런 일이 있은 후 집시들은 우리에게 존경을 표시하면서 한 걸음 물러난 태도로 대했습니다. 만일 문제가 생기면 일이 어떻게 전개될지 가늠할 수 없었기 때문이죠. 그리고 1년 후 우리 선원은 주변 사람들에게서 좋은 평판을 받았습니다. 집시들과 마주치면 절대로 고개를 돌리지 마십시오. 그냥 마주친 상태에서 가볍게 "안녕하세요?"라고 인사하고 가던 길을 계속 가십시오. 그저 다른 이웃들을 만난 것처럼 똑같이 대해주십시오. 그들이 여러분을 보지 않았다면 여러분도 그들과 눈을 마주칠 수 없습니다. 바로 그것입니다. 집시들이 사는 지역을 관리하는 이들은 이것을 정글의 법칙이라고 부릅니다. 정글의 법칙을 이해한다면 여러분 역시 아무 피해도 입지 않고 그 안에서 지낼 수 있습니다.

말씀하신 그 소년에게는 공포와 화를 달래기 위한 특별한 수행이 필요합니다. 수행을 하고 나면 화가 난 마음도, 공포에 떠는 마음도 사라지고 더 이상 공격적인 성향이 나타나지 않을 겁니다. 사람과 사람 사이의 관계에서도 직접적으로 이런 효과를 볼 수 있으며, 멀리 있는 이에게도 충분히 그 위력을 발휘합니다. 여러 사람이 한곳에 모이거나 서로 만날 필요가 없습니다. 아주 마음에 드는 가장 심오하고 완벽한 방법입니다. 질문 또 없나요?

학생 절에서 수행할 때는 누가 할 일을 결정하나요?

청안 스님 수련에는 많은 단계가 있습니다. 단계를 많이 거치고 시간이 흐를수록 개인에게 주어지는 결정권도 많아집니다. 정식 승려가 되기 전에 일종의 도제와 같은 신분으로 지내는 기간이 있습니다. 이들을 행자라고 부르는데 기간은 1년에서 3년 정도입니다.

행자가 하는 일은 '네, 스님'이라고 대답하는 것이라고 할 수 있습니다. 정식 승려가 시키는 일이면 무엇이든지 온 마음으로 '네, 알겠습니다' 하고 받아들이는 것이지요. 마음으로뿐만 아니라 말과 행동도 그렇게 해야 합니다. 행자는 '네'라고 생각하고 '네'라고 말하며 절에서 필요로 하는 일들을 해야 합니다.

 이런 과정을 거친 후 예비승려, 즉 사미승의 단계로 옮겨갑니다. 사미승은 절에서 생활하면서 수행과 여러 가지 활동을 하는데, 절을 떠나게 되면 반드시 승단의 허락을 얻어야 합니다. 이 신분으로 4년에서 5년 정도 지내다가 마침내 정식 승려로서 계를 받게 됩니다. 자유로운 신분이 되어 어느 절에서나 수행하며 지낼 수 있게 되는 것이지요. 또 어떤 이들은 다른 승려들을 가르치는 선생님이 되기도 하는데, 이 경우에는 가르칠 수 있는 자격증이 필요합니다. 같은 학파나 같은 전통을 가진 다른 스님들과 마찰을 빚지 않도록 하기 위해서입니다. 만일 그저 수행만 하면서 지내고 싶다면 말 그대로 이곳저곳 일정한 거처 없이 다니면서 승려생활을 할 수도 있습니다. 계를 받고 난 후에는 말씀드렸다시피 어느 절에서든 수행하며 지낼 수 있습니다. 한곳에서만 5년이나 10년씩 수행하며 지내는 사람도 있고, 20년이 넘는 시간을 보내는 사람도 있습니다. 나는 이들을 본 적이 있습니다. 그들과 같은 선방에 앉아 수행하면서 함께 생활했습니다. 함께 이야기를 나누며 먹고 걷는 일은 서로를 잘 알 수 있도록 만들어줍니다. 앞에서 말씀드린 것처럼 정식 승려가 되면 다른 일은 신경 쓰지 않고 오직 수행에만 매진할 수 있습니다. 아무런 방해물이 없다는 것은 중요합니다. 수행에 전념하여 아무 차별 없는 마음으로 사람이나 물건을 대하게 되면 세상과 중생도 구할 수 있습니다.

이런 경지에 오른 분들을 보면 나는 여전히 초심자인 것처럼 느껴집니다. 20년이 넘는 세월 동안 진정으로 선 수행을 한 사람들을 보면 "그래, 바로 저거야"라는 말이 저절로 나옵니다. 그들이 이룬 것을 나도 이룰 수 있다면 나의 삶도 완전해지겠지요. 아무것도 필요하지 않습니다. 그저 열심히 수행하고 깨달음을 얻어 중생을 고통에서 구해주게 되기를 바랄 뿐입니다. 어떤 식으로든 이 순간은 찾아올 겁니다. 스님이 된 후에 다른 사람들을 가르치고 싶어 하는 이도 있을 수 있고, 그런 일을 원하지 않는 이도 있습니다. 아무 상관없습니다. 스님이 되면 이름을 날리는 일에 연연하지 않습니다. 중요한 것은 자신이 외부에 어떻게 보일까가 아니라 내적으로 얼마나 성숙해지는가 하는 겁니다.

한국에 있을 때 아주 유명한 선방에 간 적이 있었는데 겨울 안거가 시작된 지 며칠 지나지 않은 때였습니다. 모든 스님이 선방에 모여 있었고 내 친구인 헝가리인 원도 스님도 그곳에 있었는데 다른 스님들과 함께 점심을 먹기도 했습니다. 이 경험은 아직도 기억이 생생합니다. 그중에는 25년 아니 30년 넘게 선방에서 수행 중인 스님들도 있었습니다. 이들은 말을 하지 않는 묵언수행 중이었습니다. 그들의 모습은 다양한 생각을 갖게 만들었고 아주 인상적이었습니다. 나와 원도 스님은 그들에게서 많은 것을 배울 수 있었습니다. 더 질문하실 분 없습니까?

통역자 아무도 질문하지 않으신다면 제가 하나 여쭤봐도 될까요?

청안 스님 물론입니다.

통역자 감사합니다. 친구가 한 명 있는데 이혼소송 중입니다. 그 친구는 결혼 전에 부인이랑 약속을 하나 했는데 만약 결혼생활에 문제가 생기더라도 아이들에게는 아무런 피해가 없도록 하자는 것이었습니다. 그들은 그렇게 생활해왔습니다. 그런데 이혼이라는 것은 정말 사람을 변하게 만드는 것 같아요. 제 친구는 부인이 법정에서 자신에게 불리한 소리를 해서 아이들을 빼앗아갈까 봐 걱정을 하고 있습니다. 저는 누구의 말이 더 옳은지 잘 모르겠습니다. 이 친구나 이 부부를 위해 제가 무엇을 해야 할까요?

청안 스님 관세음보살! 제단 위에 친구와 그 부인, 그리고 곧 태어날 아기의 이름을 올려놓고 사랑과 자비를 베푸시는 관세음보살께 기도하며 당신의 사랑과 마음을 그들에게 전하십시오. 절대 그들의 카르마는 건드리지 마세요. 일이 더 나빠질 수도 있습니다. 그들의 카르마를 건드릴 수 있는 자는 바로 그들 자신뿐입니다. 믿을 수 없는 일이지요! 그들은 "아이들이 이혼에 연루되는 일은 없을 거예요"라고 말하지만, 정말 그럴까요? 무슨 근거로 부모의 이혼이 아이들에게 전혀 영향을 미치지 않을 거라고 생각하는 것일까요? 다른 이야기를 하나 해드리겠습니다. 나는 체코 공화국이 현재 어떤 식으로 변해가고 있는지 잘 모르지만 이런 식의 변화는 아닐 거라고 생각합니다. 같은 침대를 쓰면서 밤마다 서로를 안고 자는 사람들이 결혼에 앞서 이혼에 관한 계약서를 씁니다. 재산을 나누는 계약서죠. 결혼생활에 그림자가 드리워지면 멋진 미래를 꿈꾸던 남녀는 근심하기 시작합니다.

한참 애정이 뜨거운 신혼 시절에는 '괜찮아. 이 집에 무슨 일이 생기겠어? 우리 자동차, 내 돈에 무슨 일이 생긴다는 건 있을 수 없어. 내 것, 나만의 것에는 아무 일도 일어나지 않을 거야'라고 생각합니다. 그러고는 결혼식을 하기 위해 사제에게 가거나 구청에 들르기 전에 "사랑해요. 하지만 이것은 내 거예요. 당신을 사랑해요. 그렇지만 저것도 내 것이랍니다. 당신을 너무너무 사랑해요. 그런데 그것도 내 거예요"라는 내용의 계약서부터 작성합니다. 이혼의 순간이 와도 '아무 문제가 없는 것처럼' 보입니다. 재산을 나누는 것에 관해 이미 계약서에 명시해놓았기 때문이죠.

정말로 어려운 일은 그 당시에는 아이들이 없었으므로 이들에 대한 조항을 넣지 않았다는 점입니다. 아무리 세심하게 배려를 해준다 해도 아이들은 상처를 받게 됩니다.

이렇게 되면 자신이 어떤 사람인지 일이 어떻게 흘러가도록 하는지, 또 자신이 갖고 있는 허상을 얼마나 버릴 수 있는지에 따라 상황이 달라집니다. 가장 큰 허상은 '이 아이는 내 거야'라는 집착입니다. 아이들은 우리들 소유가 아닙니다. 우리는 그들을 태어나게 했고 그 몸에 마음이 깃들도록 도와주었습니다. 하지만 여기까지가 우리의 책임일 뿐 아이들을 소유할 수는 없습니다. 부모가 이런 마음을 갖고 있다면 이혼 절차는 훨씬 더 복잡해지겠지요.

그들은 아마 이렇게 말할 겁니다. "이 작은 아이를 가족의 일원으로, 내 아이로 태어나게 해서 완전한 인간으로, 완벽하게 독립된 인간으로 키우는 데 당신이 도운 일이 뭐가 있어요?" 또는 "나를 믿어라. 너희는 내 것이야. 아빠 또는 엄마를 믿지 마. 나쁜 사람이니까. 그는 정말 나쁜 사람이야. 너희는 내 소유니까 나를 따라야 해"라고 말할 겁니다. 그야말로 인간성을 시험해볼 수 있는 사건이라고 할 수 있지요.

나는 정말로 이런 부모를 보고 싶지 않습니다. 하지만 내가 듣고 아는 모든 부모들은 똑같은 말을 하고 행동을 합니다. 10년 혹은 15년 후의 아이들을 생각해보십시오. 그들은 아마 부모가 했던 것처럼 행동할 겁니다. 왜냐고요? 그들이 보고 배운 것은 그 모습이 전부이기 때문입니다. 친구 부부가 당신에게 도움을 청하면 기꺼이 도와주십시오. 하지만 그렇지 않다면 관세음보살께 기도하며 기다리십시오. 또 다른 질문 받겠습니다.

학생 스님은 스님의 삶에서 앞으로 어떤 일이 일어날 것이라고 기대하시나요?

청안 스님 죽음입니다. 그것 말고 무슨 일을 기대할 수 있나요? 당신도 태어났으니 죽을 겁니다. 그동안 어떻게 살아가는가 하는 것이 우리의 할 일입니다. 얻은 것은 잃게 되어 있습니다. 숭산 스님의 위대한 시 〈인간의 길(The Human Route)〉은 이런 말로 시작합니다. "빈손으로 왔다가 빈손으로 가는 것, 그것이 인간의 모습이

다." 이 모습이 바로 우리의 모습입니다. 지금 이 순간 우리가 할 수 있는 일은 우리의 일입니다. 하지만 삶은, 살아 있는 일은 우리의 소유가 아닙니다. 우리는 언젠가 죽습니다. 죽음도 우리의 것은 아닙니다. 우리는 다시 태어날 수 있습니다. 하지만 지금 이 순간은 우리 것입니다. 선을 수행하는 일은 삶과 죽음을 넘어서는 일이기 때문입니다. 육신을 갖고 있든 그렇지 않든 항상 분명하게 바라볼 수 있어야 합니다. 항상 마음을 맑게 가져야 하고, 깨달음을 얻도록 힘써야 하며, 고통에서 신음하는 중생을 돕겠다는 신념을 가져야 합니다. 다른 일을 원하지 마십시오. 기대한다는 것은 나무 아래에 가부좌 자세로 앉아 입을 벌리고 무엇인가를 기다리는 상황을 의미합니다. 뭔가가 입 안으로 들어오면 맛있게 먹습니다. 하지만 이것은 인간이 할 일이 아닙니다. 도마뱀이나 카멜레온들이 할 일입니다.

카멜레온은 입 안에 혀를 말아 넣고 먹잇감을 기다리다가 곤충이 가까이 날아오면 재빨리 혀를 내밉니다. 이들의 혓바닥은 아주 끈끈해서 쉽게 곤충을 잡을 수 있지요. 카멜레온은 소리를 내며 먹잇감을 해치웁니다. 《내셔널 지오그래픽》 같은 책에는 카멜레온의 크게 부풀어 오른 목구멍 사진이 실리기도 하는데, 이들은 먹이를 먹고 30분이나 반나절 혹은 반 주 정도 지나면 먹잇감을 모두 소화시킬 수 있습니다. 그런 다음 다시 똑같은 방법으로 곤충을 잡아서 꺽꺽거리며 먹습니다. 무엇인가를 기대한다는 말은 바로 이런 일이 일어나는 것을 의미합니다. 그러므로 기대한다는 말을 사용하지 마십시오. 그 대신 방향이라는 말을 쓰십시오. 매 순간 우리는 어떤 쪽으로 가야 하는지를 결정해야 합니다.

"살면서 일어나는 모든 일들을 받아들여라"라는 말씀이 있습니다. 이 말 앞에는 '완전하게 수행하는 삶을 살고'라는 말이 생략되어 있습니다. 이 말은 우리가 수행에 집중하면서 살면 무슨 일이 일어나더라도 담담하게 받아들일 수 있게 된다는 의미입니다. 만나야 할 사람이라면 반드시 만나게 되고, 얻게 될 것이라면 반드시 얻게 되며, 잃어야 할 것이라면 반드시 잃게 되기 때문입니다. 우리는 이것을 방향이라고 부릅니다. 가야 할 길을 가는 겁니다. 기대할 것은 아무것도 없겠지요.

다른 질문 없습니까? 네, 좋습니다. 오늘 밤 이렇게 참석해주셔서 대단히 감사합니다. 브르노와 프라하에 완전한 시설을 갖춘 선 센터가 세워졌습니다. 오스트라바에도 선 센터가 건립될지는 확실히 모르지만 능동적이고 적극적으로 운영되는 명상 센터가 있어서 많은 사람들이 함께 모여 수행도 하고 법문도 들을 수 있게 되어 기쁩니다. 관심이 있다면 누구든지 머물면서 다른 이들과 다르마에 관한 말씀을 자유롭게 나눌 수 있습니다.

이 모임이 끝난 후 여러분의 태도에 변화가 생길 수도 있습니다. 우리가 사는 이 삶은 아주 짧습니다. 시간이 흘러가는 것을 보십시오. 나이가 들어갈수록 시간은 빠르게 더욱 빠르게 하염없이 흘러가서 눈 깜짝할 사이에 우리를 미래 속으로 데려다 놓습니다. 일주일이 지나고 한 달이 지나 1년이 흘러갑니다. 그렇게 시간이 흘러가다 어느 날 죽음의 문턱에 서 있는 우리 모습을 발견하게 됩니다. 그때 어떻게 하시겠습니까? 소리라도 지를 건가요? 너무 늦었습니다. 기도하겠습니까? 그것도 너무 늦었습니다. 선 수행? 늦었습니다. 이렇게 되기 전에 무엇인가를 해야 합니다. 우리의 육신이 쓸모없어지기 전에 무엇인가를 해야 합니다. 수행할 기력이 사라지기 전에 무엇인가를 해야 합니다. 어떤 일을 할 것인가는 여러분이 결정할 문제입니다. 하지만 무슨 일을 하든 여러분이 갖고 있는 모든 능력을 쏟아 부으십시오. 그리고 최선을 다하십시오. 그러면 마지막 순간에 우리는 가치 있는 일을 했고 아무 후회가 없다고 말할 수 있게 될 겁니다. 오늘 밤 이렇게 많은 분들이 함께 모여 제 말씀을 들어 주신 데 대해 깊은 감사를 드립니다.

• • • 체코 오스트라바

하나의 마음,
마음 거울

다르마를 듣게 된 동기

고통과 해탈

선을 널리 알리다

행하기와 아무것도 안 하기

마음 상태와 위기

중생을 구하다

청안 스님 (학생의 말이 끝나고 난 다음 이어서 말씀하심) 소개 말씀 감사합니다. 오래전부터 보았던 얼굴도 있고 몇 번 보지 않은 사람도 있고 처음 만나는 분들도 있네요. 모두 다시 만나게 되어 정말 반갑습니다. 의문 나는 점이 있으면 주저하지 말고 질문하세요.

학생 ➤ 스님께서는 누구의 영향을 받아서 사람들에게 수행할 것을 권하십니까?

청안 스님 나무들, 하늘 그리고 저 산들이 나에게 그렇게 하라고 말합니다.

학생 ➤ 소크라테스가 말하기를 "나무와 산은 나에게 아무것도 가르칠 수 없지만 저 마을에 있는 사람들은 내게 스승이 될 수 있다"고 했습니다.

청안 스님 그렇다면 말씀하신 분의 스승은 소크라테스가 되겠네요. 나에게 질문을 한 이유는 무엇입니까?

학생 ➤ 그냥 호기심이 생겼을 뿐입니다.

청안 스님 호기심 때문이라고요? 그것은 이유가 되지 않습니다.

학생 무슨 이유가 더 필요하십니까?

청안 스님 지금 질문하신 것은 삶과 죽음을 넘어선 다르마에 관한 내용인데 그저 궁금해서 물어볼 뿐이라고 하니 앞뒤가 맞지 않지요.

학생 제가 뭘 어떻게 질문했어야 하는지 정말 모르겠어요.

청안 스님 힌트를 드릴게요. 붓다께서는 인생은 괴로움의 바다라고 하셨습니다. 괴로움이 있다면 그 끝도 있을 것이고 그 끝에 이르는 방법도 있을 겁니다. 이제 다시 물어보겠습니다. 인생의 네 가지 괴로움이 무엇인지 아십니까?

학생 전혀 모르겠어요.

청안 스님 태어나고, 나이 들고, 병들고 죽는 것을 말합니다. 이것은 사람이 살아가면서 겪는 네 가지 괴로움입니다. 그보다 조금 덜한 고통 네 가지가 있습니다. 원하는 것을 갖지 못할 때 우리는 고통스럽습니다. 하지만 원하지 않은 것을 갖게 될 때도 괴롭습니다. 싫어하는 이와 함께할 때, 그리고 좋아하는 이와 함께하지 못할 때 우리는 고통을 받게 됩니다. 이것들이 바로 인생의 네 가지 괴로움보다 조금 덜한 네 가지 고통입니다. 호기심은 이런 고통 속에는 포함되지 않습니다. 따라서 질문하신 분은 좀 더 많은 경험을 해볼 필요가 있습니다. 만일 이런 고통의 세계를 인지하지 못하거나 경험하지 못한 사람이라면 어떤 가르침도 소용이 없을 겁니다.

학생 그렇다면 이런 고통을 안고 무엇을 할 수 있을까요?

청안 스님 아주 좋은 질문입니다. 인생의 네 가지 괴로움은 변하지 않는 것은 없다는 무상함, 그것을 알지 못하는 무지함과 무상한 것들에 집착하는 마음에서 일어납니다. 자연이 순환되고 있다는 사실은 누구나 알 수 있습니다. 돌고 도는 것이지요. 가을에 잎이 떨어지고 앙상하게 가지만 남았던 나무에도 봄이 되면 꽃봉오리가 맺힙니다. 시간이 흐르면 맛있는 열매도 열리고 그 씨앗을 심으면 다시 나무 한 그루가 생깁니다. 사람의 일생도 이와 마찬가지로 태어나고 죽는 일을 반복합니다. 나무는 봄이라고 행복해하지 않고 가을이나 겨울이라고 해서 낙담하지도 않습니다. 변하지 않는 것은 아무것도 없다는 개념을 의식하지 않으면서 자연은 자신의 기능을 다합니다. 오직 사람들만 그것을 의식하며 힘들게 살아갑니다. 육체를 갖고 있는 우리는 태어나서 자라고, 나이 들어 죽습니다. 이 과정은 대부분의 사람들에게는 커다란 고통입니다. 모든 사람이 원하지 않는 일이죠. 한번 태어나면 가능한 한 오래오래 살기를 바랍니다.

고통과 마주할 때 첫 번째로 겪는 일은 원하지는 않지만 언젠가는 자신이 죽을 것이라는 사실을 받아들이는 겁니다. 자신이 원하지 않아도 죽을 것이라는 사실을 깨닫는 일은 아주 중요합니다. 놓치고 싶지 않지만 결국 잃게 되고, 관계를 잃고 싶지 않지만 결국 헤어지게 된다는 것도 깨닫게 됩니다. 이 모든 사실을 깨닫게 될 때 비로소 변하지 않는 것은 아무것도 없다는 사실도 알게 됩니다. 우리의 생명을 포함해서 영원하지 않은 것들을 영원히 갖고 싶다는 마음 때문에 고통을 겪게 된다는 사실을 깨달아야 합니다. 이것이 고통을 이기는 길로 가는 첫 번째 단계입니다. 이 사실을 깨닫지 못하고 사는 것은 앞을 보지 못하고 사는 것과 같습니다.

"선이나 불교에서는 왜 그렇게 우울한 이야기를 하나요?"라고 비판적으로 말하는 사람도 있는데, 이것은 선이나 불교를 잘못 이해했기 때문에 하는 말입니다. 올바르게 이해한 사람이라면 현실에 관한 질문을 할 겁니다. 세상의 사물들과 마음속에 일어나는 생각들을 있는 그대로 바라보십시오. 모든 현상을 일어나는 대로 바라보고, 이 세상과 자신의 마음이 어떻게 움직이는지 바라보십시오. 이렇게 할 수 있다면 한 단계 더 나아간 겁니다. 이 세상에 변하지 않고 영원한 것은 아무것도 없다는 사실을 깨닫게 된 것이죠. 이 상태를 본래 마음(origianl mind)이라고 부릅니다.

《금강경》을 보면 다음과 같은 말이 나옵니다. "모든 현상은 번개와 같고 물거품과 같다. 영원한 것은 없다. 그러므로 모든 현상을 이와 같이 보아야 하며 이렇게 보는 그 자체가 붓다이다." 그렇지만 붓다가 특별한 존재는 아닙니다. 깨달은 사람입니다. 깨달았다는 말은 현상을 있는 그대로 보게 되었다는 의미입니다.

선불교에서 제대로 보고, 듣고, 맛보고, 냄새 맡고, 생각하는 방법을 익히라고 하는 것도 바로 이 때문입니다. 두 번째 단계는 모든 것이 무상하다는 사실을 아는 깨끗한 마음으로 돌아가는 일입니다. 이 사실을 한 번이라도 깨닫게 되면 더 이상 영원하지 않은 이 세상사에 흔들리지 않습니다. 집착할 것이 없음을 알게 되었기 때문입니다. 세 번째 단계는 이 깨달음으로 다른 사람들을 도와주는 일입니다. 먼저 모든 현상이 무상하다는 사실을 깨닫고 그것으로부터 자유로워집니다. 그다음에 우리의 본질로 돌아가고, 세 번째로 다른 사람들이 깨달음을 얻어 자유로워질 수 있도록 도와주어야 합니다.

이것이 수행의 아주 중요한 세 단계이자 고통을 다루는 방법입니다. 자신의 본래 마음으로 돌아가면 모든 고통은 자신에게 원인이 있음을 알게 됩니다. 태어나서 나이 들고 병들고 죽는 원인은 모두 우리에게 있습니다. 만일 이렇게 하기를 멈춘다면 더 이상 반복되지 않겠지요. 바로 '본래의 맑은 마음' 또는 '삶과 죽음을 넘어선 상태'에 도달한 겁니다. 그런 다음에는 다른 사람들도 이런 깨달음을 얻도록 도와줄 수 있습니다. 이것이 바로 선불교이며 보살이 가야 할 길입니다.

학생 다른 사람들이 깨달음을 얻도록 도와준다는 말을 잘 이해할 수 없군요. 제가 세상을 어떻게 바라보는지, 다른 사람들을 어떤 시선으로 바라보고 있는지 이야기해주라는 말씀인가요? 다른 사람을 도우려면 어떻게 해야 하는지요?

청안 스님 특별하게 노력해야 하는 일은 아닙니다. 만일 당신이 사람들에게 달려가서 "여보세요, 저 하늘은 파랗습니다"라고 말한다면 그들은 어떤 반응을 보일까요?

학생 "이상한 사람이군"이라고 하거나 "바보인가 봐"라고 하겠지요.

청안 스님 그렇겠지요. 그들은 당신에게 도움을 주고 있습니다. 당신이 바보라서 그런 소리를 하고 있다는 사실을 알려주기 때문이 아닙니다. 하늘은 파랗고 나뭇잎은 초록색이라는 누구나 아는 사실을 구태여 말할 필요는 없다는 것을 알려주고 있기 때문입니다. 그들은 모두 듣고 볼 수 있습니다. 이 방에 있는 모든 사람도 듣고 이해할 수 있습니다. 만일 여러분이 옆에 앉은 사람의 귀에 대고 "제가 아는 선생님이 한 분 계세요. 아마 당신의 질문을 받아주실 겁니다"라고 말한다면 어떤 반응이 보일까요? 선불교의 좋은 점은 굳이 말할 필요가 없다는 겁니다. 선에서는 도움이 필요한 사람들에게 어떻게 해야 하는지 말하고 있습니다. 배고픈 사람에게는 음식을 주고 목이 마른 사람에게는 마실 것을 주라고 합니다. 선불교에는 몇백 년간 전해 내려오는 좋은 말씀들이 많습니다. 우리가 굳이 다른 사람들에게 퍼뜨리려고 하지 않아도 됩니다. 불성(佛性)이란 신문 기사나 누군가의 입을 통해서 알게 되는 것이 아닙니다. 우리는 이미 그것을 갖고 있습니다. 단지 갖고 있다는 사실을 깨닫지 못하고 있을 뿐입니다. 함께 모여 수행해야 하는 이유가 바로 여기에 있습니다. 이렇게 하면 어떤 불교적인 지식이나 사상이 없어도, 다르마에 대해서 이야기해주는 사람이 없다 해도 저절로 다르마에 대해 알고자 하는 마음이 일어납니다. 그러므로 수행은 아주 중요합니다. 다르마를 깨닫기 위해서는 매일매일 수행을 해야 합니다. 결과적으로 수행을 통해 지혜로워져야 합니다.

매일매일 수행을 하다 보면 살아가는 지혜를 조금씩 알아가게 됩니다. 불교도라고 해서 어떻게 살아야 한다는 부담을 가질 필요도 없습니다. 당신 자신의 모습으로, 진실한 당신의 모습으로 살면 됩니다. 생각 속의 모습이 아니라 자신의 진정한 모습으로 살아야 합니다. 이것이 우리들의 가장 깊은 곳에 자리 잡은 능력이고, 진정한 인간적 잠재력입니다. 질문 더 있습니까?

학생 이 혼란스러운 세상에서 살아가려면 때로는 상황을 바꾸거나 사람들을 변하게 만들지 않고 그저 아무것도 하지 않는 것이 더 나은 것이 아닌가 하는 생각이 들기도 합니다. 예전에는 외부에서 일어나는 일들을 어떤 기준으로 바라보려고 했습니다. 그리고 지난 반 년 동안 이런 태도를 바꾸어야겠다고 결심했습니다. 제가 보기에 스님께서는 세상을 바라보는 방법으로 스님 자신도 다스린다는 생각이 들었습니다. 그래서 저 역시 제 자신을 어떤 일정한 틀 속에 고정시키는 일은 그만두기로 했습니다. 이제 그 효과가 나타나는 것 같아서 흥미롭습니다. 때로는 아무것도 하지 않는 편이 더 나을 것 같다는 생각이 들기도 합니다.

청안 스님 좋은 태도입니다. 그런데 뭐가 궁금하신가요?

학생 스님께서 저에게 질문해주세요.

청안 스님 나는 질문할 것이 없습니다. 또 다른 궁금한 점은 없나요?

학생 (먼저 질문한 학생의 말을 보충하려고 애쓰면서) 모든 일이 있는 그대로 진행될까요? 그냥 일어나는 대로 놔두어도 상관없는지 궁금합니다.

청안 스님 지금 말씀하신 분은 사려가 깊은 좋은 분이시군요. 먼저 질문한 분은 이 모임이 끝난 후 맥주라도 대접해야겠어요. 모든 일을 있는 그대로 내버려둔다는 말이 무슨 뜻일까요? 있는 그대로 내버려둔다고 해서 양말을 갈아 신지 말라는 말은 아닙니다! 양말을 갈아 신기 위해서는 세탁기에 넣고 빨아야 합니다. 그저 벗어놓는다고 해서 새 양말을 신을 수 있는 것은 아닙니다. 만일 여러분이 정말로 사물을 있는 그대로 바라보고 싶다면 자신의 생각을 가져서는 안 됩니다. '나'라는 의식을 가져서도 안 됩니다. 자신과 세상이 하나가 되면 자연스럽게 모든 사물을 있는 그대로 바라보게 됩니다.

아주 오래전 중국에서는 이런 상태를 '행위가 없음(Non Action)'이라고 했습니다. 한국에서는 무위(無爲)라 하고, 중국말로는 우 웨이(Wu Wei)라고 합니다. 우리가 '나, 나의, 내 것'이라는 마음을 갖지 않고 자신의 이익만을 쫓지 않는다면 무위 상태에 있다 해도 아무 문제가 없을 겁니다. 자연스럽게 배가 고프면 먹고 배고픈 사람을 만나면 그에게 음식을 주면 됩니다. 일할 때가 되면 일하고 쉬는 시간에는 쉬면 됩니다. 어떤 특별한 사상이 필요한 것도 아닙니다. 아시겠지요? 바로 이것이 무위 상태입니다. 분명하게 말씀드리지만 그렇다고 게을러지라는 것은 아닙니다. (웃음) 중국인들은 이 상태에 대하여 아주 분명하게 정의를 내려서 "아무 행위도 하지 않는 행위" 또는 "웨이 우 웨이"라고 했습니다. 우리는 사실 일상에서 해야 하는 일을 하고 삽니다. 행위를 하는 것이지요. 하지만 마음은 움직이지 않습니다. 마음이 움직이지 않는다면 이분법적인 사고도 만들지 않습니다. 이런 이분법적인 사고가 없다면 '나' 라는 것도 없습니다. 마음이 움직이지 않는다면 행위도, 행위가 없는 상태도 없습니다. 반대되는 것처럼 보이는 이 두 가지는 사실은 하나이며 맑은 상태에 있습니다. 두 개가 하나가 되고 맑은 마음이 작용하면 행위가 없음, 즉 무위 상태가 됩니다. 무위를 이해하기 위해 반드시 선에 대해 많이 알아야 할 필요는 없지만 약간의 지식이 있다면 좀 더 쉽게 알 수 있을 겁니다. 사물을 있는 그대로 받아들인다는 것이 움직이지도 않고 아무 일도 하지 않는다는 의미는 아닙니다. 만일 여러분이 문자 그대로 아무것도 하지 않고 며칠간 지낸다고 가정해봅시다. 아마 심각한 문제가 발생할 겁니다. 심한 악취를 풍기고 배고프고 목이 말라 죽을 지경이 되겠지요.

맑은 마음을 유지하고 자연스럽게 이 세상과 하나가 되어야 합니다. 아시겠습니까? 이렇게 하는 것이 모든 중생을 위한 분명한 행동입니다. 더 이상 '무위란 무엇일까' 고민하지 마십시오. 의식하지 않고 자연스럽게 행동할 때 완벽해질 수 있고 그 상태를 유지할 수 있습니다.

학생 마음 거울(mind mirror)에 대해 궁금한 점이 있습니다. 거울은 있는 그대로를 비추어줍니다. 하얀색은 하얗게, 파란색은 파랗게 보여줍니다. 그렇다면 분노가 일어나면 마음 거울은 어떤 모습을 보여주게 되나요?

청안 스님 우선 분노만 보게 됩니다. 커다란 화면에 선명한 색깔로 나타나는 분노를 자세히 보십시오. 그런 다음 마음을 가라앉히고 모든 것이 완전히 지나가도록 내버려두세요. 분노를 있는 그대로 바라보십시오. 선에서는 일어난 에너지나 마음을 원래 있었던 자리로 되돌리라고 합니다. 이제 자신에게 물어보세요. 이 분노는 어디서 왔는가? 여러분의 마음속을 들여다보며 생각해보세요. 그런 다음 분노가 일어났던 바로 그 자리로 돌아가십시오. 그곳은 자비심이 일어나는 곳이기도 합니다.

만일 우리가 분노가 일어난 바로 그 자리로 돌아가서 다시 생각해볼 수 있다면 자비와 행동을 조절할 수 있게 된 겁니다. 하지만 이렇게 되기 위해서는 재빨리 인식하고 주먹을 휘두르게 되기 전에 자신의 행동을 막을 수 있어야 하겠지요.

분노가 일어나는 것을 알아채고, 분노가 일어나는 것을 바라본 다음에 그 에너지를 다른 곳에 쓰도록 하십시오. 이것은 자신의 모든 카르마를 다루는 방법이기도 합니다. 사실 좋은 카르마, 나쁜 카르마란 없습니다. 단지 적절하지 못한 시간에 적당하지 않은 곳에서 일어났을 뿐입니다. 예를 들어 무술을 수련하는 사람들이 커다란 샌드백이 걸려 있는 도장에서 수련 중이라고 가정해보겠습니다. 그들이 앞에 걸린 샌드백을 두들기며 훈련하는 모습은 마치 전쟁을 하는 것과 같습니다. 커다란 기합소리도 들립니다! 훈련이 끝나고 사람들은 거리로 나옵니다. 지하철을 타고 가다가 사람들이 너무 많다고 크게 소리를 지르며 그들을 때리기 시작하면 바로 문제가 생기겠지요. 무술을 하면서 만들어진 카르마가 적절하지 못한 시간과 장소에서 나타난 겁니다. 하지만 도장에서 무술을 수련할 때에는 이렇게 행동하지 않는 것이 문제가 됩니다. 훈련 상대에게 인사를 하고 "죄송합니다. 한 대 쳐도 괜찮겠지요?"라고 묻거나, 샌드백을 치면서 "아, 정말 못 때리겠어요"라고 한다면 아마 코치가 와서 무슨 일이 있냐고 궁금해할 겁니다. 선에서 '바른 상황, 바른 관계, 바른 기능'을 강조하는 이유가 바로 여기에 있습니다. 그렇다면 어떤 것이 바른 것일까요? 그런데 '바른 것'이 무엇인지 알려주는 대단한 책이 없다는 것은 아주 다행스러운 일입니다. 만일 그런 책이 있다면 사람들은 깨어 있는 마음을 갖기 위해 수행하려는 노력은 하지 않고 그 책만 읽고 있겠지요.

항상 깨어 있어야 합니다. 그렇게 해야만 무엇이 옳은지 알아낼 수 있습니다. 이것이 우리가 해야 할 일입니다. 궁금한 점이 있으시면 더 질문하세요.

학생 공안(公案) 인터뷰는 얼마나 중요한 일인가요? 그냥 수행 자세 등을 지적받고 교정하는 정도인지 아니면 정말로 어떤 이유가 있어서 꼭 필요한 일인지 궁금합니다.

청안 스님 아주, 아주 중요합니다.

학생 저는 이런저런 토론을 하느라 시간을 헛되이 쓰는 것은 아닌지 걱정이 됩니다. 차라리 그 시간에 수행을 해야 할 것 같아요.

청안 스님 수행을 하시나요?

학생 수행하고 있습니다.

청안 스님 좋습니다. 당신이 수행을 하고 있다면 공안 인터뷰가 어떤 역할을 하는지 분명하게 알게 될 겁니다. 간단하게 말씀드리면 공안은 자신의 수행이 얼마나 바르게 진행되고 있는지를 점검해보는 일이라고 할 수 있습니다. 어떤 상황에서도 이원적(二元的)이거나 이기적인 생각 없이 사람들을 도울 수 있는 맑고 깨끗한 마음을 키워가고 있는지를 스스로 확인해보는 일이죠. 공안 인터뷰가 없다면 우리가 가야 할 길을 쉽게 잃어버리거나 일상생활을 해나가면서 마음이 풀어지기도 할 겁니다. 또 다른 질문 있습니까? 망설이지 말고 궁금한 점이 있으면 질문하십시오.

학생 ➤ 명상에 대해서 말씀해주세요.

청안 스님 왜 명상이 그렇게 중요할까요? 세상에는 명상에 관한 많은 말들이 있는데, 거의 모두가 무엇인가를 얻는 문제에 대해 말하고 있습니다. 만일 당신이 어떤 특별한 것을 원한다면 선불교는 맞지 않을 수도 있습니다. 단지 모든 사물을 있는 그대로 바라보고 자신의 진실한 본질로 돌아가기 위해 수행하려고 한다면 결제에 참가하기를 권합니다.

학생 ➤ 결제란 무엇입니까?

청안 스님 만일 당신이 마음을 깨끗하게 만들어야겠다는 결심을 했다면 어떤 수행이 필요합니다. 예를 들어 옷을 세탁하고 싶다면 물과 세제가 필요하고 약간의 노동도 있어야겠지요. 마음을 깨끗하게 하는 일도 마찬가지입니다. 원래 우리의 마음은 깨끗합니다. 옷도 깨끗한 옷이었습니다. 하지만 집착이 우리를 괴롭게 만들었습니다. 이제 앉아서 마음을 가라앉히고 또 가라앉혀야 합니다. 다른 생각이 일어나면 일어나는 대로 두십시오. 지금 이 순간에 집중하십시오. 지금 들리는 소리, 호흡, 의문점에 집중하고 '함께 행동'을 하십시오. 어떤 방법을 택하든 상관없습니다. 명상은 특별한 것이 아닙니다. 24시간 언제라도, 일주일에 몇 번이라도 또 어느 곳에서도 명상을 할 수 있습니다. 지금 당장 해볼까요? 이것은 우리가 할 일입니다. 어때요? 할 만하겠지요?

학생 제 생활에 많은 변화가 있을 것 같지만 그것에 비하면 간단한 일이네요.

청안 스님 많은 변화가 있을 겁니다. 하지만 오직 당신만이 할 수 있습니다. 선은 단지 환경을 조성해줄 뿐입니다. 일종의 도구라고 할 수 있지요. 깨달음으로 가는 길을 알고 그 길을 가고자 하는 마음이 없다면 아무것도 믿을 필요가 없습니다. 아무 일도 안 해도 됩니다. 선불교의 놀라운 점이지요. 아무도 여러분에게 "이봐, 좀 더 마음을 깨끗하게 해야지. 당연히 당신이 해야 할 일이잖아"라고 말하지 않습니다. 아니, 그것은 기회이기도 합니다. 사람들은 누구나 붓다가 될 수 있는 잠재력을 갖고 있기 때문입니다. 여러분도 붓다가 될 수 있습니다.

선불교가 불교에서 좀 더 앞서가는 분야라고 말하는 이유가 바로 여기에 있습니다. 아무도 여러분에게 무엇인가를 해보라고 강요하지 않습니다. 하지만 여러분은 깨달음을 얻을 수 있는 잠재력을 갖고 있습니다. 모든 사람이 이렇게 큰 능력을 지니고 있습니다. 아시다시피 우리들은 마음과 몸을 갖고 있습니다. 이들을 무엇을 위해 쓰고 있나요? 자신을 한번 들여다보십시오. 사람들은 항상 "능력을 좀 더 키울 수 없을까요?"라고 묻기도 합니다. 사람들을 하나의 그룹으로 본다면, 66억이 넘는 인구를 하나의 그룹으로 본다면 그 능력을 조금이라도 높일 수 있지 않을까요? 여러분이 진실로 깨달음을 얻고 싶다면 자신이 가진 본성을 제대로 사용해야 합니다. 더 이상 고통 받고 싶지 않고 깨달음을 얻어 다른 사람에게도 도움을 주고 싶다면 자신의 본성을 바르게 사용해야 합니다. 이것이 바로 우리가 가진 위대한 잠재력입니다. 붓다께서는 인간으로 태어난 것은 아주 다행스러운 일이며, 너무나 큰 행운이라고 말씀하셨습니다. 이 인간은 바로 생로병사의 네 가지 고통을 겪는 존재입니다. 겉으로 보기에 완전히 모순된 이 상황은 무엇을 가르치고 있는 걸까요?

사람들은 역설적인 것을 좋아합니다. 자신만의 생각에 빠져서 이렇게 말합니다. "이해할 수 없어. 인간으로 태어난 게 정말 행운이라면서 왜 생로병사의 고통에 빠져야 하는 거지? 말도 안 돼." 사실은 우리가 가는 길이 온통 모순으로 덮여 있습니다. 또 다른 모순을 볼까요? 붓다의 가르침은 2,500년 동안 이런저런 방법으로 전해져왔습니다. 그 결과는 어떤가요? 우리는 더 잘할 수 없었을까요? 여러분은 자신의 본성을 어떻게 사용하고 있습니까? 의식이 있는 깨어 있는 상태에서는 무슨 일을 하고 있나요? '나 자신'을 어떤 사람이라고 규정하고 있습니까? 이 세상을 사는 다른 사람들을 어떻게 생각하고 있나요? 이 모든 의문들은 아주 중요합니다. 이런 의문점들이 모여서 '사람은 왜 사는가? 왜 태어났는가?'와 같은 가장 중요한 생각을 하게 됩니다. 선에서는 무엇을 믿으라고 말하지 않습니다. 앞에서 말한 이런 의문에 대한 대답은 여러분 스스로 찾아야 합니다. 하지만 혼자 힘으로는 해답을 찾기 어렵기 때문에 많은 사람들이 모여서 함께 노력하는 겁니다. 그 해답을 얻게 되면 그때는 다른 사람들을 도울 수도 있습니다. 더 궁금한 점이 있습니까?

학생 스님은 어떻게 해서 불교에 대해 그렇게 잘 알게 되셨나요?

청안 스님 불교? 무엇을 알고 싶으신가요?

학생 그러니까 무엇이 스님을 바꾸어놓게 되었는지 그게 궁금합니다.

청안 스님 내가 바뀌었다고요?

학생 그렇게 보이는데요.

청안 스님 무엇이 바뀌고 무엇이 바뀌지 않았는지 분명히 알아야 합니다. 간단하게 말하면 나는 도저히 해결할 수 없는 의문점을 갖고 있었습니다. 대개 사람들은 어떤 하나의 위기가 닥치면 잘 해결할 수 있습니다. 하지만 자신이 알고 있는 지식으로도 어쩔 수 없는 일이 일어나고 감정에도 변화가 생기는 일이 한꺼번에 닥치면 아무것도 하지 못한 채 그저 일이 일어나는 것만 바라볼 수밖에 없습니다. 그렇지 않으면 병이 나고 죽을 수도 있습니다. 자신의 몸에 어떤 이상이 생겼다는 신호가 오면 하던 일을 멈추고 어디에 병이 생겼는지 살펴보게 됩니다. 15년 전에 나는 기존에 있던 모든 것을 받아들일 수 없었습니다. 나만의 고유한 어떤 일을 찾고 싶었기 때문에 그 누구의 말도 듣지 않았고, 그 어떤 것도 인정하지 않았습니다. '이 모든 것을 넘어서는 저 어딘가에 분명히 무엇인가가 있을 거야'라고 생각했습니다. 많은 책을 읽고 여러 종교단체에 가입하기도 하는 등 모든 노력을 기울였습니다. 자신 외의 다른 것들은 모두 던져버렸고 신경도 쓰지 않았습니다. 아무것도 원하지 않았습니다. 어떻게 살아야 하는지, 왜 살아야 하는지에 대해 이성적으로 또 감정적으로 동시에 의문이 일어나면 속에서 불이 날 정도로 괴롭다는 것을 기억하십시오. 카드를 섞어놓고 즐기는 게임이 아닙니다. 또 하나 여러분이 힘을 소진하는 동안에 시간도 한없이 흘러가고 있다는 사실을 명심해야 합니다. 진실로 자신의 에너지를 낭비하고 싶지 않다면 무엇인가 몰두할 만한 대상을 찾아야 합니다. 그 대상은 여러분에게 진정으로 휴식을 주는 어떤 것일 수도 있고, 자유나 열린 공간을 주기도 하며, 마음이 비워지고 행복해지는 방법이 될 수도 있습니다.

  내가 방황할 때 나를 오랫동안 알아왔고 정말로 이해해주는 한 친구가 "이봐, 내가 선을 수련하는 단체를 알고 있는데 아마 흥미로울 거야"라며 충고해주었습니다. 그때 나는 별 생각이 없다며 애매하게 대답했습니다. 친구는 나에게 반야심경을 빌려주었습니다. 처음부터 끝까지 그 책을 읽어봤지만 아무것도 이해할 수 없었습니다. 단지 관세음보살이라는 말만 기억이 났는데 예전에 읽었던 책에 나온 말이었기 때문입니다. '아, 여기서 말하는 자비로운 존재가 바로 관세음보살이었구나'라는 생각이 들었지만 곧이어 '그래서? 뭐가 어떻게 됐다는 거지?'라고 하고는 그만이었습니다. 특히 '눈과 귀와 코와 혀와 몸과 뜻이 없으며, 눈의 경계도 없고 의식의 경계까지도 없으며'라는 대목에서는 "아니 도대체 이런 사람들은 어떻게 살아가는 거야? 정말로 이런 사람이 있다면 한번 만나보고 싶네"라고 말할 정도였습니다. 하지만 결국 나는 친구가 소개한 모임에 나갔고 그곳에서 지금까지 만나온 사람들 중에 가장 지혜롭고 조화로운 사람들을 만나게 되었습니다. 나는 그들을 보면서 "이 사람들은 정말로 그 어떤 것에도 집착하지 않고, 그 어떤 것도 정의하거나 믿지 않는구나. 그런데도 그들은 평온해 보여. 어떻게 이런 일이 가능하지?"라는 생각이 들었습니다. 아마 그때 나는 이미 다르게, 이전보다 덜 자기중심적으로 생각하기 시작했던 것 같습니다. 수행을 시작하면서 나는 그들이 그런 모습을 갖게 된 이유를 정말로 알고 싶었습니다. 단지 이해하는 차원이 아니라 온몸으로 느끼고 싶었습니다. 그리고 나는 결정했습니다. "이 길이 내가 가야 할 길이야." 나는 여전히 그 길을 가고 있습니다. 궁금한 점이 또 있습니까?

학생 우리 자신도 종종 고통에 빠져 허우적대면서 어떻게 고통에 빠진 다른 사람들을 도울 수 있다는 말인지 모르겠어요.

청안 스님 고통에 집착한다면 절대로 다른 사람을 구할 수 없습니다! 그런 사람들은 먼저 자신의 고통을 다스릴 줄 알아야 합니다. 커다란 고통 덩어리를 내려놓아야 합니다. 그렇게 할 때 그들은 지혜를 얻고 비로소 다른 사람들을 도와줄 수 있게 됩니다. 최소한 다른 사람들에게 자신이 했던 일을 반복하지 않도록 말해줄 수 있습니다. 그들이 나락으로 떨어지지 않도록 말이죠. 또 그들은 자신이 선택한 길을 가면서 여러분의 도움을 계속 받게 될 겁니다. 이제 고통은 어떤 의미를 갖게 됩니다. 바로 '깨달음'입니다. 그들은 이제 자신의 고통으로 깨달음을 얻으면서 '아, 이 괴로움은 어디에서 오는 것일까? 이 괴로움을 겪는 나는 누구인가? 괴로움의 원인은 어디에 있을까? 정말로 이 고통을 끝내고 싶어. 내가 이렇게 간절히 원하면 고통을 끝낼 수 있을 거야'라는 생각을 하게 됩니다. 여러분의 도움으로 그들이 깨달음을 얻는 길로 가게 된 겁니다.

만일 여러분이 자신의 고통을 끝낼 수 없다면 고통을 충분히 이해하지 못했기 때문입니다. 고통을 충분히 이해하지 못하면 지혜도 얻을 수 없습니다. 아무리 자비로운 마음을 갖고 있다 해도 결코 진심으로 다른 사람을 도와줄 수 없습니다. 궁금한 점이 더 있습니까?

학생 스님께서도 모순된 행동을 할 수 있고 저 또한 그렇습니다. 자신의 고통으로 신음하는 사람이 다른 사람을 도울 수 있고, 그럼으로써 자신의 고통도 줄일 수 있다는 말씀이 무슨 의미인지 이해가 가지 않아요.

청안 스님 수행을 열심히 하고 '오직 모를 뿐'이라는 마음으로 자신을 찾기 위해 노력한다면 가능한 일입니다. 하지만 이원적인 생각을 한다면 주변에서만 맴돌게 될 뿐 아무것도 할 수 없을 겁니다. 질문할 사항이 더 있습니까?

학생 도움 받기를 원하지 않는다면 그 사람은 어떻게 구할 수 있을까요?

청안 스님 그런 사람들은 도움을 받을 수 없습니다. 아무리 도와주려고 해도 소용없겠지요. 누군가가 장난감을 험하게 갖고 논다면 그들은 그 물건에 집착하기 때문입니다. 다른 관점에서 한번 생각해보겠습니다. 여러분의 고통이 다른 사람도 힘들게 만든다고 가정합시다. 생각해보세요. 여러분은 혼자가 아닙니다. 여러분이 행복해하면 다른 사람도 행복해하고, 여러분이 고통스러워하면 다른 사람도 힘들어집니다. 이 세상은 여러분만의 작은 세계가 아닙니다. 자신에게 '내가 진실로 원하는 것은 무엇인가?'라고 한번 물어보십시오. 정말로 자신의 고통을 줄이고 싶다면 이런 마음을 갖는 것만으로도 다른 사람을 돕고 있다고 할 수 있습니다. 비록 그들은 그 사실을 모르겠지만 말입니다.

학생 방향에 대한 질문인데요. 모든 중생들을 고통에서 구해야 한다고 하셨지만 그들 중에는 도움 받기를 원하지 않는 사람도 있습니다. 그런 사람은 어떤 사람일까요?

청안 스님 그런 사람들은 그들 나름대로의 삶을 살도록 놔두십시오. 그저 옆에서 지켜보기만 하십시오. 그들이 여러분의 손길을 원하지 않는다면 방해하지 말고 마음의 문만 열어두십시오. 붓다께서는 중생은 불난 집에서 놀고 있는 어린아이와 같다고 말씀하셨습니다. 얼마나 불이 타올라야 사람들은 위험하다고 생각할까요? 어떤 사람들은 작은 스파크만 일어도 위험이 다가온다고 생각하고 "난 싫어. 이런 건 내가 원하는 게 아니야"라고 말하며 피합니다. 작은 불이라도 화재가 나면 그 즉시 "어서 도망가야 해!"라고 외치는 사람이 있는가 하면 약간 가학적 증상이 있어서 "음, 불이 나려고 하는 것 같네"라며 대수롭지 않게 말하는 사람도 있을 수 있습니다. 이런 사람들은 팔에 불이 붙을 때까지 기다리다가 "이것 봐, 내 팔에 불이 붙었어"라고 말하며 그때서야 도망가려고 할 겁니다. 자신의 몸에 불이 붙을 때까지 기다리는 정말 이상한 사람도 있습니다. 그들 중에는 불에 타서 죽을 때까지 가만히 있는 사람도 있습니다. 이것이 바로 우리들의 모습입니다.

학생 그렇다면 모든 중생을 고통에서 구해주기 위해서는 어떻게 해야 할까요?

청안 스님 먼저 당신 자신이 불타고 있는 집에서 나와야 합니다. 그런 다음 다시 그곳으로 돌아가 "이봐요, 안 나갈 건가요? 당신들을 위해 준비해온 것이 있어요"라고 말하면서 밖에서 가져온 물 한 컵을 내밉니다. 자비로운 관세음보살께서 작은 병을 지니고 다니는 것처럼 말입니다. 그 병에는 자비의 물이 들어 있습니다. 세상의 고통을 제거하는 물, 문자 그대로 고통의 불을 꺼버리는 물이 들어 있습니다.

물병을 들고 다시 불타고 있는 집으로 돌아가 "필요한 사람 있어요?"라고 물으면 누군가 달라고 하겠지요. 그 사람이 당신의 친구가 아닐 수도 있지요. 하지만 설사 당신이 가장 미워하는 사람일지라도 그에게 물병을 주어야 합니다. 당신이 구할 수 있는 한 사람이기 때문입니다. 그 사람이 누구인지는 중요하지 않습니다. 얼마나 많은 사람이 물을 원하는지, 또 그들이 당신을 좋아하는지 좋아하지 않는지는 중요하지 않습니다. 중요한 것은 당신이 누군가에게 깨달음을 얻을 기회를 주었다는 점입니다. 당신이 준 것이 한마디 말일 수도 있고 한 번의 포옹이나 충고, 한 번의 바른 행동이나 하나의 바른 질문일 수도 있습니다. 그 순간 이미 당신은 사람들에게 도움을 준 겁니다.

이미 앞에서 말씀드린 것처럼 이런 행동을 하기 위해 불교도가 될 필요는 없습니다. 단지 있는 그대로의 모습을 보여주기만 하면 됩니다. 자신의 본모습에 충실하면 세상과 다른 사람들을 진실하게 대할 수 있습니다. 하지만 자신을 속이고, 이기적으로 행동한다면 결코 그럴 수 없습니다. 그러므로 먼저 불타고 있는 집에서 나오십시오. 자신의 처지를 분명하게 바라보게 되면 자연히 다른 사람들에게도 도움을 줄 수 있습니다.

만일 그들이 도움을 거절한다면 아직 충분히 고통을 겪지 않았기 때문입니다. 누구도 그들의 결정에 대해 이러쿵저러쿵 말할 수 없습니다. 원한다면 불타고 있는 집에 그대로 머물라고 하십시오. 다만 때가 되면 당신이 바로 그들을 구할 수 있도록 준비만 해놓고 기다리십시오. 다른 질문 없습니까?

학생   스님께서 진실한 경험을 하기까지 얼마나 많은 시간이 걸렸는지 궁금합니다.

청안 스님   진실한 경험이란 무엇입니까?

학생   무언가가 변한 것 말입니다. 스님께서 무엇인가를 공부하여 이해하고 체험으로 느끼면 그 일이 현실에서 이루어지는 것 아닌가요?

청안 스님   무엇인가를 이해한다고 해도 다른 사람들을 도울 수 없다는 사실을 모든 사람이 분명히 알았으면 좋겠습니다. 자신이 진행할 수 없는 어떤 일과 마주하면 이런 사실을 알게 됩니다. 마음이 멈추고 움직일 수 없습니다. 생각을 할 수 없게 되면 스스로에게 "내가 진실로 원하는 것은 무엇일까?"라는 질문을 던져보십시오. 내가 믿거나 알고 있던 모든 것은 산산조각 나고, 내가 원했던 좋은 감정, 즉 행복도 멀리 사라져버립니다.

  무엇을 알고 있다는 것이 우리에게 도움을 주지는 않습니다. 이 점을 반드시 알아야 합니다. 우리가 생각에만 집착한다면, 선에 대한 지식에만 연연해한다면 수행이란 그저 책장 위에 올려놓은 수집품 신세로 전락하게 됩니다. 사람들은 '아, 이 책은 벌써 읽어봤어. 선에 대해서는 이제 다 안다니까' 라는 식으로 행동합니다. 이럴 때 얼마나 기분이 좋은지 여러분도 잘 알겠지요. 하지만 선을 체험한다는 것은 다른 이야기입니다. 자기 자신과 마주하면 전혀 다른 감정을 갖게 됩니다. 자신의 카르마를 적나라하게 보게 되면, 좋은 면과 나쁜 면을 모두 보면 벗어나고 싶다는 생각이 듭니다. 앉아서 수행하다 보면 자신이 붓다보다 10배는 더 위대한 것 같기도 하지요. 하늘이 열려서 자신이 훨훨 날아다닐 수 있을 때가 올 것이라고 생각하지만 곧 그렇지 않다는 사실을 알게 됩니다. 하늘은 열리지 않고 하늘을 날아다니는 일도 불가능하니까요. 그러면 사람들은 본래의 맑은 마음을 가지기 위해 노력하는 대신 막연한 기대를 합니다. 우리의 카르마는 끝나지 않고 다시 시작합니다. 가장 힘든 그 순간에 우리는 이렇게 말합니다. "아니야, 내 마음은 본래의 맑은 마음으로 돌아갔었어. 단지 지금 나쁜 카르마가 다시 일어났을 뿐이야." 그러고는 그 안에 있는 자신의 우울함 속으로 빙빙 돌아 내려갈 준비를 하지만, 이전에도 이런 일이 있었고 이렇게 해봐야 아무 소용이 없다는 것을 알고 있습니다. 이런 일들은 우리를 어느 곳으로도 끌어주지 못합니다. 역효과가 나기 때문에 할 수도 없습니다. 시간이 지나면서 우리는 '좋은 것'도 '나쁜 것'도 없다는 사실을 깨닫게 됩니다. 순간순간 단순하고 분명한 삶의 방식인 중도(中道)로 돌아가는 것이지요. 많은 시도를 하고 그만큼의 실패를 거치며 우리가 가야 할 길을 발견하고 잃는 일을 되풀이하면서 우리의 이기심도 사라집니다.

여기에서 중요한 것은 계속해서 그 길을 가려고 한다는 점입니다. 더 이상 질문 없습니까?

학생 수행을 얼마나 해야 다른 사람들을 도울 수 있겠다는 생각이 들까요?

청안 스님 글쎄요. 시간이 얼마나 걸릴까요? 한 번도 생각해보지 않은 문제네요. 수행을 시작하면 처음에는 완전히 절망감에 빠지게 됩니다. 정말입니다. 수행을 계속하면 우리가 사는 이 세상이 수렁처럼 느껴지지요. 수렁에서 벗어나고자 하지만 끝이 없을 것 같은 생각이 듭니다. 이렇게 하루하루 시간이 흘러갑니다. 이 점에 대해서는 말씀드리는 편이 더 나을 것 같군요. 자신의 카르마와 끝없이 마주해야 할 것처럼 여겨지고, 그것은 무한하고 움직이지 않고 변하지도 않은 채 언제나 그곳에 있을 것처럼 생각됩니다. 그러다가 놀라운 일이 일어납니다. 그것이 저절로 사라지는 것이지요. 수행을 하게 되면 자신의 카르마를 만지거나 알아보려고도 하지 않고 그 어느 것에도 집착하지 않기 때문입니다. 그리고 마침내 어떤 것도 두려워하거나 걱정하지 않고 이렇게 말할 수 있게 됩니다. "오 세상에나, 이 모든 쓸데없는 것들, 이 쓰레기 같은 것들은 모두 내 마음에서 만들어진 것이구나. 내 마음이 움직이지 않았다면 그 모든 카르마도 생겨나지 않았을 거야." 이것이 바로 움직이지 않는 본래의 마음입니다. 본래의 마음을 제대로 깨달으면 고통 받는 중생들을 구할 방법을 알게 됩니다. 그들은 당신 때문에 고통을 받게 되었는지도 모릅니다. 언제 이렇게 깨달아야 하는지 그 시기는 중요하지 않습니다. 이런 깨달음은 반복해서 계속 일어나야 합니다.

학생 아, 예, 무슨 말씀인지 알았습니다. 하지만 제가 궁금한 것은 얼마나 오랜 기간 수행해야 그런 일들을 경험할 수 있는가 하는 문제인데요.

청안 스님 진정하세요. 난 이제 숫자 세는 걸 잊었답니다. 내 나이가 몇 살인지도 잊었을 정도입니다. 얼마나 오래 수행해야 깨달음을 얻는가 하는 문제보다는 좀 더 실질적으로 도움이 될 만한 일에 관심을 갖기 바랍니다. 그렇지 않은 문제를 말씀하신다면 나는 도움을 드릴 수 없습니다. 아시겠지요? 저기 저쪽에 있는 분, 질문하세요.

학생 저는 선을 알기 위해 많은 책을 읽었습니다. 그래서 깨달음은 갑자기, 예상하지 못한 순간에 찾아온다는 것도 알고 있습니다. 수행을 시작하거나 안거에 들어갈 때 호흡이나 화두를 어떻게 다스려야 하는지 방법을 일러주는 사람이 있는데, 그렇다면 이들은 그것에 집착해서 시간이 흘러도 아무 깨달음도 얻지 못하는지 아니면 천천히 조금씩 어떤 깨달음을 얻게 되는 건지 궁금합니다.

청안 스님 질문한 분은 어떤 방법을 좋아하나요?

학생 제가 볼 때 이런 방법들은 어떤 한계가 있는 것 같습니다.

청안 스님 그렇다면 당신도 어떤 한계를 갖게 될 겁니다. 당신의 마음은 무엇이든 만들어낼 수 있습니다. 마음이 갑자기 무엇인가를 만들어내면 뜻하지 않게 그것을 얻게 되지요. 마찬가지로 마음이 천천히 무엇인가를 만들어내면 당신도 천천히 그것을 갖게 되겠지요.

학생 그렇다면 명상에 대한 지침은 어떤 것일까요? 명상을 지도하는 사람이 초보자에게 어떤 질문을 한다면 과연 그가 제대로 대답할 수 있을까요? 또 깨달음은 느닷없이 다가온다고 말하는 사람과 천천히 시작된다고 하는 사람들은 도대체 어떤 차이가 있는지 궁금합니다.

청안 스님 명상 지도자들이 무슨 말을 하든지 문제가 될 것은 없습니다. 모든 사람이 이 사실을 알아야 합니다. 그렇지 않으면 무엇을 해야 할지 도통 모르기 때문입니다. 문제는 명상을 지도하는 사람들의 마음과 그들이 만들어내는 수행 에너지에 있습니다. 명상을 처음 시작하는 초보자들은 그들의 말에 집착하게 되고 그대로 따르게 됩니다. 왜냐고요? 어떤 것에 집착하면 곧 제대로 판단할 수 있는 기능이 멈추면서 수행과 그에 관련된 생각들이 변하기 때문입니다. 아주 자연스럽게 변하게 되지요.

유럽인들이 특정한 명상 기법에 집착하는 것은 위험한 일이 아닙니다. 수행에 대한 어떤 특별한 생각을 갖게 되고 그것에 집착하는 일이 몇천 배 더 위험합니다. 만일 당신이 수행을 하고 있다면 생각하지 마십시오. 오직 느끼기만 하십시오. 그렇게 수행하면 점점 마음이 맑아지고 다른 사람들도 돕게 될 겁니다. 이것은 아주 좋은 일입니다. 그때가 되면 어떤 수행 기법을 사용한다 해도 아무 문제가 되지 않습니다. 방법에 연연해하지 않을 때 당신과 수행 기법은 하나가 되고 어떤 분석을 하지 않아도 수행에 대해 충분히 느끼게 됩니다. 마치 길을 걷는 것처럼 자연스럽게 이루어집니다. 걸어가면서 "자, 왼발을 디뎠으니 이젠 오른발을 뻗어야지"라고 말하는 사람은 아무도 없으니까요. 아셨습니까? 이렇게 아주 자연스럽게 이루어지게 됩니다. 여러분이 수행이란 무엇인가에 대해 생각하고 이것저것 따지기 시작한다면 아마 지쳐서 포기하게 될 겁니다.

수행에 대해 많은 생각을 하지 마십시오! 그냥 행동하십시오. 아시겠지요? 질문 더 있습니까?

학생 선승(禪僧, Zen monk)이 되려면 삭발 같은 어떤 외형적인 규칙이 필요한가요?

청안 스님 아니요, 그렇진 않습니다만 왜 그런 질문을 하시는지요?

학생 머리를 자르지 않고서도 절에서 지낼 수 있나요?

청안 스님 얼마 동안은 그렇게 지낼 수 있습니다. 하지만 몇 년간 계속 머물고자 한다면 스님이 되어야 하고 그런 경우에는 삭발해야 합니다. 스님들은 머리카락에 집착하지 않기 때문입니다. 삭발하면 거의 돈도 들지 않습니다. 샴푸도 필요 없어요! (대중 웃음) 스님들은 단순한 삶을 살려고 애씁니다. 그래서 빗 대신 수건만 사용합니다.

인도의 오랜 사회적 예절 중에 헤어스타일에 관한 것이 있는데, 그들은 긴 머리는 왕과 전사들의 권리이자 의무라고 말합니다. 즉, 어떤 계급에 속해 있는가를 보여주는 것이지요. 붓다께서는 숲으로 들어가시면서 사회와의 인연, 크샤트리아, 즉 무사계급에 속해 있음을 나타내는 긴 머리를 모두 잘라버렸습니다. 더 이상 세속적인 권력에 연연해하지 않겠다는 의지를 나타내는 것이지요. 붓다께서는 자신이 속했던 계급사회로부터 벗어나고 싶어 했기 때문에 속세를 떠나 많은 사람들이 그런 것처럼 숲 속으로 들어갔던 겁니다.

또한 여러 가지 수행법도 시도했지만 중요한 것은 자신이 갖고 있는 세속적인 마음을 버려야 한다는 점입니다. 세속적인 마음은 우리가 어떤 것을 소유하고 영원히 간직할 수 있을 것이라는 가정에서 시작됩니다. 이것이 무지(無知)입니다. 한국에서는 '무지의 머리카락'이라고 말하지요. 하하하! 머리를 자르세요! 하지만 가장 중요한 것은 우리들의 마음속에서 불필요한 것들을 잘라내는 일입니다. 마음의 머리를 잘라내십시오. 무지의 머리와 그것에서 생겨나는 욕망과 화를 없애야 합니다.

대부분의 사람들은 무지라고 하면 어떤 분야에 대한 지식이 부족하다는 식으로 생각하는 경향이 있습니다. 무지란 그보다 훨씬 더 깊은 뜻이 있는 말이지만 일반적인 견해로 볼 때는 틀린 생각도 아닙니다. 이것을 '이원적 사고'라고 하는데 좋지도 나쁘지도 않은 생각입니다. 하지만 모든 무지는 바로 여기에서 발생합니다. 모든 현상이 자신의 마음에서 시작되었음을 알지 못하면 그것을 조절하는 힘도 가질 수 없습니다. 만일 천국과 지옥이 정말로 존재한다고 믿는다면, 천성적으로 좋고 나쁜 점이 결정되어 있다고 생각한다면, 기쁘고 슬픈 일들이 공허한 것이 아니라고 믿는다면, 말과 생각이 정말로 가치 있다고 믿는다면, 자신이 좋아하고 싫어하는 것들이 우주적인 가치를 갖고 있다고 믿는다면, 이런 생각들로부터 화와 욕망이 일어납니다. 바로 우리의 마음이 좋고 나쁜 것, 옳고 그른 것을 만들어냅니다. 그 결과 혐오와 화가 일어나고 매력과 욕망의 감정도 일어납니다.

자신의 마음이 이 모든 것을 만들어낸다는 사실을 알게 되면 이들을 조절할 수 있는 힘을 얻게 됩니다. 상황, 관계, 기능에 따라 만들어지거나 없어지지 않는 완벽한 힘이 진실한 힘입니다. 이 힘은 원하는 것을 얻거나 다른 존재들을 조절하는 일과는 아무 관계가 없습니다. 진실한 힘이란 자신의 진정한 자아를 찾고 그것을 제대로 사용하는 힘을 말합니다.

중심에 서서 자신의 생각에 집착하지 말아야 합니다. 깨끗한 마음을 유지하고 다른 이들을 도울 수 있는 힘이 바로 가장 크고 위대한 힘입니다. 어떤 방법을 택하든 우리 모두 이 위대한 힘을 얻어 보살의 길을 가고, 모든 사람을 고통에서 구해낼 수 있게 되기를 바랄 뿐입니다. 모임에 참가한 모든 분께 깊은 감사를 드립니다.

· · · 체코 프라하

열정, 진리와 카르마

열정과 충분히 성숙한 마음
안거와 일상생활
개인의 카르마와 집단의 카르마
수행과 관계
친구를 도와주다

토마스(참선을 공부하는 학생)의 인사말 저는 지금 약간 흥분하고 있습니다. 제가 영적인 수련을 시작한 이래 이번이 법문을 듣는 세 번째 기회이기 때문입니다. 한 번은 베를린에서, 또 한 번은 폴란드에서 들었는데 둘 다 그다지 좋지는 않았습니다. 제가 한 이야기를 아무도 이해하지 못했기 때문인 것 같아요. 그런데도 오늘 저는 여러분에게 수행에 필요한 세 가지, 즉 단순함, 노력, 고통에 대해서 말씀드리려고 합니다.

우리가 하는 일은 아주 단순합니다. 아침이면 자리에서 일어나 이를 닦고 절을 하고, 목탁소리를 듣고 수행을 하러 가고 식사를 합니다. 하지만 우리 수행의 본질은 단순함입니다. 단순하게 보기 시작하면 모든 일이 명확하고 쉽고 간단해집니다. 매일매일의 생활도 마찬가지입니다. 차를 타고 직장에 나가고 다시 돌아옵니다. 가족들과 함께 보내는 시간도 있고 일터에서 보내는 시간도 있습니다.

하지만 때때로 상황이 복잡해지는데 이 경우 해결 방법은 두 가지가 있습니다. 첫 번째는 단순함으로 돌아가는 겁니다. 사람들은 자신만의 방법으로 단순하게 살아갑니다. 두 번째는 복잡한 방법으로 문제를 해결하기 위해 논쟁을 벌이는 겁니다. 장담하건대 모든 사람은 논쟁을 벌이며 복잡한 방법으로 문제를 해결하려고 합니다. 하지만 그들은 문제를 해결하기 위해서는 단순해져야 하고 맑은 마음, 투명한 마음이 되어야 한다는 사실도 알고 있을 것이라고 확신합니다.

때때로 투명한 마음으로 돌아가기도 하지만 그렇다고 해답을 찾을 수 있는 것은 아닙니다. 이렇게 되면 사람들은 어찌해야 할 바를 몰라 당황하며 문제를 해결하기 위해 다른 방법을 찾아다니게 됩니다. 그리고 마침내 자신이 어떻게 해야 할지 모를 때에는 차라리 아무것도 안 하고 가만히 있는 것이 더 낫다는 사실을 알게 됩니다. 단순함 속에 담겨 있는 침묵 속으로 돌아가는 편이 훨씬 더 낫겠다고 생각합니다. 이때가 바로 진리로 향하는 길목으로 들어서는 순간이며 사랑이 시작되는 순간입니다.

노력에 대해서 말씀드리겠습니다. 저는 여러분에게 수행에 임할 때 할 수 있는 한 최대의 노력을 기울이라고 권하고 싶습니다. 내일 자신이 어떻게 될지 아무도 모릅니다. 어떤 끔찍하고 나쁜 일이 일어날지 아무도 알지 못합니다. 감옥에 갇힌 것처럼 갑갑할 수도 있고 전쟁이라도 치르는 것처럼 끔찍할 수도 있겠지요. 결혼한 사람이라면 결혼생활에 나쁜 일이 생길 수도 있습니다. 무슨 일이 일어날지 아무도 모릅니다. 어느 날 정신을 차려보니 자신이 너무나 어려운 상황에 처했는데 주변에는 도와줄 사람이 하나도 없다는 것을 알게 된다면 갑자기 삶이 무의미해지면서 죽어버리고 싶겠지요. 이때 마치 손바닥을 펼쳐 불행에게 더 이상 다가오지 말라고 말하며 밀어내는 것처럼 어떤 힘이 있어서 우리를 잠시 뒤로 물러서게 하고 자신의 상태를 돌아보게 한다면 그것이 얼마나 소중하고 귀하게 느껴질까요? 수행을 하면 이런 힘을 얻게 됩니다. 우리는 이 가치 있는 힘을 갖고 있으며, 과거에 쌓았던 카르마로 인해 오늘 수행에 대한 말씀을 듣기 위해서 이 자리에 모이게 되었습니다. 저는 수행의 결과가 이런 파장을 가져왔다고 믿습니다. 지금 이 자리가 그 믿음을 보여주고 있습니다. 이곳에 오신 모든 분이 깨달음을 얻어 고통 속에서 신음하고 있는 중생을 구해줄 수 있게 되기를 바랍니다. 감사합니다.

청안 스님 토마스의 간단하면서도 분명한 소개 말씀에 깊이 감사드립니다. 질문하실 분 있나요? 어떤 질문이라도 상관없습니다.

학생 지난번 안거 중에 이런 생각이 들었습니다. 어떤 사람이 안거에 참석했다가 다시 일상으로 막 돌아온 상황이라고 가정하겠습니다. 예를 들어 담배를 피우던 사람이 안거에 참석하고 몇 주 만에 일상으로 돌아와서 다시 담배를 피우게 되었습니다. 수행을 하는 사람인데도 이런 버릇을 못 고친다면 상황은 더욱더 나빠질 것 같다는 생각이 듭니다. 사람의 버릇을 고치는 방법은 정말 없을까요?

청안 스님 있습니다. 자신을 가만히 들여다보면 됩니다. 담배를 피우는 사람들은 대부분 그저 자신이 담배를 피우고 있다는 사실만 인식할 뿐 자기 자신이 어떤 사람인가에 대해서는 알지 못합니다. 당신이 예를 들어 설명한 사람은 바로 그런 상황에 있는 것이지요. 그들은 거울 앞에 서서 자신을 보면서도 그저 "이런 어리석은 짓을 하다니!"라고만 말할 뿐입니다. 일주일, 한 달, 아니 1년을 넘게 수행해도 전혀 달라지지 않습니다. 그 버릇이 갖고 있는 카르마가 강력한 힘을 발휘하는 한 변화는 없습니다. '좀 더 괴로워해야 하는' 상태가 될 뿐입니다. 한도 끝도 없는 무한한 상태입니다. 단지 우리가 "이제 충분해"라고 말할 때 그 상황을 멈추게 할 수 있습니다.

모두 안거를 체험해보시기 바랍니다. 아주 좋은 경험이 될 겁니다. 안거 체험을 하고 시간이 흘러 위에서 말한 변화가 생겼을 때에는 카르마가 무엇인지 깨닫게 됩니다. 일상생활과 안거생활 사이에 차이가 발생하는 것은 당연한 일입니다. 오히려 그런 차이를 전혀 생각하지 못한다면 자신의 삶에 변화를 가져오지 못한 채 그저 하루하루를 반복하며 살아갈 뿐입니다. 붓다께서 수행을 위해 집을 떠나야 한다고 말씀하신 이유가 바로 여기에 있습니다. 붓다께서는 집을 떠나야만 집에서 만들어진 자신의 모든 카르마를 깨닫게 된다고 말씀하셨습니다.

아주 소중한 비밀을 하나 알려드릴까요? 여러분 각자가 갖고 있는 개인적인 카르마는 그 힘이 강력하지 않습니다. 집단이 가진 카르마야말로 아주 다루기 힘들고, 개인적인 카르마와는 비교할 수 없을 정도로 깊이 자리 잡고 있습니다. 다른 언어를 사용하는 다른 문화 속에 살고 있는 사람들은 각자 자신이 사는 나라의 문화를 기준으로 행동하게 됩니다. 국가적 주체성이 아무것도 아니라는 사실을 알고 있지만 자신이 갖고 있는 주체성이라는 환영에 사로잡혀 행동하게 됩니다. 그 끝은 최악으로 가겠지요.

여러분이 하고 싶은 만큼 수행에 참가하십시오. 수행을 하면 여러분의 다르마도 그만큼 강해지고 마음속의 마(魔)도 강해집니다. 하지만 수행을 반복할수록 다르마는 더욱 강해진 상태로 남고 마는 사라집니다. 먼저 필연적으로 여러분은 다르마와 마의 힘이 강해지는 것을 알게 됩니다.

여러분 마음속의 마는 자신이 수행한 결과입니다. 어떤 결과를 원하는지는 여러분 스스로 잘 알겠지요. 자신이 가진 모든 에너지를 수행에 쏟으십시오. 가끔 마가 끼는 것은 상관없습니다. 오히려 마음을 바로 잡는 데 도움이 됩니다. 오늘 본 작은 도마뱀이 800만 년 전에는 60톤이나 나가는 몸무게를 갖고 있었다는 사실을 믿을 수 있습니까? 시간이 지나면서 도마뱀들은 작고 귀여운 동물로 변해왔던 겁니다. 우리가 갖고 있는 카르마도 이와 마찬가지입니다.

안거에 참가하여 수행하고 일상생활로 돌아갔다가 다시 안거에 참석하는 것은 마치 좋은 칼을 다듬는 일과 같습니다. 좋은 칼은 몇 시간 만에 만들어지지 않습니다. 몇 달이라는 시간이 걸려야 합니다. 매일매일 불 속에 칼을 넣어 단단하게 만들고 망치로 내려칩니다. 아주 성실한 두 명의 대장장이가 사이좋게 칼을 다듬고 있습니다. 불 속에 넣었다가 빼내어 망치로 내려치면서 아주 단단하게 만듭니다. 칼에 기름을 바를 때도 있고 상태를 보고 물에 넣을 때도 있습니다. 그런 다음 다시 불 속에 넣습니다. 칼을 집어넣는 용광로는 수행의 형식에 해당합니다. 망치질과 담금질은 우리의 일상생활을 의미합니다. 어떤 때는 차갑게 식기도 하고 뜨겁게 달아오르기도 합니다.

  토마스가 말한 대로 수행을 하는 것은 아주 단순한 일입니다. 그저 자신의 눈과 귀, 코, 혀, 그리고 몸과 마음을 맑고 투명하게 유지하면 됩니다. 하지만 그렇게 할 때 여러분은 더 큰 경지로 발전할 수 있습니다. 또 질문하실 분, 안 계신가요?

학생 스님 말씀대로라면 성실하게 칼을 다듬던 두 명의 대장장이가 악마가 될 수도 있지 않을까요?

청안 스님 내 말에 너무 집착하지 마십시오. 오히려 집착하는 사람이 바로 악마가 될 수 있습니다. 아시겠지요? 오직 관세음보살과 붓다만이 우리의 칼을 만드실 수 있습니다. 가끔 아난다 존자가 음료수를 갖고 가긴 하겠지요. 정말 물어보고 싶은 건 다른 게 아닌가요? 그렇지 않습니까?

학생 제 생각으로는 악마를 길들일 수 있을 것 같은데요. 말을 부리는 것처럼 악마를 길들여 이용할 수도 있지 않을까요?

청안 스님 그럴 수도 있을 겁니다. 하지만 악마가 당신을 반이나 차지해버린다면 길들일 수 없겠지요? 한 달 반 전인가 아니 두 달 전 일인 것 같군요. 교외에 있는 아주 멋진 성에서 묵은 적이 있습니다. 아주 작은 마을이고 성은 개인 소유였습니다. 새로 지은 성이지만 그냥 보기에는 오래된 건물처럼 보였지요. 집 내부와 외부가 모두 그렇게 보이도록 설계되어 있었습니다.

그곳이 어떤 곳인지 짐작이 가십니까? 거의 별 다섯 개 수준의 호텔이지만 워낙 오지에 위치해 있기 때문에 별 네 개를 줄 수 있을 것 같네요. 별 네 개 수준의 호텔이면 자쿠지, 사우나, 고급 레스토랑 등 좋은 시설을 모두 갖춘 곳이라고 생각할 수 있습니다.

하지만 그곳에는 약간 이상한 점이 몇 가지 있었습니다. 레스토랑에서 술을 팔지 않았습니다. 객실의 반은 약물 중독자 치료를 위해 할당되어 있고, 다른 호텔에서 볼 수 있는 오락 시설도 없었죠. 오직 중독자들을 위한 치료 프로그램만 있을 뿐이었습니다. 객실의 나머지 반은 일반 손님들을 위해 준비되어 있었습니다. 이곳에서 만난 중독자들은 약물이라는 지옥에서 완전히 헤어나지 못한 사람들입니다. 이 호텔에서 일주일 묵으면서 치료를 받는 데 드는 비용은 800유로 정도입니다. 다소 비싼 듯하지만 이미 많은 사람들이 이용했습니다.

너무나 부유한 나머지 자식들이 잘못되는 사람들 이야기는 참 흥미로운 사실입니다. 나는 이 주일 전에 그 호텔의 개장식에 참가했었습니다. 호텔의 모든 시설은 말끔하게 정리되고 깨끗했으며, 준비가 다 되어 있었습니다. 물론 최고 경영자도 만났지요. 도대체 어떤 사람이 이런 시설의 총책임자인지 매우 궁금했고 어쩌면 끔찍한 약물 중독 경험이 있는 사람일지도 모른다는 생각이 들었습니다. 최고 경영자는 설립자의 조카였습니다. 설립자인 그의 아저씨가 "약물 중독자를 위한 시설을 세우고 싶은데 네가 경영을 맡아주겠니?" 하고 물었을 때 조카는 "그럼요. 물론입니다"라고 대답했다고 합니다.

이 사람은 이미 자신의 내부에 있는 마를 길들인 사람이었지만 6~7년 전에 약물 중독의 끔찍한 수렁 속에 빠진 경험이 있었습니다. 이제는 완전히 회복되어 평범한 사람이 되었지만요. 대개 이런 계층에 속한 사람들은 머리가 매우 좋고 영리합니다. 그런 시설을 운영할 능력도 아주 뛰어납니다.

이 청년은 우리에게 시설을 운영하는 방법론에 대해서 들려주었고 모임이 끝날 무렵 내가 말했습니다. "당신의 방법론은 아주 훌륭합니다. 하지만 방식이 훌륭하다고 해서 이런 시설을 제대로 운영할 수 있는 것은 아닙니다." 그는 "흥미로운 말씀입니다. 어떤 부분에 대해서 그렇게 생각하시나요?"라고 물었습니다. 내가 말했습니다. "당신에 대해서 말하고 있는 겁니다. 만일 당신에게 지옥 같은 시간을 보내며 깨달은 지혜가 없었다면 이렇게 많은 분량의 방법론을 준비해서 시설을 운영할 만한 능력도 없었을지 모릅니다."

그는 자신이 조절해야 할 부분을 확실하게 길들였고 이제는 보살이 되어 많은 사람들에게 도움을 주고 있습니다. 그 일로 돈을 벌 생각도 없고 그저 약물 중독으로 고생하는 사람들과 함께하고자 할 뿐입니다. 물론 자신이 칼 위를 걷고 있다는 것도 알고 있었습니다. 만일 그가 실패한다면 많은 사람들이 다칠 겁니다. 이것이야말로 진실로 중도(中道)를 걷는 일이라고 할 수 있습니다. 스스로 자신의 마음속을 들여다보며 생각해보십시오. 내가 누구인가? 내 안에는 무엇이 있을까? 이 의문에 대한 답을 알고 있다면 여러분은 명색(名色)의 혼란 속에서 헤매지 않아도 됩니다. 무엇이 자신을 끌어당기는지 알기 때문에 충분히 극복할 수 있습니다. 자신이 가진 모든 카르마를 지켜본다는 것은 유쾌한 일이 아닙니다. 하지만 그것을 모두 없애버릴 수 있다면 우리는 그만큼 자유로워질 수 있습니다. 이것이 바로 우리가 수행하는 이유입니다. 이렇게 되면 고통에서 신음하는 다른 중생들에게도 도움의 손길을 내밀 수 있습니다. 그러므로 자신의 명상 수행이 잘못된 것 같다고 걱정하지 마십시오. "나는 수행을 할 수 없어. 투명한 마음을 가질 수 없단 말이야" 하면서 두려워하지도 마십시오. 그냥 수행하십시오. 수행하면서 일어나는 모든 일을 그냥 받아들이십시오. 그렇게 하면 여러분의 나쁜 카르마는 지혜로 변하게 될 겁니다. 아시겠지요? 질문 더 있습니까? 어떤 질문도 관계없습니다. 네, 말씀하세요.

학생 ➤ 진리란 무엇입니까?

청안 스님 내 앞에 앉아 있는 당신이 그런 질문을 하면서 갈색 눈으로 나를 쳐다보고 있습니다. 바로 이것이 진리입니다. 그 외에 무엇이 더 필요할까요? 더 큰 진리를 원한다면 곤란하군요.

학생 스님께서는 아주 똑똑하고 지적인 분 같아요. 단순하고 깨끗한 마음과 지적인 마음을 어떻게 유지하시나요? 책을 많이 읽으시는 것 같은데요…… 많은 것을 알고 계시잖아요.

청안 스님 (탕!) 이 행동은 지적일까요, 아닐까요? 지식이 많으면 이것저것 생각하고 고민하느라 끔찍한 시간을 보내게 됩니다. 그렇지 않다면 아무 생각도 못하는 쓸모없는 바윗덩어리 같은 존재로 전락해버릴 겁니다. 생각이란 좋지도 않지만 그렇다고 나쁜 것도 아닙니다. 내가 이 사실을 깨닫게 되기까지 얼마나 많은 시간이 흘렀을까요? 선 수행을 하면서 첫 1년간은 "이런 바보. 또 딴 생각을 하고 있었잖아"라고 자책하며 지냈습니다. 정말로 힘든 시간을 보내고 나서야 이런 사실을 깨달았습니다. 똑똑하다고 해서 더 쉽게 깨달음을 얻는 것은 아닙니다. 영리한 사람이 다르마를 수행하지 않는다면 이것은 참으로 위험한 일입니다. 그는 더 이기적이고 더 오만해질 뿐입니다.

그렇다고 '생각하는 것은 바람직하지 않다'라는 말이 '생각하지 말라'는 의미는 아닙니다. 이것은 생각의 또 다른 형태, 즉 부정적인 생각입니다. 생각에 집착하는 일은 여러분이 저지르는 실수 중 최악의 실수입니다. 자신이 똑똑하다는 사실은 잊어야 합니다. 내가 어렸을 때 책을 읽고 지식을 얻으면 몇 달 후에 있을 시험에 대비해서 계속 기억하고 있었습니다. 지금은 어떨까요? 아무것도 기억하지 않습니다. 아마 시험을 본다면 분명히 실패하겠지요. 재미있는 사실은 이렇게 법문을 하고 질문을 받고 이야기를 주고받지만 이 시간이 지나면 나는 아무것도 기억하지 못한다는 겁니다.

마음에 집착하지 않고 순간의 느낌에 충실하기 위한 훈련의 하나입니다. 내가 똑똑하고 지적으로 보였다면 유감이군요. 전혀 그렇지 않으니까요. 내가 환영을 만들어냈군요. 하지만 어떤 생각에도 따르지 말고 오직 투명한 거울 같은 마음으로 돌아가라는 가르침을 주는 환영이라고 생각하십시오. 어느 사상보다도 높고 자신의 생각을 조절할 수 있는 그런 마음으로 돌아가야 합니다.

사람들은 왜 그렇게 많은 생각을 할까요? 왜 그렇게 많은 카르마를 만들어내고 있을까요? 평화와 행복을 원하기 때문입니다. 하지만 끊임없이 생각하고 계속 움직여도 아무것도 이룰 수 없음을 깨닫게 되면 생각하고 행동하기를 멈춰야 한다는 생각이 듭니다. 또한 이것이 분노와 욕망, 무지에서 시작되었음을 알게 되면 더 이상 계속해서는 안 된다는 것도 깨닫게 되면서 (탕!) 바로 이 상태로 돌아옵니다. 그 어떤 신이나 붓다보다도 월등한 상태가 되는 것이죠. 한번 이 상태가 되면 이제 예전으로 돌아가지 않습니다. 신이란 여러분의 믿음으로 만들어집니다. 신을 믿는다는 것은 신의 뜻대로 움직인다는 의미입니다. 여러분이 붓다를 따르기로 했다면 여러분은 불교도가 되는 겁니다.

깨달음의 순간은 (탕!) 이렇게 갑자기 다가옵니다. 우리가 수행을 하는 이유가 바로 여기에 있습니다. 깨달음을 얻으면 더 이상 방황하거나 헤매지 않습니다. 그저 자신의 카르마대로 살아가기만 하면 됩니다. 그러므로 우리는 불교도도 아니고 어떤 특정한 신앙을 따르는 무리도 아닙니다. 굳이 이름을 붙이고 싶다면 진리의 길을 함께 걸어가는 사람들이라고 할 수 있겠지요. 그것뿐입니다.

이 현명한 사람들은 명상 수행을 하면서 자신의 내면에 이렇게 크고 흔들리지 않는 마음이 있음을 알게 되고 점점 겸손해집니다. 이전에는 생각지도 못했던 무한한 시간과 공간이 있음을 알게 되는 것이지요. 바로 그곳에서 사람들의 생각이 일어나고 사라집니다. 절을 한다는 것은 자신의 작은 생각을 내려놓고 여기, 즉 움직이지 않는 마음으로 돌아온다는 의미입니다. 바로 지금, 바로 이곳으로 말입니다. 이런 상태에 있으면서 똑똑하고 현명해지지 않을 사람이 어디 있을까요? 또 다른 질문 있으십니까?

학생 만일 스님의 친구 중에 수행에 전혀 관심이 없는 사람이 있다면 약간 불편하시겠지요. 그렇지 않나요? 아주 친한 친구라면 서로 영향을 주고받을 수 있으니까요. 수행하는 여성과 수행하지 않는 남성이 있는데, 그 여성이 수행을 그만두어야 할 것 같은 압박을 받고 있습니다. 이럴 때 어떻게 해야 하는지 스님의 말씀을 듣고 싶습니다.

청안 스님 먼저 한마디로 대답한다면 수행을 계속하라고 말씀드리고 싶군요. 질문하신 분은 지금 자신의 카르마를 수행하고 있는 겁니다. 자신이 맺은 관계 때문에 수행을 그만두면 안 됩니다. 상황에 맞게 행동해야 합니다. 바로 이것이 해결책입니다. 다른 사람에게 자신을 완벽하게 납득시킬 수는 없습니다. 그러니 상대방을 설득하려고 하지 마십시오. 그 대신 현재의 관계를 유지하면서 수행을 계속할 수 있도록 당신만의 시간과 공간을 마련하도록 애쓰십시오. 사람들은 당신의 선택을 존중해줄 겁니다.

남자 친구가 낚시를 가고 싶어 할 때 같이 있는 여자는 이렇게 말할 수 있습니다. "아, 그래요. 3일 후에나 보겠네요." 여자는 친구들과 용맹정진을 하러 갈 생각인 겁니다. 남자 친구는 그녀의 선택을 존중해주면서 이렇게 말할지도 모르지요. "잘 다녀와. 밥은 내가 알아서 해결할게."

〔용맹정진(勇猛精進): 몸과 마음을 바쳐 부처님께 귀의하고 참회함으로써 자신의 발원을 성취하고자 하는 기도. 주야간 24시간 동안 잠을 자지 않고 정진하는 것으로 보통 18시간 이상 참선에 듦 - 옮긴이〕

수행이 매우 중요하다는 것을 알고 있더라도 수행을 안 하면 세상이 끝나는 것처럼 행동하지는 마십시오. 여러분의 배우자나 친구는 "너에게 가장 중요한 것은 뭐니? 내가 가장 중요한 거 아니었어?"라고 반문할지도 모릅니다.

학생 그런 질문은 이미 받았어요.

청안 스님 현명한 사람이 되려면 남자 친구가 가장 중요하다는 환상을 버리지 마세요. 관계를 유지하기 위해서는 그렇게 해야 합니다. 하지만 당신의 마음 깊은 곳에는 다르마를 찾아가는 자신만의 삶을 살고자 하는 소망이 있습니다. 이 소망대로 살지 못하면 죽은 거나 다름없지요. 그렇다고 저녁을 먹다가 수행을 할 수는 없습니다. 자신만의 시간을 갖도록 하세요. 당신이 방에 들어가 문을 잠그려고 할 때 사랑하는 사람이 물어봅니다. "무슨 문제 있어? 왜 나랑 함께하려고 하지 않아? 나는 정말 함께하고 싶단 말이야." 그럴 때는 "그냥 좀 쉬고 싶어요. 나 자신만을 위한 시간을 가진 후에 나머지 시간은 모두 당신과 함께할게"라고 평소와 다름없이 부드럽게 대답하십시오.

배우자나 친구 등 여러분과 함께 있는 사람들은 수행에 대해 제대로 알지 못하기 때문에 지금 당장은 수행에 몰두하기가 힘들 겁니다. 하지만 그들이 아주 중요한 사람이고 여전히 그들을 사랑하고 있다고 생각한다면 전혀 문제가 되지 않습니다. 다른 사람들은 그것을 이해하지 못하더라도 여러분은 자신의 몸과 마음을 편하고 바르게 할 수 있어야 합니다. 만일 여러분이 이렇게 할 수 있게 된다면 선원에 와서 수행자들이나 친구들과 함께 수행에 참가한다 해도 여러분의 배우자나 친구들은 더 이상 문제 삼지 않을 겁니다.

어떤 관계를 맺든지 서로에게 중요한 것은 균형입니다. 서로 비슷한 점이 많고 그만큼 다른 점도 많을 때 그 관계는 더욱 확고해질 수 있습니다. 두 인격이 너무 비슷해지면 서로 피해를 주게 되고, 결국 두 사람의 관계도 끝나게 됩니다. 아주 흥미로운 관계를 하나 알고 있습니다.

나와 고등학교 동창인 친구 두 명이 있습니다. 이들은 10년 넘게 친구로 지내왔고 지금은 남매처럼 가까워졌습니다. 두 친구는 서로를 전혀 이성으로 느끼지 않습니다. 그리고 이들은 수행을 하고 있는데 같은 학파는 아닙니다. 두 사람은 인간적으로는 좋은 관계를 유지하면서 지내지만 이성으로서는 서로에게 전혀 끌리지 않습니다. 충분히 끌리는 성질이 없는 관계는 중단되기가 쉽습니다.

때로는 서구인들의 생활에서 더 심한 경우를 발견하기도 합니다. 관계를 갖고 있다가도 서로 다른 점이 발견되면 망설이지 않고 상대방에게 이별을 통보하는 경우를 보았습니다. 이런 사람들은 자신만의 세계를 만들고 그 안에서 지내는 사람이라고 할 수 있습니다. 다른 사람들과의 차이점이 점점 커지면서 결국 아무것도 공감하지 못하는 지경에 이르고 끊임없이 방황하면서 지내게 됩니다.

그렇기 때문에 앞에서 올바른 노력에 대해 이야기한 겁니다. 불행하게도 이런 식의 괴리감은 수행하는 사람과 수행에 전혀 관심이 없는 사람이 함께하는 경우에 빈번하게 발생합니다. 가장 좋은 처방은 일상생활 속에서 함께할 공통의 관심사를 찾는 겁니다. 다르마 수행을 제외하고 말입니다.

같이 살고 있거나 서로 사랑하는 사이인 사람에게 함께 명상을 하고 붓다께 절을 하자거나 불경을 읽도록 강요하지 마십시오. 그보다는 숲 속을 산책하거나 이야기를 나누십시오. 말없이 가만히 함께 시간을 보내는 것도 좋습니다. 공연을 보러 가거나 좋아하는 음식을 먹는 것도 좋습니다. 수행이 서로의 공통점이 아니라면 그 밖의 일상에서 더 많은 공통 관심사를 찾아야 합니다. 수행이 자신의 생활 속에 아주 깊이 들어와 있는 사람들에게는 이런 말이 탐탁지 않을 수도 있습니다. 하지만 감히 이런 불완전한 해결책이라도 여러분에게 이야기해주고 싶군요. 왜냐고요? 사람들과의 관계 역시 불완전하기 때문입니다.

여러분이 수행을 계속하고 싶다면 함께 있는 사람에게 무조건적인 사랑과 자비를 베푸십시오. 아시겠습니까? 수행이 이런 관계를 유지하는 데 도움을 줄 수 있습니다. 주변 사람과의 관계를 개선하는 데 수행이 걸림돌이 된다면 그것은 잘못된 일입니다.

한국에 있을 때는 긍정적인 사례를 많이 보았습니다. 상황은 똑같습니다. 한국 남성들은 밖으로 나가고 담배를 피우며, 사업도 하고 바에도 갑니다. 한국 여성들은 주로 집안일을 하거나 절이나 교회에 가서 사람들을 만나고 경전을 읽기도 하면서 지냅니다. 한국 남성들은 여성들이 사회활동에 참여하는 것을 그다지 좋아하지 않습니다. 여성들은 집 안에서, 남성들은 집 밖에서 주로 활동하지만 가족을 위해서 일한다는 목적은 같습니다. 서로의 영역을 침범하지 않고 자신의 역할을 다하고 있는 것이죠.

만일 여러분의 배우자나 친구가 수행하는 것을 이해한다면 이를 서로 이해하고 관용을 베풀 수 있는 큰 사랑과 자비심을 키우는 기회로 만드십시오. 그렇게 하지 못한다면 상대방은 "내가 하자는 대로 해. 내 방식을 따라줘" 하며 끊임없이 괴롭힐 것이고 여러분은 수행을 계속해야 하는지 관계를 지속해야 하는지에 대해 고민하게 되겠지요. 이런 경우에는 수행을 계속하기가 매우 힘듭니다. 관계를 지속시키기도 어려워지고 결국 가슴 아픈 선택을 해야 합니다. 어느 쪽을 선택하더라도 오래 지속할 수 없게 됩니다. 열린 마음으로 현명하게 생각하고, 확실하고 강한 자비심을 보여주십시오. 그것만이 이 모든 어려움을 해결해주며 힘든 상황도 바꾸어놓을 수 있습니다. 궁금하신 것이 있으면 더 물어보시기 바랍니다.

학생 저에게 친구가 있는데 아마 스님도 그 사람을 알고 계실 겁니다.

청안 스님 아, 네 알고 있지요.

학생 그런데 그 친구는 아주 똑똑하고 생각도 많고…….

청안 스님 그리고요?

학생 생각도 많이 합니다.

청안 스님 생각을 많이 한다고요? 좋은 일이군요.

학생 그렇다고 해서 무미건조한 사람은 아닙니다. 단지 그는 더욱 깊이 있게 공부하기를 원합니다. 능력도 많고, 더욱 높은 경지의 수행에 이르기 위해 끊임없이 노력하는데, 너무 빨리 가기 위해 힘쓰다가 벽에 부딪히는 실수를 저지를까 봐 걱정입니다. 그에게 이런 말을 해보았지만 이미 마음이 너무 앞서 있기 때문에 무슨 말을 해도 전혀 듣지 않았습니다. 친구가 많은 고통을 받아도 저는 그저 쳐다보고만 있을 뿐입니다. 아무 도움도 줄 수 없어서 속상합니다.

청안 스님   그런 말씀은 하지 마세요. 당신은 도움을 줄 수 있습니다.

학생   도와준다 해도 마법은 부릴 수 없는데요.

청안 스님   마법을 부리라는 말이 아닙니다. 아주 힘든 일인 줄은 알지만 친구를 더욱 강하게 몰아붙이십시오. 더 강하게 말입니다.

학생   그렇게 하다간 그가 죽고 말 것 같아요. 그런 걸 원하지는 않습니다.

청안 스님   "그를 죽이라"고 말하지는 않았습니다. 아주 깊은 계곡에 서 있는 사람들이 있다고 가정해봅시다. 이들은 최근에 자살을 생각했던 사람들이지만 지금 깊이 1,000미터가 넘는 계곡을 들여다보고 있습니다. 무엇인가가 큰 소리를 내며 계곡 속으로 떨어지고 곧 산산조각이 납니다. 이 모습을 보던 사람들에게 "이렇게 되기를 원하세요?"라고 물으면 모두 고개를 저으며 뒤로 물러설 겁니다.

  끈기를 갖고 시도하면 친구를 가르칠 수 있습니다. 하지만 이것 하나는 분명하게 알아야 합니다. 친구가 깊은 계곡이나 수렁 앞에 서 있다면 반드시 뒤로 물러서게 만들어야 합니다. 이 사실을 잊는다면 친구는 죽고 말 겁니다. 아직 수렁 앞에 도달하지 않았다면 아무 문제가 없겠지만요. 내가 볼 때 당신은 좋은 생각을 하고 좋은 사람이 되려고 노력하는 것 같군요. 하지만 그렇게 안 될 수도 있습니다. 어떤 경우에도 당신의 자아를 내세우지 마십시오. 세상 사람들에게 아무런 도움을 줄 수 없습니다. 아시겠습니까? 자, 이제 다음 질문을 해보세요.

학생   말씀드린 내용이 제 머릿속에서 떠나지 않아요. 앉아서 수행하려고 할 때마다 정말 혼란스러워져요. 그냥 생각이 떠나질 않아요. 그리고 갑자기 그 친구가 생각나면서 싫다는 감정이 듭니다. '내가 그에게 얘기를 해주면 우리 사이가 나빠질까? 정말로 우리 사이에 커다란 틈이 생길까?' 하면서 고민하고 있어요. 물론 스님 말씀대로 우리가 이야기를 나누면 오히려 상황이 훨씬 더 좋아질 수도 있지만요.

청안 스님　아니, 수행하려고 앉아서 무엇을 하고 있습니까? 질문하신 분은 자신이 생각을 많이 한다는 것을 알고 있나요? 전혀 발전적이지 못한 이런 생각들은 접어두고 수행에 몰두하세요. 자신에게 충고하지 마세요. 그것은 전혀 도움이 안 됩니다. (탕!) 바로 여기로 돌아가십시오. 자신에게 끊임없이 충고할 수는 있지만 그렇다고 무엇인가를 얻을 수 있는 것은 아닙니다.

학생　구름이 잔뜩 끼어 있는 하늘을 보는 것 같아요. 무슨 말씀인지 잘 이해가 안 됩니다.

청안 스님　하늘에 구름이 많다면 우산을 준비하면 되겠군요. 우산으로 비를 막는 일은 마술이 아닙니다. 바로 그것입니다. 특별한 것을 바라지 마십시오. 질문하신 분은 특별한 것을 원하고 있는데 그것은 생각입니다. 당신을 죽일 수도 있는 생각 말입니다. 수행하는 법을 배우기 위해 내가 얼마나 많은 시간을 보냈는지 아십니까? 단지 바른 자세로 앉아서 수행하는 법을 배우려고 한 것이 아닙니다. 물론 바른 자세로 앉는 것도 중요합니다. 바르게 불경을 읽고 절을 하는 것도 아주 중요합니다. 하지만 그런 것으로 깨달음을 얻으려고 한다면 시간을 낭비하는 일에 불과합니다. 어리석은 짓입니다. 자신을 점검하지 마십시오. 중심을 잃어버린 행동입니다. "아, 나도 똑같이 바보짓을 하고 있어요"라고 말하는 것에 지나지 않습니다. 자신의 생각을 믿지 마십시오. 그렇다면 어떤 일을 할 때 생각대로 해야 할까요?

당신이 해야 할 일을 제대로 하기 위해 생각하십시오. 자신의 일을 제대로 한다면 수행도 바르게 할 수 있습니다. 이때 눈에 보이지는 않지만 당신의 카르마가 진행되고 있습니다. 보고 싶다면 볼 수도 있지만 원하지 않는다면 보지 않을 수도 있습니다. 모든 일은 아주 자연스럽게 흘러갑니다. 하지만 지나치게 형식을 따지고 이것저것 생각을 많이 하는 수행은 좋지 않습니다. 시간 낭비에 불과합니다. 리투아니아의 맛있는 음식을 먹는다고 해서 더 많이 생각하게 되나요? 앞에서 토마스가 말했듯이 우리는 모두 '모를 뿐'입니다. 이 말을 마음속 깊이 새겨두시기 바랍니다.

학생 하지만 때로는 이런 말조차 악마가 되어 다가올 수도 있습니다. 그런 경우에는 스님도 당황하지 않으실까요?

청안 스님 '모른다'는 것이 수행을 방해하는 악마가 될 수도 있다고 생각하십니까? 그렇지 않습니다. 질문하신 분이 마음속에서 만든 모습에 불과합니다.

학생 맞습니다. 정말 그래요.

청안 스님 아무 일도 일어나지 않는다면 정말로 '모른다'는 상태입니다. 바로 이 순간(탕!)은 이름도 형상도 없습니다. 만일 악마가 나타난다면 생각이 있었기 때문입니다. 기억하세요. 자기 자신을 둘러싸고 있던 벽을 없앨 때 무한한 시간과 공간이 펼쳐집니다. '오직 모를 뿐'이라는 상태의 진정한 모습입니다. 달마 대사는 "만법은 텅 빈 것. 성스럽다고 할 것이 없다"고 말씀하셨습니다. 이 말을 응용해볼까요? 천사도 악마도 없습니다. 만법은 텅 비어 있을 뿐입니다. 만약 악마가 나타나면 이렇게 말하십시오. "너는 어디에서 왔느냐?" 아마 악마는 외마디 비명을 지르며 여러분의 단전으로, 텅 빈 공간으로 돌아갈 겁니다. 아무 일도 만들지 마십시오.

학생 ➤ 하지만 그냥 나타나는 걸요. 제가 만들어내고 싶어서 나타나는 것이 아니에요. 그냥 자꾸 반복해서 나타납니다. 어떻게 해야 할지 모르겠어요.

청안 스님 나는 그 말을 믿지 않습니다. 그런 면에서 질문하신 분은 운이 좋은 거예요. "오, 이런 가엾은 사람 같으니. 어떻게 해야 할까?"라고 말하며 위로하는 스승도 있겠지만 아무 소용이 없습니다. 만일 당신이 아직도 악마 때문에 곤란을 겪고 있다면 매를 때려서라도 그 생각을 잊게 만들어야겠지요. 악마를 잊으면 붓다도 잊게 되고, 그저 '아' 하고 비명만 지를 겁니다. 하지만 분명히 악마는 사라질 겁니다. 그렇게 될 겁니다. 아시겠습니까? 네, 좋습니다. 악마에 대해서 또 질문하실 분 있습니까?

학생 ➤ 제 친구는 수행하기에는 너무 똑똑합니다. 반대로 저는 너무 어리석지요. 이것도 문제입니다. 어떻게 해야 할까요?

청안 스님 붓다의 가르침을 읽어보세요. 당신은 충분히 똑똑합니다. 아무 문제 없습니다. 사람들 중에는 지혜가 부족한 사람도 있습니다. 그럴 수 있지요. 하지만 그런 사람들은 자신의 경험을 바탕으로 지혜로워질 수 있습니다. 많은 책을 읽을 필요는 없습니다. 그저 '모른다'는 한마디만 알면 됩니다.

  항상 그 말을 염두에 두고 생활한다면 어쩌면 세상에서 가장 똑똑한 사람이 될 수도 있습니다. 만일 이런 사람을 보게 된다면 어떻게 그렇게 똑똑해졌는지 물어보세요. 아마 그들은 "음…… 글쎄요…… 그게 그러니까…… 모르겠습니다"라고 대답할 겁니다. 이미 그들의 마음은 온 세상에 퍼져 있고 수많은 책 속에 들어 있기 때문입니다. 우리가 필요한 말은 '모른다'는 단 한마디뿐입니다. 그리고 이 말은 온 세상을 구할 수 있습니다.

학생 하지만 전 그 말을 이해할 수 없습니다. 스님께서는 (탕!) 이렇게 말씀하시는데요, 마루를 치는 의미는 무엇입니까? 전 정말 이해가 안 됩니다.

청안 스님 아주 좋은 질문을 하셨습니다. 이해가 안 되는 부분이 있다면 계속 말씀해보세요.

학생 어리석은 질문이 아니었나요?

청안 스님 아니요. 바로 그것이 바로 본래의 마음입니다. 만일 그 마음을 이해한다면 더 이상 수행할 필요가 없습니다. 여러분은 '모른다'에 대해 설명할 수 없습니다. 나 역시 다행스럽게도 아주 비용이 많이 들어가는 그 말에 대해 설명드릴 수 없군요. 여러분은 이미 '모른다'는 마음을 갖고 있으며 아무도 그것을 빼앗지 못합니다. 지식이 많거나 적은 것에 관계없이, 영리하거나 어리석은 것에 관계없이 모든 사람이 갖고 있습니다.

학생 그렇다면 '어리석은' 사람이 더 유리하네요.

청안 스님 어리석다는 것은 이미 똑똑하다는 의미입니다. 우리가 가진 본래의 투명한 마음을 간직하십시오. 생각할 필요가 있으면 생각하고, 그렇지 않다면 생각하지 마십시오. 그러면 아무 문제도 없습니다. 며칠 전부터 시작된 이 수행을 계속 진행하시기 바랍니다. 이곳은 수행하기에 아주 좋은 장소입니다. 우리가 이렇게 모이게 된 것은 행운입니다. 항상 수행을 처음 시작할 때의 자연스럽고 깨끗한 마음을 간직하시기 바랍니다. 그 마음을 간직하며 수행할 때 우리 모두는 깨달음을 얻을 수 있고, 고통에서 신음하는 모든 중생을 구하게 될 겁니다. 이곳에 모이신 모든 분께 깊이 감사드립니다.

· · · 리투아니아 카우나스

9

나무와 열매

사성제
반야심경
붓다와 달마 대사
선의 4원칙
육조 혜능 선사
숭산 선사
우리 일가에게 감사를

석가모니 붓다께서는 사람들이 일찍이 알지 못했던 영적인 길을 최초로 발견하신 분입니다. 그는 우리 인간들에게 모든 중생을 괴로움에서 구해낼 수 있는 깨달음을 향해 가는 길을 열어놓으셨습니다. 괴로움에서 구해낸다는 말은 우리 자신과 다른 사람들을 생과 사, 그리고 윤회의 반복에서 벗어나게 한다는 의미입니다.

　깨달음의 길을 가는 데 위대한 스승이 있다면 그 과정은 더욱 흥미로울 수 있습니다. 그래서 오늘은 우리의 종교적 전통에 업적을 남긴 주요한 인물 몇 명을 소개하려고 합니다. 이 스승들은 깨달음을 얻고 우리에게 그 방법을 알려준 분들입니다.

　고타마 싯다르타께서 40년간 가르침을 설하실 수 있었던 것은 정말 다행스러운 일입니다. 이 시간 동안 그는 자신의 설법이 어떻게 펼쳐지고 발전하여 마침내 끝을 맺게 되는 과정을 모두 지켜볼 수 있었습니다. 우리들이 깨달음을 얻게 하기 위해서 다르마의 정수, 즉 "사람들이 과거·현재·미래의 모든 붓다(여기에서는 시간과 공간을 초월하는 불멸의 진리를 뜻함 - 옮긴이)를 알고 싶다면 마땅히 법계의 성품을 비추어 관할지니 일체 모든 것은 마음에서 시작되었느니라〔若人欲了知 三世一切佛 應觀法界性 一切唯心造〕"라고 말씀하셨습니다. 이 말씀은《화엄경》에 실려 있습니다.

하지만 자신이 깨달은 진리가 아무리 심오하다 해도 사람들이 이해하기 어려울 것이라 생각하고 첫 번째 제자를 맞아 좀 더 알기 쉽게 풀이한 사성제(四聖諦)를 말씀하셨습니다. 이 이론은 세상을 인간의 마음과는 별개인 존재 그 자체로 보게 되는 위험성을 안고 있지만 붓다께서는 자신의 깨달음을 우리에게 알려주기 위해 이 방법을 선택하셨습니다.

모든 것은 불변하고 항상 그 모습으로 머물러 있다고 여기며〔諸行無常印〕, 항상 변화하는 것에 집착하며 그로 인해 고통 받고 있는 사람들은 사성제의 첫 번째인 고제(苦諦)를 이해해야 합니다.

집착은 어떻게 일어나고 어떤 모습으로 자리 잡는지에 대한 설명이 두 번째 진리인 집제(集諦)입니다. 집제는 중생들이 안고 있는 모든 고통의 근본적인 원인에 대해 설명합니다. 사람들이 모든 것은 불변하고 사라지지 않으며 만물과 나는 하나가 아니라 별도로 존재하는 둘이라는 잘못된 견해를 갖고 있는 한 이 고통은 사라지지 않습니다. 이 고통의 원인은 모든 욕망과 화의 근본인 무지입니다.

세 번째 성스러운 진리는 모든 고통이 없어진 상태를 뜻하는 멸제(滅諦)입니다. 무지에서 벗어나 모든 것에 대한 집착을 끊는 것, 다시 말해서 모든 사물을 둘로 나누어 생각하기를 멈추는 일을 말합니다. 수행에서는 이 상태를 가리켜 몸〔身〕, 입〔口〕, 마음〔意〕이 짓는 세 가지 악업의 뿌리를 깨닫게 되었다고 합니다. 모든 일체의 생각이나 움직임에서 벗어난 의식 상태, 텅 비어 있고 거울처럼 맑은 마음을 갖게 되는 상태를 뜻합니다.

네 번째 성스러운 진리는 도제(道諦)입니다. 거울처럼 맑은 마음을 갖게 되었다면 이제 그 마음으로 고통을 끝내는 방법을 알아야 합니다. 바로 팔정도(八正道)를 실천하는 것인데, 이 길은 모두 바른〔正〕이라는 단어로 시작한다는 점에 유의하기 바랍니다.

하지만 동시에 절대적으로 무엇이 바른 것인지 명백한 결론을 내려주지 않습니다. 옳고 바른 것으로 향하는 길〔道〕을 깨닫도록 이끌기만 할 뿐입니다.

무엇이 바른 것인지 단정 지어 설명할 수는 없습니다. 만일 그 개념을 설명하려고 한다면 모든 현상을 바른 것과 바르지 않은 것으로 나누는 이원적인 사고방식으로 바라봐야 하는데, 이렇게 되면 그 길의 본질, 즉 이원적 사고로부터 자유로워지는 방법을 찾을 수 없게 됩니다. 우리가 극복해야 할 문제는 다음과 같습니다. 무엇이 옳은 것인가? 무엇이 중생들에게 도움을 줄 수 있을까? 무엇이 모든 부정적인 견해, 화, 욕망을 넘어서는 최고의 가르침을 깨닫는 데 도움이 되는가?

붓다와 그 제자들은 초월적인 지혜를 이야기하는《반야심경》이 나오기 전에 몇 년간 함께 모여 수행해야 했습니다.《반야심경》에 실려 있는 내용을 요약하자면 현상계의 모든 모습은 본래는 텅 비어 있는 것(無想皆空觀)이라고 할 수 있습니다.

무아(無我)와 공(空)에 대한 가르침(諸法無我印)을 이해하기 위해서는 먼저 우리들이 이 세상을 어떻게 바라보아야 하는지 알아야 합니다. 문제점을 제대로 알지 못한다면 해결 방법을 찾을 수 없고, 우리의 모든 슬픔의 원인도 밝혀낼 수 없습니다. 이 세상은 본래는 텅 비어 있습니다. 나란 존재는 없으며 영원히 변하지 않는 것도 없습니다. 끝도 없고 특별한 것도 없습니다.

그렇기 때문에《반야심경》에서는 "오온(五蘊)은 본래 아무것도 없는 텅 빈 것이며, 이 사실을 알고 나면 모든 고통과 절망을 넘어선다(照見 五蘊皆空 度一切苦厄)"고 말하고 있습니다. 고통을 만들어내지 않으면 고통 받을 일도 없다는 의미입니다. 고통에 대해 인식하지 못하면 나머지 세 개의 성스러운 진리도 알 수 없습니다.

〔오온(五蘊): 불교에서 인간을 구성하는 물질적 요소인 색온(色蘊)과 정신적 요소인 사온을 합쳐 부르는 말. 색(色)·수(受)·상(想)·행(行)·식(識)의 다섯 가지이다.

색(色): 물질성. 사람에서는 신체 / 수(受): 감각. 감수작용 / 상(想): 표상작용(表象作用) / 행(行): 의지(意志). 잠재적 형성력 / 식(識): 인식작용, 식별작용 – 옮긴이〕

이제 《화엄경》을 살펴보도록 하겠습니다. 꾸준히 수행을 해온 사람이라면 우리의 마음이 이 세상을 만들어냈다는 사실을 분명히 인지할 수 있습니다. 붓다께서는 돌아가시기 전에 제자들에게 "이 세상은 꺼지지 않는 불 속과 같다"고 말씀하시면서 영원히 변하지 않는 것은 없으며 수행이 중요하다는 것을 강조하셨습니다.

수많은 경전에서 이 점을 강조하지만 고통이 어디에서 시작되고 어떻게 해야 끝낼 수 있는지 알기 위해서는 수행을 해야 합니다. 수행은 붓다의 말씀을 몇 세대에 걸쳐 생각하고 또 생각하면서 고통을 끝낼 방법을 찾도록 도와줍니다.

28대조 달마 대사는 많은 일을 이루어냈습니다. 스승 반야다라(般若多羅, Prajnatara) 존자는 달마 대사에게 중국으로 건너가 진실한 다르마를 전하라고 했습니다. 중국에는 이미 오래전에 불교 경전이 전파되어 있었고, 수많은 절이 세워져 있었으며, 스님도 아주 많았습니다.

그런데도 달마 대사는 수행자가 되고자 하는 사람들을 위해 선의 네 가지 원칙에 대해 가르치기 시작했습니다. 중국 전 지역에서 온 많은 학승들과 나눈 대화나 그 당시 황제였던 양무제를 만나 이야기를 나누다가 미움을 산 이야기를 보면 그 일이 쉽지 않았음을 알 수 있습니다.

말이나 문자에 집착하지 않는 마음을 갖는 일이 가장 중요했기 때문에 첫 번째 원칙은 바로 경전에 의지하지 말라(不立文字)였습니다. 두 번째 원칙은 문자로 전해지는 가르침 외에 마음과 마음으로 전해지는 가르침이 있다(敎外別傳)는 겁니다. 그리고 세 번째 원칙은 자신의 본성을 직접 파악하는 것이 중요하다(直指人心)는 내용이며, 인간의 본성을 알게 되면서 비로소 깨달음을 얻게 된다(見性成佛)는 것이 네 번째 원칙입니다.

우리의 본성 속에서 우리는 모든 현상의 시작과 끝, 그리고 그 현상의 속성을 찾습니다. 우리가 좀 더 깊이 스스로를 바라본다면 이 고통을 가져다주는 외적 이유, 인간이란 무엇인지, 왜 이 세상 만물은 있는 그대로의 모습으로 우리와 연결되어 있는지를 더 이상 묻지 않게 됩니다.

달마 대사의 이런 가르침이 오랜 세월 전해 내려오면서 약간의 변화를 갖게 되었습니다. 6대조 혜능은 붓다의 가르침을 제대로 받은 자만이 후계자가 될 수 있다는 생각에 집착하는 동료들에게 살해당할 위기를 겪기도 하면서 절에서 하루하루를 보냈습니다. 그렇게 힘든 시간을 보내면서 그는 자신의 힘으로 깨달음을 얻었습니다.

혜능 선사는 가사(袈裟)와 발우(鉢盂)를 전수하는 제도를 폐지했습니다. 이는 곧 모든 사람은 공평하게 다르마를 공부하고 깨우침을 얻을 수 있다는 불교의 대중화를 의미합니다. 그 후 선종 오가(五家: 위앙종(潙仰宗), 조동종(曹洞宗), 임제의현(臨濟義玄)의 임제종(臨濟宗), 운문문언(雲門文偃)의 운문종(雲門宗), 법안문익(法眼文益)의 법안종(法眼宗). 중국불교의 선종을 가풍의 차이에 따라 분류한 것 - 옮긴이)는 아시아 각지로 전파되어 나갔고 그 열매는 오늘날까지도 우리들에게 생생하게 전달되고 있습니다.

20세기에 들어서면서 아시아의 승려들은 스승들로부터 서구 사회에 다르마를 전하라는 가르침을 얻게 됩니다. 그중 한 분이 숭산 선사이십니다. 스님의 끊임없는 노력으로 등불의 빛(the Light of the Lamp)은 이제 더 많은 사람들에게 다르마의 빛을 전하고 있습니다. 우리는 자신의 상황, 관계, 기능을 바르게 사용하여 사람들이 깨달음을 얻도록 도움을 주는 보살의 길을 갈 수 있는, 그 어느 때보다도 더 좋은 상황에서 살고 있습니다.

헝가리 승가를 대표해서 숭산 선사께 깊은 감사를 드립니다. 더불어 스님의 가르침을 따르는 많은 제자들과 신도들, 후원자분들께도 감사드립니다.

붓다의 말씀과 그 말씀을 전하기 위해 중국으로 건너갔던 달마 대사, 중국 전역에 붓다의 말씀을 전한 혜능 선사와 미국·유럽·아프리카와 호주에까지 법을 전달한 숭산 선사의 다른 점은 무엇일까요? 또 같은 점은 무엇일까요?

고통은 어디에서 오고
해탈은 어디에서 오는가

할!

청중들 모두 밝은 표정으로 말한다 ➤ 중생을 모두 건지오리다.

들어주신 여러분께 감사드립니다.

··· 싱가포르 〈세계일화 총회〉

Mind Mirror

Foreword

Ma Jo, the future 8th Patriarch (馬祖道一) did very hard sitting practice as a young monk. He encountered the Seventh Patriarch, Hwe Yang, (南嶽懷讓), who visited him. Not far from the main temple, there was a cave, and Ma Jo was sitting in there, unmoving, in deep meditation.

Hwe Yang asked him, "Why are you sitting?" "To become Buddha!", Ma Jo answered. Having heard that, Hwe Yang started to rub a tile with a stone right at the entrance of the cave. Ma Jo was enduring the noise for some time, but after a long while he exclaimed, "What are you doing? Are you crazy?" "I am polishing a mirror", Hwe Yang replied with perfect calmness.

Ma Jo became furious. "No matter how long you are rubbing the tile with the stone, that will never make it into a mirror!" Hwe Yang retorted, "No matter how long you sit, that does not make you Buddha."

Ma Jo was completely stuck. When Hwe Yang saw the clear and unmoving 'don't-know' in his student's mind, he gave the final words: "When your cart does not move, do you hit the cart or the horse?"

Upon hearing this, Ma Jo attained Enlightenment.

This book consists of several talks given in Europe on various locations from 2004 to 2007. As you will see, the teacher has a very simple job: Reflecting the mind of the student like a mirror. Then questions and answers meet, and meaningful teaching appears. It may seem that there are many kinds of questions and many kinds of answers. Nonetheless, all questions and answers point to the same direction: Our true human nature, which is beyond life and death, coming and going, good and bad, suffering and Enlightenment. It is clear like space, clear like a mirror. It reflects everything as it is: Buddhas, Bodhisattvas, gods, humans, animals, demons — the entire universe.

I bow deep with gratitude to my original teacher, the late Zen Master Seung Sahn, who turned the Wheel of the Dharma in those places where his students were open to his precious teaching. My sincere appreciation goes to all Buddhists, Sunims and lay people in the Korean tradition who helped teaching of the Buddhas and Patriarchs appear and stay in this world to save all beings from suffering.

In the second lunar month of the Ox Year, 2009.
Won Kwang Sa Temple, Hungary
Chong An

1

Freedom and obligation

The three types of energy
Working with hwadu and kongans
Hardships on the Path
Meditation and karma
Losing and gaining motivation
True strength and true self

Student Can you please tell us about karma?

Chong An Sunim What makes you ask this question?

Student Just now this question appeared in my mind.

Chong An Sunim How?

Student Don't know.

Chong An Sunim So, this is the most important teaching about karma. Our karma is created by our mind alone. Where does this mind come from? We say "don't know." That is our practice. If you truly attain this 'don't-know mind', (hits the floor) then you have complete control of your karma. This 'don't-know mind' is clear like space, clear like a mirror. In this mirror you perceive cause and effect. Then you have a choice.

Zen Master Seung Sahn used to say: Human being means 'no reason, no meaning, no choice.' What does this really mean? This is quite tough teaching. As you grow up from childhood, there are many ideas that come and go. Ultimately, we arrive at the stage where there is no ultimate reason, meaning or choice in our lives. We call this deep crisis, which is also the seed of realization. If we go beyond impermanence and we attain our true self, then big reason, big meaning and big choice appear. For this, the point of don't-know must become very clear. If this happens, we are free.

There are many kinds of ideas about freedom. Freedom from karma, for instance, what does that mean? Any kind of individual or group freedom, what does that mean? People are fighting over various ideas. This fighting is far from original freedom. Any kind of thinking, any kind of idea are not our original mind. When we attain original mind, original freedom appears.

Then the situation, relationship and function are also clear. Then we are free. Truly free. And, in this context, karma is neither good, nor bad. We use it. Karma is simply cause and effect. It is useless to think, "Oh, I have to go and find the place which is free from karma." As long as you are in this body, as long as you are in this world of name and form, there is karma. There is cause and effect. There is time and space. Karma is not good or bad. But do we perceive it clearly? Do we use it clearly for all beings? If the answer is yes, there is no problem. More questions?

Student What are the hardships at the beginning of Zen practice?

Chong An Sunim Oh, that is the easiest part. Hardships at the beginning Zen practice, that doesn't exist. Most people's mind is pure beginners' mind at that time. They may have some suffering on the surface, but this is comparably less than the amount they do not see.

Later nonetheless, people have to quit theorizing about ideas like enlightenment, attainment, etc. and have to get down to business. When you read the Zen masters and you believe it, that is the golden age. The real golden age. Hardships begin when you really get into it and start to sit and you look inside because you are told to look into your clear mirror and keep your mantra or hwadu.

This is the time when hardships begin, because you see things you don't want to see. When you sit and you ask, "What am I?", all kinds of karma appear in your mind. Your past karma appears, your present karma appears. Also you future karma may appear. Many times, when you look at cause and effect flowing through you, through your being which you may call 'I', you don't like it. Then you say: "Uggghhhhhhh, too much. Too much, too much! This practice can not be correct. I don't see what I want to see, so maybe this practice is not correct. Maybe I will go and do something else to become happy, because I am doing this practice to be happy. If I am happy, the whole world is happy."

You put up all these explanations and ideologies just not to see the truth. That's when difficulties start to happen. And then, when you overcome them, the second type of difficulty can appear: you have responsibility. Because you perceive that you make everything. You cannot blame anybody. This kind of responsibility appears. What kind of action do you do? How do you relate to this world?

Then you realize: nobody controls your life. Nobody. Not God, not Buddha, only you. This big responsibility appears. In Zen terms, this means 'growing up'. 'Growing up' also means growing pains. You cannot blindfold yourself any more. And that is not fun. Sometimes it has a feeling of liberation. But all of us in this room have been practicing sincerely, and may have had just one moment of clarity. If so, we know: this is not fun. It is what we call "the universal obligation of a human being."

How do we pay back the air, the water, the earth, everything that we use here as humans? Our body is made up of the five elements. We get constant nourishment. How do we repay all that? How do we relate to this universe? That is the question! And when you realize your responsibility, it means you grow up. But it is by no means easy. Beginning time, Zen practice is wonderful. As you grow into it, it gets little heavier and heavier, and if you do it correctly, then you grow up. Then you realize that your suffering is not your suffering, it is this whole world's suffering.

Originally, this whole world, this whole universe is clear. "Only do it." without thinking means you pay back. That is your original obligation, human obligation. When is Zen practice fun? I tell you when: when you don't think about it. When you just do it — then it just happens. Okay?

Student If you keep on doing some good act, then becomes good karma. When you are attached to it, becomes bad karma. Does this what you mean?

Chong An Sunim I give you an example. In almost each and every society on earth, there are many war veterans. Eventually, they return from the war to the homeland, but some of them still have war mind. In many cases, huge problems appeared. If they cannot control their previous karma but they are already in plain clothes, then big trouble may come: suddenly anger mind appears and shoots are fired, "Pchiiiuuu... How did I do that in the battlefield?" (taking the Zen stick and pretending it is the gun, ready to shoot). That is not correct: the illusion of the past is still reality in their minds. More questions?

Student When I am only doing something, I get some energy. I can feel that. So, if I am doing something, if I expect that, I may get some energy by doing it. Is this good or bad?

Chong An Sunim Expectation is very tiring. Do not expect anything. The last week my student and me, we went up to Bong Jeong Am in Soraksan. It is a very steep climb, almost 10 kilometers non-stop, up, up, up. By the end, it was wonderful because all thinking was gone. Totally, absolutely gone! Your only concern was: put one leg after the other. That was it.

If, besides all this, you continue to expect to get up to the peak, murmuring all the time, "Oh, when do I finally get up there, and do I get some energy out of it or not?" This mind just totally ruins it. Worse, it tires you off.

It is clear that at the very moment, when thinking appears, all energy has to go back to the tantien. To no-thinking point. To the breath. Otherwise you just fall off the path. You can get to this point in high altitude climbing, for instance. We did not go that far, but it was clear. We pushed it to the limit and beyond. Seven hours straight — it was beautiful practice. When you reach up there, you are happy to just breathe, walk and drink. That's it! Energy appears out of no thinking.

Expectation is thinking. Expectation takes this energy away. No thinking means that you and the universe connect completely.

Let us look at this more deeply. We use three types of energy. The first is won gi, original energy, which is in your body. We are born with it. Next is kong gi, which is empty energy. This is the connection between our being and this universe. For human beings, this is breathing. And Dae Gi is universal energy, which holds time and space and all the forms in space in their places. It is the basic interactions of matter. That is how this whole thing around us can exist. Without Dae Gi, this tree doesn't stand and the earth is not solid, and so on. And when these three combine, we call it hap gi, unified energy. When you are attached to anything, thoughts, feelings, perceptions, impulses or any kind of consciousness, you disconnect from Dae Gi. Then your "I, my, mine" is constantly spinning, spinning around! That's so exhausting! When you see depressed or maniac people, that is what happens to them.

When you sit a retreat or do something very one-pointedly, with one mind, then all forms of consciousness are gone, therefore you and this universe become one. That is when this great energy appears!

Beware that the appearance of energy does not necessarily mean that your mind is one hundred percent clear. I am sure you know that. For some people, some great energy appears and soon after that some stupid action follows. Why? Because they think: "Now I can do anything!" Anything can be done. It is true. But if the 'I' is the boss, then you have a problem! That is also very clear.

Great energy can appear, but treat it as if it had not appeared. Recycle it back to you tantien, to your Dharma bank. When necessary, use it. But don't make this: "Now, I have a lot of energy!" or: "Now, I am very tired." Every time, when you just — breath in, breath out — return to don't know. Then you are connected. Then you have as much as you need. Always, all the time.

Student If I do meditation, I should have some rest. But after the retreat, I have a lot of energy. Instead of resting, I just do what I want, and get more energy. It is hard for me to adjust to the outside situation after I came from the meditation.

Chong An Sunim If you check anything, it is always hard. Don't check. Now a little checking mind appeared. This is not necessary. It is like painting legs on a snake.

Don't check — only perceive your direction, and follow that. If you are tired after meditation, rest. If you want to do something, and you have no doubt or any kind of dualistic thinking about it, do it. Cause and effect will always show you the result clearly. Perceive and do it. We call that "just do it." Don't check yourself or anything, anyone else, okay?

Student Can you talk a little bit about teaching in Europe?

Chong An Sunim When I first landed in Europe, I had this in my head: "Any kind of task, any kind of situation, no problem." And it went like that pretty much all the time. But, as I was teaching more and more, this enthusiasm has changed into a more careful approach. Too much enthusiasm invites unnecessary events and unnecessary things. Not enough enthusiasm or insufficient energy just do not have the desired effect. Then the Dharma cannot reach people's consciousness.

What we say should be understood clearly. When understanding becomes too sweet, students become attached to the teacher. This is neither good, nor is it necessary. If students do not have enough understanding, they feel they cannot start practicing. Understanding is like an insurance policy for the intellect: most of the time it is useless, but you must have it, otherwise you feel insecure.

The most important thing is to make students believe in themselves. When people depend on any authority or higher worldly power, it takes away their initiative and self-rule. Instead of clear action, they render themselves to speculative thinking. Speculative thinking means that instead of doing it, you speculate on a workaround, some hidden or secret way how to bypass the authoritarian and oppressive regime. Thus, speculative thinking as a habit becomes a major hindrance on the Path. Your direction should never depend on any outside authority and your relationship with that.

It is impossible to bypass or work around clear practice with some speculation. This is why our great teacher, Zen Master Seung Sahn taught "Don't think — just do it!"

However, a prolific thinking mind requires more patience and more compassion from the teacher. If I hit the floor too soon (hits the floor) to demonstrate primary point, the students will get shy or angry and go away. It already happened before. Some of them feel it as an offense or something remote or abstract, something that they don't understand. If their minds receive enough explanation, they attain at least a little bit what this is (hits the floor). Then it is possible to teach them. Europe taught me to go cautiously and a little slower than my usual habit is. That was very good.

During teaching, I have to keep one hundred percent connection with the audience, as always. But in Korea and in America, since people have different karma, it is little easier to talk simply and directly. In Europe, I had to slow down to really perceive what kind of thinking these people have and what kind of mind food they need. If they get that first, then their initial appetite or hunger is satisfied. Then one more step is possible.

I heard that the time when Zen Master Seung Sahn went to teach in different places, Europe was the most difficult for him. I asked Dae Bong Sunim, why. He said, "Because there are so many small local cultures, and every culture has a little different thinking." Well, frankly speaking, not a "little" different. Much different! If you go from Hungary 100 kilometers north, there is Slovakia. If you go west 300 kilometers, there is Austria. Again north 100 kilometers, Czech Republic. In America, these are not distances. You drive that long to go to work sometimes. Some people commute three hours every day. In Korea, it is also not so much about culture change within these distances. But in Europe, and especially in this belt of Central and Eastern Europe, there is a lot of change within a small distance.

Anyone who teaches in these countries should adjust and observe the needs of all these places and people. Then we can spread the Dharma correctly and help all beings with that. Other questions?

Student Something appeared in my mind when you were talking about difficulties that you have in Europe. You said that Korea is easier. Sometimes I have a feeling that people here do not exactly believe in themselves but they believe in Buddha or some kind of idea or religion.

Chong An Sunim That is a huge advantage. Only one more step is necessary.

Student That is an advantage but not always. For women's practice, it is a big disadvantage.

Chong An Sunim For women's practice it is a disadvantage? What do you really mean?

Student Traditionally, Buddhism teaches that being a man is better for practice and you can become Buddha when you are man, but not when you are woman. When you take the full Bhikkhuni precepts, then you have to vow that you will be reborn as a man. I have seen many nuns in Korea, also in Taiwan, and they have this in their minds. They believe in Buddhism, so they also believe what Buddha said is written in the sutras. This includes that they cannot attain Buddhahood because they are not men. The first step towards that is to become a man next lifetime. It is weird for me to see this. How can you respond to this kind of mind?

Chong An Sunim Jo Ju Zen Master, when they asked him — "Does a dog have Buddha nature?" he said, "Mu." If anybody is interested who gets Enlightenment first, whether a man or woman, then they should get on this kongan and meditate very deeply on it. We don't go into any thinking about who goes first. It is not necessary.

The Buddha teaches that every single being with body and mind has Buddha nature.

If somebody believes in some kind of thinking as absolute truth, even if it is Buddhist thinking, it becomes a huge hindrance. If it is any other kind of thinking, it can be even a bigger hindrance. So, somebody believes in Buddha and in the Buddha's teaching and all the commentaries of that teaching. Fine, no problem. If they become attached to it and identify with it, it becomes hindrance this quick (snaps fingers). Nonetheless, as I have pointed out, it is far easier to point people with Buddhist thinking to the right direction, because they have the basic concepts. Maybe they haven't seen the relativity of thinking before, but it what they think is in the same area, therefore a little easier to correct than dealing with many other kinds of wrong views. Other questions?

Student I cannot concentrate on practice. This is my hindrance when I try to practice.

Chong An Sunim Where is your hindrance? I cannot see it.

Student My body can sit pretty well. But my mind is completely scattered. That's my hindrance.

Chong An Sunim You keep checking your mind, that becomes your hindrance. Your thinking can go from one place to another, but your original, clear mind does not move.

Student No, no, no. It is my thinking mind which moves. I know.

Chong An Sunim Then why are you asking me the question?

Student Because you asked whether we have any questions. (laughter from the audience)

Chong An Sunim Smart mind, smart mind, never gets anywhere.

(laughter from the audience) Learn this from Man Dok, this dog next to the gate. He is sometimes chasing his own tail. (laughter from the audience) Any other questions?

Student Is your practice your idea?

Chong An Sunim Is your question your idea?

Student (hits the floor)

Chong An Sunim Only that?

Student (shouts) KATZ!

Chong An Sunim Understand one, do not understand two. What is happening right now? (laughter from the audience)

Student I understand...

Chong An Sunim You understand one, but don't understand two. What is happening right now? Come on!

Student (stays silent)

Chong An Sunim You don't know? If you don't know, then answer appears soon.

Student (looks at the teacher in complete silence)

Chong An Sunim Looks like more practice is necessary...

Student Is happiness caused or uncaused?

Chong An Sunim Where does happiness come from?

Student From my mind.

Chong An Sunim Where does your mind come from?

Student (hits the floor)

Chong An Sunim Only that?

Student The floor is yellow.

Chong An Sunim Oh, very good. Very good. One more step appeared. Keep that mind. Then happiness will always be with you without saying. Small happiness appears, disappears, appears, disappears. Great happiness never proclaims itself. It is just there. These mountains never say every morning: "Hello, nice to see you again. Thank you for waking up and going to the Dharma Hall." Mountains do not talk about themselves. The sky also doesn't say: "Hey, do you see that I am blue?" It doesn't happen like that. It is there. Our true self endures. Never comes, never goes. By attaining this truth big happiness comes, without words and speech. Keep this mind in any situation, any condition.

Student How do we work with hwadu?

Chong An Sunim When your energy is in your tantien, and you put your question there, the words of your question disappear. Hwadu as a sentence disappears. True hwadu has no words. The original question has no words at all. Otherwise, your mind would be moving all the time. When you practice correctly, your thinking disappears. Your hwadu, your true hwadu is down there in your tantien. It absorbs your dualistic thinking like a dry sponge would absorb water. You return to original mind, our substance, which is clear like space, clear like a mirror. In this mirror, you see everything as it is, the whole universe appears truly as it is. Bird comes, you see a bird. Mountain appears, you see a mountain. This is truth. And next, there is function: when people are hungry, give them food. Others are thirsty, give them drink. These three, substance, truth and function are the three pillars of our practice, and the hwadu, the gate of no-thinking is the way to attain them.

Student How long does it take to overcome thinking? For some of us, it seems an endless struggle. I really wish it could happen all at once, as the teaching of the Sudden School says, then we would be completely free.

Chong An Sunim Did anybody say that all your karma disappears overnight? I mean, why are some people practicing for 30 years? Come on! Karma just does not disappear right away. We have so strong habits, and you know that.

There are many things that are sweet. Among them: chocolate, hobakjuk and thinking. They are all very sweet. Thinking is the sweetest of all. Besides we have all our sense organs mainly, nearly all of them located above your neck. So all the energy comes up here (points to head) to see, to smell, to taste, sometimes even to touch, and most of all, to think. It is all up here.

Bringing this energy back to the original point, before it becomes feeling, speech or thinking, is something we may not be used to, even if we have Buddhist karma or some practicing karma. When we return to beginners' mind and try, try, try, practice more and more, it becomes very familiar, then we can do it all the time. It is as simple as that.

Sometimes in the course of practice, the brightest and fastest drop out. Be happy that it doesn't go to fast. You still have got something to solve, some practice to do and become mature in the process. In America, we had one of the famous 'fast' stories. There was a one week meditation practice in Cambridge Zen Center in the early eighties. There was a woman, who entered the retreat and finished the Ten Gates, our most important kongans we use, in just one week. At the end of the week, she said, "Zen is boring." She left and went to practice in some other Buddhist tradition. For most of us, the kongans of the Ten Gates take years to solve. This is correct. It has to take years. This is our job. While doing hard training, you lose much of your heavy karma.

If something is too easy, it does not help you become more clear and compassionate. If there is progress, you have a good chance that as you go into it more and more, you develop true practicing mind. It means that your mind stays clear always, all the time. Not just during formal practice, but any moment in this life, tantien is very important. When we return there, we also return to true 'don't know mind'. Thus, our mind really becomes clear. Then we are complete.

If it doesn't happen overnight, don't worry. However, if you keep practicing, it will come inevitably. Originally, there is no hindrance.

Student It sounds like meditation never ends.
Chong An Sunim Does it ever begin? (laughing from the audience)
Student Never ends and never begins.
Chong An Sunim Good, so where is the question?
Student I would like to see the end.
Chong An Sunim All right. Can you relax a bit? (laughing)
Student Yes. (lies down on the floor, laughing from the audience)
Chong An Sunim (Smile) Little bit attached to body... Meditation means you relax inside. That is original relaxed mind. Original relaxed mind is not this (showing relaxing body), when you throw yourself on the floor and lie down like an ant turned upside down.

When you put it all down, and you don't make this "I, my, me", then it is truly relaxing inside. All your troubles which came from I, my, me, they finish. That is original relax mind.

Student One more thing. Zen Master Seung Sahn used to say: "Put it all down! Put down 'I, my, me' mind!" However, as I am practicing nowadays, I feel that my 'I' is getting stronger. So, I am a little bit confused. What is this strength? Is my ego becoming stronger by practicing?
Chong An Sunim Becoming strong is different from having a strong 'I'.

Student Okay, but...

Chong An Sunim Which one do you have?

Student Actually, there is 'I' in my mind. Yes. That is my problem. Yes.

Chong An Sunim I feel so sorry for you. (laughing from the audience) But, you know, you are not alone with this. Anybody in this room has this kind of problem, right? So, how do we deal with that?

It is already clear. Look at this. Where does this 'I' come from? When you practice "What am I?" or "Where does this come from?" or "What is this?", then you get to this point. (hits the floor) Then true energy appears, original energy appears, and all your thinking which makes up this 'I' disappears. I explained this before. You and this universe became one, because you are not thinking. Then great energy appears, unified energy appears.

However, if you say: "I am this energy" or "I am strong", then problems come right away. Don't be shy of this strength, but don't make it into an 'I'. Zen Master Seung Sahn taught not just to put it all down so that you and this universe become one, he also said, "Don't make anything!" This is number one important teaching. Don't make anything. Because if you make something, and you hold on to it, you are attached to it, then don't be surprised. It happens all the time.

People always have to be very clear not to make anything and if they make something, don't want it. Don't hold it. Don't check it. Don't attach to it.

Student One day a Sunim said during his Dharma talk, that the most dangerous person in the world is somebody who is certain about something one hundred percent. And after that he said: "Zen means, believe in yourself one hundred percent." What is the difference a dangerous person and the one who believes in oneself one hundred percent?

Chong An Sunim You ask that Sunim about this.

Student I am asking you, Sunim.

Chong An Sunim Do you believe in yourself one hundred percent?

Student Not yet.

Chong An Sunim Not yet... So, when you believe in yourself one hundred percent, then you attain the answer to this question. I don't tell you.

Student How many percent do you believe in yourself, moment to moment?

Chong An Sunim Moment to moment?

Student Yes. (laughing from the audience)

Chong An Sunim What color is this Zen stick?

Student It is light brown.

Chong An Sunim It is light brown. Do you believe this one hundred percent?

Student Yes. Because I can see it.

Chong An Sunim Correct. Very good. This is how you begin. And, moment to moment, keep this mind. Then, even in very strong situations, in very strong conflicts, it will never go away. That is why Zen Master Seung Sahn said, "The whole world can be upside down — your true self is never upside down." More questions?

Student I have one more serious question.

Chong An Sunim Serious?

Student Serious.

Chong An Sunim Truly serious? (laughing from the audience)

Student Very serious.

Chong An Sunim Okay.

Student Serious question about kongan practice. Our practice is a kind of process. It is getting quite difficult for me. I just don't care about kongans.

Chong An Sunim Yes.

Student So, this practice does not seem to be such a good approach.

Chong An Sunim What is the question?

Student How can I overcome this? How can I find a value of working with kongans?

Chong An Sunim Well, if kongans are not interesting for you, then I have bad news for you.

Student All right. Go ahead.

Chong An Sunim Do you really want to have interest in kongans again? Do you really want to get down to it and deal with it again?

Student If not, I would not have asked you this question. I am serious about that.

Chong An Sunim Yes. I am also seriously replying to the question, because if you don't want to deal with it, then it is lost cause. If you want to deal with it, I give you some teaching.

Student Okay, give me that teaching.

Chong An Sunim If you do not have your original motivation, because sometimes you run out of fuel, get yourself into some challenging or suffering situation. Challenge or suffering are the best fuel if you run out of your Dharma juice. Sometimes we see the path pretty clearly, and when you have some motivation to practice, you do it, just do it, just do it. But sometimes you hit a thick wall of karma. Then you are flat down on the ground, moaning, "I am not interested. I am just kind of in between, taking a little break." This is a very dangerous point. It is between life and death. Not beyond life and death. It is in-between. It is not clear. If so, then get yourself into some tough situation to wake you up. Even this is not so easy for you: as a nun, living in this temple, you cannot afford to make big mistakes, because if you do, then the temple suffers.

If so, then find a situation which can really hit and teach you. This gets your motivation back. Sometimes students are like good horses. They jump at the shadow of the whip, just by seeing cause and effect. But along the way they can become lazy or unmotivated. Then they become horses which have to be whipped until they bleed. You have to suffer until your blood comes out. Then you jump.

Now, if you recognize yourself as being the hard-headed, stubborn horse, get yourself a horseman which hits you. Get yourself into a situation which seriously gives you an edge, a challenge, some kind of crisis. Okay?

Student How can I get into a crisis which challenges my whole being, my whole life?

Chong An Sunim I will just throw you off from the cliff above Mu Sang Sa. Do you want that? (laughing from the audience)

Student Okay...

Chong An Sunim After this Dharma talk, we walk up to Guk Sa Bong and then you get some suffering. It is very easy! Just hang yourself from the cliff by your hand and ask yourself, "Want to go or not?"

Student You know, this place is amazing. I have not been in Europe for many years. It came to my mind that if I go back to Poland it would be probably like what you just said.

Chong An Sunim Could be.

Student It could hit my mind if I see my family and my friends, how they live and how they are suffering. This place is like heaven.

Chong An Sunim If you get sleepy in heaven, then you need a wake-up call. I am serious. It is much better than wasting your time, if you are sleeping in heaven.

Student How do I get that wake-up call?

Chong An Sunim Follow your unfinished karma! Then you land in the middle of the deepest shit. And then you definitely want to get out. More questions?

Student I never answered a kongan. Can it be answered in some better or worse way? Sometimes old ideas come out without thinking. It is like an old habit. How can I correct that?

Chong An Sunim That's why you need a teacher. You cannot correct that alone, as you don't know the answer to the kongan yet. One advice about kongan practice. Do not entertain any ideas about it, please. If you do, you block yourself and you make yourself a miserable time during interview, because your idea is between you and the solution. The teacher sees it and hits it. This is his or her job. If you keep being attached to the idea, the solution never comes, because you cannot become one.

During the interview, minds become one. That is why we have interviews. Pure and clear situation. Teacher's mind, student's mind, question and answer mind — they are originally the same.

You cannot do kongan practice alone. Your teacher reflects your consciousness more clearly than you can at that moment. This is the greatest help you can get. A true teacher does not want you to believe anything. He or she simply helps you to see your mistakes, correct them and attain your true nature to help this world.

Student This will never happen.

Chong An Sunim You say "never", then never.

Student But it is so frustrating to think about that!

Chong An Sunim Then you make yourself a problem.

Student Yes, I know.

Chong An Sunim Don't frustrate yourself over it. It's useless. It's a waste of your time, it's a waste of your energy. Just return to your 'don't-know' mind and stay with it. It is a true treasure.

Student Could you tell me precisely what is don't-know mind?

Chong An Sunim (hits the floor) Do you hear this? This moment, your mind is not thinking. When your mind is not thinking, it goes beyond life and death. It returns to the original point, before life and death. That's 'don't-know'. That is our practice. The primary purpose of the interview is not just answering the kongan. The purpose is to attain 'don't-know'. The answer is the by-product. It happens. It comes after a while, because your intuition, your true self, or whatever you call it, finds the answer. Then you need another kongan to keep don't know mind. It is like that.

Don't be sad, because many great, bright, intellectually gifted people with pure heart and motivation lost heart when they said, weeping: "I could not answer my kongan for three years." Ladies and gentlemen, Bodhidharma sat in the cave for nine years! So, what is the problem? I always tell students that they should not be discouraged when they don't answer the kongan.

When we sit and we have don't-know mind, it is our true treasure. It is clear like space, clear like a mirror. That is what we want. Kongan is just a means to an end, a clear teaching on situation, relationship and function. When you answer the kongan, what happens? You get another one.

Student (Making a gesture like shooting herself in the head)

Chong An Sunim No, no, no, no. That is not the solution. Then you get another body. That's different. Getting another kongan is much easier than getting another life. (laughing from the audience) You have to be born in a correct place, meet the Dharma again, meet a correct teacher again, get Enlightenment and save all beings. These are very big tasks. But getting another kongan is very simple.

Student Can you see someone's karma?

Chong An Sunim Would you like me to see your karma? (laughing from the audience) I would not do that even if you asked me to. That is not my job. It is your job, okay? You practice, you see it for yourself. More questions?

Student I am just beginning to do meditation, but sometimes, when I am meditating, I feel like I am stuck in some sort of emotional state... Maybe I feel anger, and behind the anger I feel some sort of pain and I go through this pain. I feel like it is opening up around my heart. I am wondering if this is also just illusion going around and around, or whether this is part of the process of bringing an end to "I, my, me" I am not sure what to think about it.

Chong An Sunim Do you really want to think about it?

Student No, I don't want to think about it, but I don't want to be going down the wrong way.

Chong An Sunim Our meditation is about not moving body, not moving speech, not moving mind. That means you are not going anywhere. There is no path, okay? *The Heart Sutra* says; no path, no cognition, no attainment. That is our meditation. So, anything which appears in your mind is not what we are looking for. It's not good, not bad. But appearance and disappearance are impermanent. But what is it that sees them?

Any time some strong emotion appears or strong thinking appears, return to that which sees it. That is our job!

If you are attached to anything which appears or disappears, it brings you back to the same old karma you always had. Feeling good, feeling bad. Thinking high, thinking low. Only that. So, don't check your emotions, don't check your thoughts, just perceive them in your mirror. Return to 'don't-know' mind.

It is more simple than this speech can actually define it. If you want to think about it, if you want to put them into analytic boxes, you put yourself into trouble, sorry. Logic will not help. That's where the West really lost it. When contemplation went out of Christian practice, only prayer remained. Can you imagine Korean Buddhism with only kido and no chamsoen, no Kyol Che? That would not be the same, right? So, don't define it. Don't think about it. Reflect it. And don't want to go anywhere. This is moment is a wonderful place, a wonderful time.

Student If there is no not-moving mind, is everything an illusion then? And if we wake up from this illusion, is that not moving mind?

Chong An Sunim Moving mind, mistake. Not moving mind, also mistake. We just use it as teaching words. Moving mind, not moving mind — opposites. But your true self is beyond these opposites. If you attain this point (hits the floor), then your center can be anywhere. Also, any kind of action with correct direction, no problem. You can do anything. Don't attach to teaching words. If you attach to the word of the teaching, you don't get the real meaning of practice.

So, I hope all of us here will be practicing hard, follow our original direction clearly, and walk on the path of the

Bodhisattva. Then we can attain our true self, wake up from our illusions and save all beings from suffering.

Thank you for your attention.

• • • Mu Sang Sa, Korea

2

Why were we born?

The Four Noble Truths
The fourteen unanswered questions
Don't know and compassion
Sutras and Zen
The transmission of the Dharma

Katya, Zen student, giving introductory talk Good evening, everybody. I'd like to tell you how I started this practice, how strange it was and how deeply it influenced my life. This is like a kind of adventure, which is just a dream one day, then suddenly, I was not the same as at the beginning. My sense of 'I', how I saw and felt myself as a human being, my relationship to the world — they all changed.

Frankly, I was not quite ready for this. I did not know what was going on and what was really the reason for all this. At first it was not even clear why I'm doing it, but suddenly after some period of trying to practice regularly, I discovered that something happened in my life and the influence was so deep that I started to have a completely different approach towards what we call meditation practice. That was very important. A wall, which I can only call "self" or "ego", started to become thin or even melt away at times. I never expected this — but I would like to follow this path because it's very meaningful and useful for me, and I believe, for all beings. Thanks a lot.

Chong An Sunim Thank you, Katya. Now, if any of you have any questions, concerning the Dharma, Zen practice, or life in general, feel free to ask.

Student I have a question. The main question for me is, why this practice appears and why we practice.

Chong An Sunim Why were you born?

Student Where?

Chong An Sunim No. Why?

Student Why?

Chong An Sunim Why were you born? Why did you come into this world?

Student I don't know.

Chong An Sunim That's why this practice appeared. Do you know how many human beings understand why they were born? Very few. Do you know how many asked the question, "Why am I here?" Very few. So, for those few, this practice appeared. When the Buddha attained this point, (Hits the floor) he perceived that "The whole universe is created by mind alone." The Buddha also saw that this truth is so profound that he almost stopped teaching it. In fact, he almost did not start teaching it. But, as the Avatamsaka Sutra says, the gods of the highest heaven, including Brahma, the supreme creator, descended and said, "Please Lord Buddha, do not keep this teaching undisclosed, because there are beings on this earth whose eyes are covered with just a little dust. For them, please teach."

If you look around, practicing meditation or practicing Zen has never really been too popular. Following Buddhist thought and ritual, following some other religion, following some idea or idol, that's always easy. You just have to believe it and you go through the motions. It gives some kind of stability, a sense of community, a kind of belonging — all that a human being needs usually. But when we talk about Zen practice, we don't mean that. In fact, it's very far from that. Zen practice means that we attain exactly the root of these questions: "Why are we here? Why were we born and why do we die? What is the meaning of this really paradox thing that we come into existence, live a life, then we depart from this world?" Nobody knows when we have to go. Even if you have an idea, dream or something, that can change overnight.

Why spend this very short stretch of time, 70-80 years or less, on this earth? Why? Was there anything before? Is there anything after? What is this? So, the Buddha, like many other great human beings, explored the questions and attained the answers to them. There are questions to which he attained answers, but refused to teach. These are the classic "Fourteen Unanswered Questions." The origin of the universe, the origin of the gods, the origin of human consciousness... all of them are very, very interesting, but he declined to say anything about it.

Then we come to the point, the real point of this question — why he did not answer the "Fourteen Metaphysical Questions?" They asked him several times repeatedly. He said, "Because that does not reveal the fact of suffering, the cause of suffering, the end of suffering and the way to end suffering." If disclosing the answers to the "Fourteen Metaphysical Questions" would have revealed the Four Noble Truths, he would have done so. He did not.

He dealt specifically with impermanence, conditioned existence, cause and effect, and the fundamental nature of the Dharmas. We call it selflessness or "existence without self." That's the core of all he was teaching about. Because teaching about anything else does not touch the root, does not touch the essence of our existence here.

Later in China, when Zen Master Jo Ju saw the monks who were studying sutras, you know, the Buddha's collected teachings, he said "Oh, precious is the golden dust, but still it hurts your eyes." Even the Buddha was aware of that. He was teaching just the most profound, most important things. Why we were born, why we die, how and why we spend our time on this earth. Any other questions?

Student Feels like being ignorant to ask questions of such important matters...

Chong An Sunim Ignorant question is a good question.

Student It feels sometimes like there is very thin line between 'don't-know' and 'don't care'. They seems to be very little difference between good and bad. So, why care about being compassionate? Why care?

Chong An Sunim I ask you, what is 'don't-know'?

Student Don't know.

Chong An Sunim Open mouth — mistake!

Student Mistake...

Chong An Sunim Words and speech appear, don't know disappears. I ask you, what is don't know? (Student hits the floor) Correct. So, when you attain this point, (Chong An Sunim hits the floor) you and this world become one. That's the birth of compassion.

Student This?

Chong An Sunim When your mind and my mind become one, that's when compassion appears. When your mind and the suffering cat's mind become one, that's compassion. So, 'don't-know' means 'no I'. When you have some "I-my-me", it's all based on some kind of thinking and attachment to thinking. 'Don't-know' mind has none of that. 'No I', okay? That's the natural birthplace of compassion. You don't need to know anything for that. You just have to put down your karma and leave your attachments to "I know" behind. Then, naturally, you and this world become one.

Next: 'don't care'. 'Don't care' is very easy. 'Don't care' means you have an idea and you put that idea before what you see, hear, taste, smell, touch and think. Even your clear thinking is clouded by the idea, and then you don't care. You simply do not observe — so you don't care. You just leave everything, you just follow the idea and leave everything behind. You don't see clearly, hear clearly, taste, smell, touch and think clearly. Because of the idea, you and this universe become separate. So there is a very big difference between 'don't-know' and 'don't care.'

Student Yes. Thank you.

Chong An Sunim You're welcome. Other questions? Any kind.

Student I have a question. Do you read sutras?

Chong An Sunim Yeah.

Student Sometimes?

Chong An Sunim Everyday.

Student What kind of sutra?

Chong An Sunim What people are doing to each other every day in this world. We can see this, hear this all the time and everywhere. I ask you, what's the meaning of 'sutra', do you know?

Student Not the same.

Chong An Sunim Not the same?

Student Yes.

Chong An Sunim Alright. Compared to the standards of sutra monks who study sutras for ten to twenty years, I'm illiterate. I'm a barbarian. But with practicing Zen and looking at this world very clearly, you perceive what sutra monks read about and may never practice in their lives. Sutra means "teaching". Sutra is the word of the Buddha. How about attaining the **mind** of the Buddha, where these scriptures were born! Get to the factory. Don't just eat the chocolate till you spoil your stomach.

I have read a lot of sutras because I was interested. I have benefited from it. You could hear a few facts that I quoted from sutras I've read. But I do not quote sutras to give Dharma speech, you know. It's coming from a different place. It's not from here. (points to head) When this mind creates the world, you see what people are creating moment to moment if you just log on to your favorite news site on the internet. Moment to moment, it's clear what kind of cause and effect people are making. That's the real sutra. You want to see the result of our compounded karma, our collective human consciousness, walk around the streets and look at people. Look at their faces, look at their eyes, their actions, the way they walk, the way they handle themselves. That's direct teaching.

Sutras appeared when the word of the Buddha and the Patriarchs were put into writing. They are not good, not bad. But to mature them into wisdom, you must have some kind of intuition, some kind of clear mind, which is before thinking. Our practice is to attain the **mind** of the Buddha, and in that sense it does not matter whether you are aware of the of sutras or not.

What we need to be aware of is very clearly outlined by Zen Master Seung Sahn in *The Compass of Zen,* and of course people are welcome to read this as much as they want. But Zen practice means a working, functioning mind and that begins with the kongans. You go into the interview room, and your mind either functions or it does not. We practice live teaching, live practice, where sutras do not help you. If people are ready with their solutions to those situations in the kongans, then they are ready for solving big problems or answering big questions in their lives. So, in brief, that's about sutras. Do you like sutras?

Student It's difficult to say...

Chong An Sunim The only reason why I'm emphasizing independence of the scriptures is because it's one of the Four Principles of Zen. Students diligently followed the scriptures for a thousand years after the Buddha passed away. In this period of time, tradition became very comfortable. They were living on sutras, feeding on sutras, forgetting that the Buddha did not read sutras to attain Enlightenment. So, following sutras is just an intermediary step. It's an important step, but it's only in between non-practicing and practicing independently.

In Bodhidharma's time, the four principles of the Zen appeared. The first says, "Do not depend on the scriptures." Next, "Transmission from mind to mind." Third, "Directly pointing to human nature" and "Attaining Enlightenment by attaining your true self." Most of the sayings and actions of Zen are on top of this huge sutra learning pyramid. Only the last stone is missing. And that is this. (hits the floor) Why? Where do the words of sutras come from, I ask you?

Student Where?

Chong An Sunim Yeah, where do the sutras come from? Where does this teaching come from?

Student From Buddha.

Chong An Sunim What is Buddha?

Student Who? Buddha?

Chong An Sunim I'm not asking about a person. I'm asking about the mind.

Student Historical Buddha or...?

Chong An Sunim Awakening, because Buddha means "awakened."

Student Yeah, uh-huh.

Chong An Sunim That's not so important. But what he attained is important. So, I ask you what is Buddha mind, because it's the Buddha mind where this comes from. What is Buddha mind? Do you know?

Student It's not important now.

Chong An Sunim What is important is the source. Without the source, you cannot understand the sutras correctly. If you attain the same as the Buddha, then you attain the sources of the sutras. Okay? (hits the floor) This mind. The mind which is before words and speech, which is clear like space, clear like a mirror. We call that Buddha mind. When you attain that, you understand all the sutras correctly. But if you have thinking, if your mind is not clear, you cannot understand the sutras correctly.

Even if you are just reading sutras and want to follow the rules which is wonderful, you need to have clear mind. Without clear mind, not possible. Lastly, why it is so important to attain the sources of all these teachings: Because that gives you the wisdom and the power, that gives you intuition, that gives you spontaneity. Already it's in you. If you wake up to it, it becomes yours. If you don't wake up to it, you remain separate from your own potential. Then there is a wall of thinking between you and your true self.

When you break this wall, you become infinite in time and space. That means you and this world become one. That means you don't need rules anymore because your mind and the Dharma, the Law of the Universe, became one. If you read our Temple Rules, there is something interesting in the first chapter, which is typically Zen. It says, "You already understand the five or ten precepts. You know when to keep them, you know when to break them, when they are open and when they are closed. Let go of your small self and become your true self. In original nature, there is no this and that. The great round mirror has no likes or dislikes." If you follow the Middle Way, you will see when the rules are necessary and when they are not, when they are open and when they are closed. Then you can breathe a little more free and yet stay completely human, okay? More questions?

Student It's got to be comfortable.

Chong An Sunim What is comfortable?

Student Rules open.

Chong An Sunim Umm... I don't think so. You know, when people are attached to the rules, that's comfortable. Because every case, they say, "Oh, rule says, rule says, rule says, rule says..." But when you have to perceive moment to moment whether they are open or closed, that's tough. It's like walking on the edge of the sword.

Student Do you... Are you sure that each human... understands it?

Chong An Sunim No. Look at this world. If we all understood, we would not have such a big clean-up to do. More questions? Any kind of questions.

Student I have a question for you... The Buddha had transmitted something to Mahakashyapa. What is that?

Chong An Sunim Who is this sitting in front of me?

Student (hits the floor)

Chong An Sunim Only that?

Student What do you see?

Chong An Sunim I ask you.

Student The sky is blue.

Chong An Sunim Good. At the Buddha's time, the Buddha held up a flower to give transmission to Mahakashyapa. Mahakashyapa had completely become one with this, so the Buddha could give transmission. Zen Master Seung Sahn said, "If the Buddha was giving transmission today, it would be with tears." He would not show flower, just shed tears.

Every time there was transmission in the history of our Buddhist lineage, it was outwardly different. Nobody else picked up a flower. Nobody else knocked on the railing of rice pounding hut like the Fifth Patriarch did for the Sixth Patriarch. If the Sixth Patriarch had not understood that, he would not have received transmission. But the Six Patriarch just knocked three times on the railing of rice pounding hut, and then Hui Neng knew that he had to go to his room.

Every time transmission is given, it used to happen up to

the situation. In the Buddha's time, the world was very simple. Much more simple than now. Therefore, giving transmission was also very simple. The Buddha held up a flower, Mahakashyapa totally attained what this was about. He smiled. This looks very simple from a modern point of view.

Now the world is much more complex. Human thinking is a lot more complicated and less and less on the Middle Way. We are more and more into extremes. Because of these extremes, we suffer more. And that's why attaining a simple mind, focusing on a simple question like "What am I?" is so important.

What is the original meaning of this transmission? I ask you, who is listening to this talk? Attain **that**, then complete transmission takes place. Every morning when you get up, cold water gives you transmission on your face. Every time you breathe fresh air and look up into the sky, that's nature's transmission to you. This is wonderful.

Dharma transmission, you know, may seem like painting legs on snake. The mind is already there, but there has to be some kind of form, so that outside world would understand and accept what's happening. Even without transmission, the lineage holders know who is the real successor. They completely understand that. But for the world, for the Sangha, for us, sometimes a ceremony is good. It's really necessary.

Our practice means: just be sincere and stay where you are and from that point, go forward. Everybody understands that in this room. Otherwise, you would not be here. You would be somewhere believing what you want to believe and not seeing what you truly are. Because that's where the Path begins. This is the hardest for most humans. You know, we often talk about this in Europe why is it so prevalent that people just believe some idea and follow it in a group. Why? The answer is that it is simply easier.

It's much easier to believe something which other people also believe. Following outside ideas and not seeing what we are, where we are, what our job is — this would mean that we spiritually remain children. We must become adults. 'Adult' means you work for what you get. What you are, what is a human being, what is our job — you attain all that by your own effort. You don't get it from outside as an idea. That makes a huge difference. It's a big job. Nobody ever said it was easy or small. But from day-to-day activity, it's not special. Just practice, work, that's it. Then wisdom comes with practicing and you can connect to the world one hundred percent.

Your practice mind shows very clearly what our human situation is and that gives you even more motivation. The human situation is not pleasant these days, even when you look at it from this part of the world. Norway is pretty safe, secure and wealthy. But when you look outside what's happening, it's not pleasant. Even here in Oslo, sometimes it's not pleasant when you look at humans how they speak, act and relate to each other.

When we talked about the Sahara within the Sangha, we used to say, "Sahara is no big deal. Just stop buying weapons and you can to make the Sahara into the Garden of Eden." You know what is an orchard? It's a garden full of fruit trees and all that. One year of the whole world's defense budget would be enough. It's true. You just put that amount aside, start working and the Sahara could be turned into fertile land. It's not difficult.

This planet, struggling with just over 6.5billion people, could be home for 30 billion easily, if we changed our minds. But at this point, due to our current mind quality, we have problem even with 6.5 billion. Hard to feed them, hard to maintain social stability, some kind of functioning state system. We act like teenagers. We go into a room and immediately start fighting who is sitting next to the window and who has a bigger chair. Humans are like this these days — not grown-up mind, not wisdom mind. Don't believe me, see it for yourself, okay? That's the only way. And it doesn't matter what kind of path you use for seeing. If you use the correct path, it leads to the same result — sky is blue, trees are green, my clothing is gray, kasa is brown — not special.

But arriving at this point takes a lot of effort.

Student Thank you.

Chong An Sunim You're welcome. More questions? Any kind? (Silence) I encourage you to ask what you have in mind. It's much better than me telling Zen stories. And I can tell you stories from long time ago in China. We have plenty. But I think it would be more instructive if you have your own thoughts or your own questions coming up.

Student Well, if I could ask...

Chong An Sunim Sure.

Student From my point of view, it's very difficult sometimes to manage things in the correct way. I mean, to be polite and full of compassion, it doesn't work in some cases. I have to find a better way.

Chong An Sunim Why do you want to be polite all the time?

Student No, no, no, no, no, no, no...

Chong An Sunim It's not necessary. 'Always polite' and 'correct situation' are different. Sometimes you have to shout at some kid, "Don't do it!" Is it polite? No. Is it working? Yes. Does it save lives sometimes? Yes. See, sometimes, even publicly, you have to do it. One day, we were going for the bus. We were coming back from Paris. And we had little mix-up with seats. Half of people had to go to one bus and the others stayed and some Sangha members were late because they thought the bus was leaving at 12 pm. However, the seat arrangement began before that. So, they went to buy some baguette. One very, very good student, was just returning. I shouted, "Go back for them immediately! Now! Run!" you know, it is not polite and maybe 200 French people heard that around that square. (Student: OK)

I didn't care. If we don't take the bus, we don't take the airplane and the group is broken. We don't risk that. So, I risked my public appearance in dhurumagi with shaven head, who knows from where, which planet. I shouted like a cannon blast. I didn't care. At that moment, this was the function, because from the other side of the square, from the boulangerie, the Sangha members just came out like a rocket and we made it. So, always correct situation, relation, function, that's much more wide, much wider than just manners. Yeah, being polite is important.

But when it is necessary, just more direct, more direct action happens. Do not let politeness control you. Also, if other kind of energy, maybe anger, desire, and so on, controls you, that is not good either. A key point here is emotions. Emotions, any kind of emotion, perceive it. When you perceive emotions, you can use emotions. You don't perceive emotions, you have a problem — then your emotions use you.

So, what's most important at this point in the Buddha's teaching is that if this exists, that also exists. If there is a question, there is an answer. No question, no answer. If there is suffering, there is Enlightenment. No suffering, no Enlightenment. This is why inside everyone had better examine themselves really, really carefully. Why do what you are doing? Not just Zen, not just this practice. Your whole life. What is the motivation? What is the direction? Because without that, you can easily lose your way. Even if you wear this Dharma clothing, even if you shave your head, even if you practice three times a day, you can lose your way because 'why' or 'what for', is not clear. So, I appreciate everybody's coming today, everybody's good questions and attention. I hope to see you during further practice sessions here or in any part of the world. Thank you very much.

• • • Oslo, Norway

3

Illusion and thinking

The nature of dualistic mind
Practice and technique
Ceremonies and rituals
The Buddha, the Dharma and the Sangha
Illusion and 'I'

Chong An Sunim Does anybody have any questions concerning life, everyday practice?

Student I have a question. Where do problems come from and where do they go?

Chong An Sunim What is it that made you come here today? (Student hits the floor) Only that?

Student Please teach me.

Chong An Sunim I already taught you.

Student Thank you.

Chong An Sunim You're welcome. More questions?

Student You are a monk, but most of the time you were in the Western countries, not in Korea.

Chong An Sunim You need to correct that, because I still spent more time in Korea than Europe if I compare my years. Next year, it will be 50 : 50. But please, finish the question.

Student My question is about life of a monk in the West.

Chong An Sunim Life of a monk in the West is interesting. The West is really like an unchartered territory, a place which few of us have gone before. You go to Korea and there are thousands temples you can go to. Everybody understands Buddhism or what it means to be a Buddhist. There are monks and nuns, monastic society. But here, we have Zen centers, which is wonderful, but no temples yet. And we have a great lay sangha but not so many monks and nuns, especially these days. So the job of a monk in the West is the same as in the East but the style is little different. More questions?

Student Thich Nhat Hanh once said there are enough Zen centers in the world, well, he meant more 'Zen corners'.

Chong An Sunim Zen corners. People's mind has a lot of corners but most of them have no center. So finish it.

Student So, um, being in a big temple, that sounds like a lot of form for me. So you probably spent a lot of your energy and your time that you can contribute to your own practice.

Chong An Sunim I'm sorry to say, but my practice doesn't exist. If my practice existed, it would be a really small corner. So when Dae Soen Sa Nim teaches us, only for all beings, that means big center. This big center means wide mind, totally open mind. So this kind of practice does not have the idea of 'my practice'. Moment to moment, what is our correct job, what is our correct relationship, situation, function? If you find that, then all this dilemma goes away. And something more interesting comes. More questions?

Student I have a question. Some people are eating themselves up by thinking, by checking themselves and each other all the time. We try, try, try to help, but it doesn't work.

Chong An Sunim If people like that appear and you are there, you should not turn away. If they consume themselves by thinking and emotions, you should also take a bite and eat a little. But not for yourself. Put it into a little pocket, keep it inside, and when the moment comes, show it to them: This is what you think you are, this is what you are doing.

Why do people eat themselves with thinking? Because they don't see it. If they could see it, they wouldn't do it. So, by showing them a little bit of their karma, just as much as necessary, they would see this. Then they say, "Oh, that's stupid. Let's stop it." Originally this sentence 'More suffering is necessary' means this. They suffer, but not enough. And usually they blame somebody else and they eat that person also. Husband, wife, boyfriend, girlfriend, you can see it in many cases. What they don't see is their own problem inside.

So just put that clear mirror right in front of them. For this, the mirror must be clear. That's why the Buddha said, "Practice and help all beings." In great words, "Attain Enlightenment and save this world from suffering." Otherwise, you are waiting for one mahakalpa for Enlightenment, then two mahakalpas for Enlightenment, three mahakalpas for Enlightenment, "When can I help all beings?" Simply be clear and then you can help. If you are not clear, this person can eat you, because you have dualistic mind. You have opposites, therefore emotions and thoughts can eat you. No opposites is like a mirror — very strong, non-breakable mirror. Shows everything, one hundred percent becomes one with the subject.

One of the results is compassion. That can help. If you have opposites in your mind, that means you are attached, because opposites attract each other. In life, positive negative, come together. Positive and positive cannot connect! They stay apart. So if you have opposites, then connection, attachment — all of them are right there. That's how we are born to this world.

Student That's why we are born?

Chong An Sunim Exactly. And that's how we live most of the time. So that's why when you return 'before thinking', 'before opposites', you go beyond life and death. Then the Great Way opens. Then you have choice. Then you can really help people. More questions?

Student Sunim, during sitting I put my energy into my tautien, so that chi or breathing can be big enough and more energy would appear. Is this okay?

Chong An Sunim No, it's not OK. Next lifetime, you become a shopping bag — a big shopping bag. You can put a lot of cheese and milk and bread and everything in it. Your shopping bag now wants energy. How many times did I tell you that Zen is not a technique? So you want to make tantien bigger? Do it. You want to keep it small? Okay, do it. Original practice does not depend on technique. This means that any technique is good which works. You try this for yourself! It it works, do it. If it doesn't work, don't do it.

Original practice means becoming clear and helping this world. Of course, we have guidelines on technique. Everybody learns this when they come to the Zen center — how to meditate. But how you fine-tune it, how you discover it is your job. But be careful, ride the bicycle and don't just maintain the bicycle. Instead only tuning it, use the bicycle, ride it. That's correct Zen practice, "just do it."

Student So, do you mean "don't make anything?"

Chong An Sunim Yeah, I mean "don't make anything." More questions? Yes, go ahead.

Student Why do we have rituals like bowing before the Buddha and offering incense?

Chong An Sunim When you say "Hello!" is that a ritual? Everyday we say "Hello!" to the Buddhas and Bodhisattvas twice — once in the morning, and once in the evening. That's it. "Hello! Thank you for your great job. We will follow you." Nothing more. I understand that you want to put everything in the right place. Very meticulous mind. But if you put chanting or even formal meal into a special 'ritual box', which makes everything abstract, distant and impractical, you kill everything. When you go to the toilet and empty your body, is that a ritual? It has a beginning and an end, you know. When you come into this place and empty your mind, is that a ritual? So this place of practice is not special, but it is a Dharma Room, nothing else. Mental toilet. Okay? Just keep the correct form in any place and do your job. It's very simple.

You know about tribal people, original people who lived completely in nature. No material civilization, only some tools, houses and lots of knowledge. Their minds were not like this, "I'm living together with nature." They **were** nature. They were one with nature and never thought about it. If you make ritual in your mind, then what you're doing and you become separate. That's why we say, become one, become one, become one. Because when you do that, then there is no separation. So here (points to forehead), if you have a ritual mind, then you cannot chant one hundred percent. You can see that in many cultures. People have this "making something" style. They have a special manner, a ritual manner. That changes everything. It becomes external. You try to fulfill a form, some kind of requirement, then the original function of this (hits the floor) dies. What we do by bowing, sitting and chanting originally is nothing but this: (hits the floor)

So, if you make ritual, if you make meditation, if you make all these concepts, then this original point disappears. You cannot DO them. Thinking is neither good nor bad. We all know that. But if we are attached to them, thinking can divide us very strongly. When you remove this thinking, then this becoming one happens, and then wow! Something changes. Unlike ever before, you feel some big difference — like a fresh taste, something completely new. For instance, you may see your relationship with a person unlike ever before. So this is what we are doing the whole thing for. That's the reason. And if you want to classify it and put it into some category, fine. We all do that. But when you are done with it, forget it. This kind of process of putting things into categories is like giving food to the mind, food to the thought processes. Next, empty everything out. Then the mind stays healthy, fresh and clear. More questions?

Student You talked about correct function. So, during formal meals why do we put spices and soy sauce into the food before we try and taste it?

Chong An Sunim Because you already understand the cook's mind. Before you touch the food, you already understand — salty, not salty. Okay? Don't check. Don't check. More questions?

Student We heard a lot about Zen practice. I don't think it's an answer for everything. I don't think Zen addresses practical problems in life, also deep emotional problems like Tibetan Buddhism. Zen seems more oriented towards monastic practice where such questions do not appear so much.

Chong An Sunim I'm very happy to inform you that Tibetan practice is also rooted in primarily monastic tradition. Until 1959, Tibetan Buddhism was not found outside the monasteries. After the Chinese invasion, it started to appear overseas, practically everywhere. Korean Buddhism was just a little bit behind. In 1972 Zen Master Seung Sahn went to America. I see that you take Zen in a little narrow sense. We used to say that Zen touches problems at its very root and very directly. If you miss the root, then you miss everything. So, if you get to see the very basic functions of your mind, then you can work out the necessary technique to improve your mind quality moment to moment. But technique alone is insufficient. Even Tibetans have a saying, 'Ten thousands methods, but still no attainment.' They say that. They sincerely see that they learn a lot of techniques but many times they don't have this (hits the floor). That's why you can see that a medium class Tibetan teacher gives very complicated teaching. A very high-class Rinpoche or Geshe gives very simple teaching. Why? Because they don't trim the branches. They go to the root. But not cutting the branches doesn't mean that you are attached to these Zen words of 'Only do it', 'Put it all down', blah-blah-blah. It means that, moment to moment, use your clear mind. If you have ready-made techniques, you cannot handle this moment spontaneously. If you are attached to teaching words, you cannot perceive your situation. If you believe in yourself and practice correctly then, moment to moment, correct technique appears, which is not a ready-made technique.

Now I'm referring to a German composer called Georg Friedrich Händel. I want to talk about that a little bit. One of his great works is called "Messiah." It's unlike anything else. The "Messiah" is so powerful that when you listen to it, it's like going to a different planet. So if you read the original manuscript of the music notes, it's very interesting. At the very end, there is a sentence with his own handwriting: "God sent me the words." It seems obvious that Händel's mind when he composed the "Messiah" was very different from the time when he wrote other pieces — totally no thinking. So he just wrote everything down which came through his intuition.

He didn't think what he should do, what kind of technique he should use. He was beyond technique. In meditation, it's the same. More questions?

Student What do you think about trying to achieve Enlightenment without Zen masters or schools?

Chong An Sunim It's a very interesting endeavor. Most teachers would probably say, "You need a teacher. You need a clear teaching and you need a Sangha. You need Buddha, Dharma, Sangha." However, if you look at the Buddha's life, he didn't have that. The Buddha didn't have teacher after, maybe one or two years after he left home. He didn't have a clear teaching to follow, he had to find the Way himself. It's clear that he tried many techniques and he almost died. And he had only five ascetics, you know, five other people practicing with him who were just torturing their own bodies, yet he got Enlightenment. He was a very high-class being.

Nonetheless, I have seen so many failed attempts to practice correctly that I would say 99 percent of the people are in need of the Buddha, the Dharma and the Sangha. When the Buddha started to practice, he was totally ripe for it, like a good fruit. He experienced everything. He had very good previous karma. So he got to the point where he could really start practicing. He had a very deep question, also a very deep crisis, which most of us don't have that these days. It's not because of the practice that people go wrong, it's because of their own immaturity. So, yes, for most people, teacher, teaching, student, Buddha, Dharma, Sangha, are necessary. It saves you from a lot of trouble and it saves the world from your troubles.

The other very important thing is that even if you get Enlightenment by yourself, how do you use it? So after a while, you'd have to come to a place where there is the biggest suffering. That's definitely human realm on this earth. Animal world? No problem, unless humans mess it up. Plant world? Plants, also not so much problem. Biggest problem: human realm. Once you enter that, you would have to learn how to use your Enlightenment in a human environment. Then you would find it's a bigger job than getting it.

I'm saying this based on the experience with some forest monks or hermit type practitioners. Some of them stay in the forest for 15 to 20 years, alone. They survived in such a way that they didn't have almost any human contact. At the edge of the forest, the supporters put down things he needs, they go away and then he picks it up. That's it. Some of them became very clear, some of them not. Those who returned were, many times, misfit. They didn't fit into society any more. But the problem was not solitary practice. The problem was direction. The problem was that, 'I' get Enlightenment. That was the biggest problem. And because of that, they couldn't fit in any more. So when the Buddha got

Enlightenment, he saw that everybody has Buddha nature, everybody is potentially enlightened. They just don't see it. When people realize it, when they attain it, it becomes reality. Solitary practice is fine if you have correct teaching, and your practice has a correct direction. Then you return to help all beings because that's where you started from. More questions?

Student Why do we give water to hungry ghosts? They are hungry so we should give them...

Chong An Sunim Why do we give medicine to an alcoholic? They want alcohol, but we give them medicine. Here, same. They are very, very hungry. But they have already a belly this big and they cannot digest any food — anything they want to swallow gets stuck in their thin throats. So, the best that they can get is water which was in touch with food because it's from your bowls. We give them this really precious thing which has the smell, sometimes even the touch of food. Sometimes even the color, but that's not correct. Also, no food particles — this is very important. Food particles mean that they choke and they almost die. If they get this clean, fragrant water, they are very happy. More questions?

Student You also said that it's important to have a correct direction in our practice. We often hear this 'Only for other beings'. I know that, but how to do it? My mind always has I-my-me-mine. How to go in the right direction of 'Only for others'?

Chong An Sunim Oh, it's very easy. When you have this 'I-my-me', that's not the right direction. When you can totally forget this 'I', then the sky becomes really blue. Then you can really feel another person. You can really perceive problems, things that have to be solved. And one more step is possible, then you can do it.

Student It's very big and it covers everything. Your sky...

Chong An Sunim Don't attach to thinking! That's the most important point here. You attach to thinking, it is a big mistake. You know, drug addicts, especially heroin addicts, when they want to come out of their addiction, they still keep a syringe and needles. They keep it, but there is no heroin any more, only distilled water. Often, when they are really missing the feeling, they shoot water into themselves. It sounds silly, but it is very important for them. They say, "It's just for the habit. It's just for the illusion." They already understand but they still cannot put it down. So we are like that with our thinking.

With this I-my-me, it is the same. It's not good or bad. It's just not the absolute, it's not the right foundation so you cannot use it for what you want to use it. Most drug addicts use their substance for everlasting joy and freedom and being taken away from this world. There is another group — fanatically religious people who use religion for exactly the same purpose, just like some drug. They load ideas into their consciousness from books, and they get drugged by ideas. The foundation of all this is this 'I'. And that's why so few people are practicing, because when you want to take away this foundation, it's like tearing this floor boom! away from under your feet. So, don't be surprised. It will come back many times. But what you really need is practice hard and attain this (hits the floor) just for one moment. Because then this 'I' disappears. It is gone, finished. Then it cannot come back. Only the shadow comes back. But then you can just let it go. You are not attached anymore. You don't believe it anymore, you know.

Remember the Buddha's story. The day before his Enlightenment, Mara appeared before him and said something very interesting to him. That was nothing but his own ego, his own 'I-my-me' talking to him. By then, he had enough experience not to believe it. Then the illusion disappeared. A little later it appeared in some other form — big army, you know, trying to shoot him with thousands of arrows. No wonder, no wonder! He was from a warrior caste, I mean, he was a Kshatriya. He was a big fighter. So all his karma appeared in the form of what? An army. He didn't believe that either — as a result, the arrows just fell down. Biographers say they became flowers and petals, and they fell on the ground. Originally, the arrows didn't exist! Where did they go? So, illusions appear, disappear. That's it. Your 'I' as illusion appears, then disappears. Then the sky will become really blue. **Blue.** More questions?

Student It sounds very simple when you say, "Be clear. Don't think opposites. Ego disappears, illusion disappears." I believe in each one of your sentences.

Chong An Sunim Why?

Student I don't know. You sound convincing. But how can we do it?

Chong An Sunim What color is my robe?

Student Gray.

Chong An Sunim Gray. How long can you see this as gray?

Student All the time.

Chong An Sunim So, keep this clearly seeing mind all the time. You see, when you have any doubt how can we function as human beings or practitioners, nature teaches us really well. It's better than words, better than thoughts. So look at the sky. The sky has clouds coming and going. Today we have very nice clouds. But the sky never changes. When you practice, and you have been practicing long time, you know from your experience that our true self is like the sky and any object of mind or mental content is like the clouds. You see, the sky never attaches to clouds. After a while, you learn that it's not necessary to be attached to anything in your consciousness.

So, of course, you ask the right question — how to keep it

or how long can we keep it. But, really, this is not something to keep. Rather, this is something not to lose. That's why we say, 'not moving body, not moving speech, not moving mind'. That's why we say 'no technique'. When we have that, all 'I-my-me' disappears. Nothing to get, nothing to lose. Okay? Once you attain it, you just keep it clear, not become attached to or identified with anything — and that's it. But, of course, we humans all make mistakes as well as realize our mistakes, "Oh, not again!" "Wrong ideas!" In everyday life, the worst kind attitude is checking ourselves all the time, "Am I clear, am I not clear?" This is horrible. Forget that. "Do I have enlightened ears? Why not?" Things like that. "Is my nose the Buddha's nose?" You cannot believe how big this zoo of unnecessary thinking is. So focus on these questions: "What is my correct job? What do I do next? How do I help this world?" Thinking of what we are is not so important. Attain this, (hits the floor) and that's it. There is not so much to think about in terms of identity because 'no I' is no thinking.

However, in terms of our job, human job, we have something really big to do — clean up the mess. Clean up the mess in the human situation, in the human relationships and human actions. That's where we should put our efforts. And if you have these three things, practice, everyday life and wisdom, then you really cannot go wrong. It's like the three legs of a good chair. It doesn't fall. Practice is necessary to become clear. Everyday life is necessary to use your karma and help all beings. The natural wisdom is that you perceive cause and effect as they are, not depending on some system. Not caught up in some stupid matrix, okay? This natural wisdom then goes back to practice — how to practice correctly. Correct practice gives you better insight how to live this life correctly. Then you develop more of this natural wisdom.

You know, in the old days like 2500, 2600 years ago, when Buddha and Lao Tzu and all these people were alive, they had that, most people had that in their simple lives. The big thing was attaining freedom from life and death. Now we have, since this world is a very complicated, a different approach. First, attain freedom from life and death (hits the floor) then correct life is possible. Our teaching is not special — return to our original true self, keep a strong and clear mind, and moment to moment, keep correct situation, relationship and function. That helps us, that helps this whole world. Thank you very much.

• • • During Summer Kyol Che in Warsaw, Poland

4

Practice and direction

Life in the West as a monk
Thinking, attachment and karma
Education and practice
Understanding and attainment
Competition and compassion

Introductory from Zen student Chong An Sunim started to practice Zen in Hungary in 1990, then from 1994 he spent six years in Korea training as a monk. He became a bhikkhu in 1996 and a Ji Do Poep Sa Nim in 1999. He came back to Hungary in 2000, and brought all this energy and had the Hungarian Sangha grow in a wonderful way. The latest project is building the International Zen Temple of Won Kwang Sa in Hungary, which is a wonderful project and we are all supportive with our heart and with our resources. When it is finished, hopefully our European Sunims will come back and have a place to stay and practice and help the community and all that thanks to Chong An Sunim. I just wanted to tell you so you would know with whom you are becoming acquainted. You can as you know, you can ask any kind of questions — life questions, practice questions and Chong An Sunim will answer... or maybe not. (Laughter from audience)

Chong An Sunim Thank you very much for the introductory. Good evening everybody. Bon soir, 안녕하십니까? It's a pleasure to see all of you and it's a great privilege to give a talk in the Paris Zen center. I truly appreciate this opportunity. In this room, everybody knows the basics. With kasa or without kasa, young or old, we know the basics because we are here. So, once we are here, it's very clear why we are here. However, questions about life and practice and the connection to Zen are always abundant, because new situations arise. So, please ask any kind of questions you like.

Student OK, I have a question. I would like to ask you why become a monk.

Chong An Sunim For you.

Student Thank you.

Chong An Sunim You're welcome. More questions?

Student How?

Chong An Sunim How I became a monk? Very easily. Precepts are road signs. You follow them, you get to where you want to go. You don't follow them, you get an interesting detour and then you have to find how to go back. That's it. Everyone, hair, no hair, have the same experience. Why? Human beings. It's a process of human trial and error. Do you want to know something which you never knew before? Go for it. You get lost? It is your mistake. You come back with some wisdom, you have merit. What do you do with it?

If you help either with your mistake or with your merit, you are on the path. Zen is an adult version of Buddhism, not some kind of kindergarten with fairy tales. That's why we are here. Nobody wants to be cheap, nobody wants to be treated as children beyond the age of 16 or 17. We want to grow up. Fortunately there are people who grew up. If you don't know them, look at the pictures on the wall of the Dharma Room. Kyong Ho Sunim, Man Gong Sunim, Ko Bong Sunim, Seung Sahn Sunim, they all grew up — so we follow them. We follow their minds. We cannot step into their footsteps because the foot size is different! (Laughter) That means they have their karma and we have our karma. But our direction is the same direction. It's been the same way for thousands of years: Attaining Enlightenment and helping all beings.

Finding what is necessary for you to do that is your job, not my job. For some people it's necessary to cut their hair, travel 9,000 kilometers, bury themselves in monastery for five, six, ten, fifteen years. Still it's not certain that the outcome is what we want. We have seen many demonstrations of failed practice. You know, there is saying that the Great Way is littered with the bodies of those who met Zen Master Seung Sahn. This means that the Great Way on each side has a lot of dead bodies. Now, if you lose your try-mind, if you lose your direction, if you stop believing in yourself, you die. Physically, of course, you are alive and kicking, right? Your mouth is moving, your mind is thinking — but inside, deep inside you are dead.

Our great teacher, Zen Master Seung Sahn taught one thing: Believe in yourself. But this 'yourself' must become clear, you know. Some people say, "Believe in myself, no problem. Okay." But the only thing they believe in is their huge ego. So, that's, that's really, really bad. They don't even notice that the cigarette man appears from the kongan "Dropping Ashes on the Buddha" and the person starts to HIT, everyone who does not follow his or her idea!

When this "yourself" becomes clear, then believing in it is very, very easy. Effortless, because it does not depend on thinking. It comes from becoming one. So, practice style and karmic conditions do not matter. You know, when I came back from Korea in 2000, I wrote a letter to Zen Master Seung Sahn after less then a year, which said, "Sir, it feels like a battlefield. Bombs, grenades and bullets just exploding right next to my head." Because when you walk in the street in monks' clothing, not ceremonial, just normal dhurumagi or dongbang, in Hungary they don't bow to you. They shout sometimes, "Karate! Krishna! Kung Fu!" Whatever they have in their minds, the truth of the matter is that this is still, especially in Europe, is a very interesting territory and I would say there is not so much understanding what a Buddhist monk or nun is. Just by our appearance, we may even have come from the moon!

Student Are there any other people in Europe who live like you do?

Chong An Sunim Yah. The example is really spreading, which is wonderful. We just counted nine Sunims who are straight from Europe — Poland, Lithuania, Czech Republic, Hungary, you know. Therefore, Won Kwang Sa as a place for practice and residence is really necessary. It will be really beneficial. Mu Sang Sa is already showing its power. It's really wonderful. It's less then five years old, you know. It's already showing how wonderful it is, you know, to practice really solidly in a monastic environment — there is no fooling around. It's really clear.

Student What does 'karma' mean for you?

Chong An Sunim What made you come here?

Student Sorry?

Chong An Sunim What made you come here?

Student Because I feel... it's my life.

Chong An Sunim That's cause and effect. That's karma. So, karma is not special, you know. When western people, not just in Europe, also in America, start practicing Zen, they replace the name of God with karma because it's impersonal and it's very easy to use. "That's your karma." "That's my karma." "Ah, that's my karma." And then they suffer, you know... But actually, the word "karma" cannot be used correctly in this sense. If you just think and want to understand it, you can see that the "**kr**" syllable, which is the linguistic root of karma, means 'action'. 'Karuna' which is 'compassionate action' has the same "**kr**" root. This means 'action'. 'Karma' is cause and effect. So, it is action, not some external destiny, you know. However, the effect of your accumulated actions is also called karma. Sometimes the turnaround time is so long that you don't see the cause. You forgot the cause. But the effect is here. So it strikes you as some kind of destiny outside of you, which you did not create, but in fact you did. You just lost sight of the cause.

So, there are karmas that you experience this lifetime, next lifetime or any lifetime after the next. If you perceive how you make the cause, then you can also see how not to make the cause. That's a wonderful thing. When necessary, act. When it is not necessary, don't act. Then correct karma appears and you can really help this world. So, the biggest problem is really when people cannot see what kind of cause they should create to the desired effect. That's why so much suffering keeps appearing in the world and that's why it's so hard to fix them. With sufficient insight, it's not hard to fix them. You just have to approach in the right way with the right view. Then correct cause, correct result can appear.

Karma is cause and effect. Usually, the accumulations of cause and effect become habits, and these habits become the illusion of personality. Your personal karma is everything that you identify with. 'Me', 'I', that's the biggest karma. If you practice and look inside clearly, this 'I' has no entity of its own. It's made up of these habits and these habits are made of actions or events and identification with these actions or events.

That's explanation, but this kind of explanation does not really help you. If I want to use the Zen approach, this is really short, like the strike of a sword: What are you doing right now? (Student hits the floor) Only that?

Student What do you think?

Chong An Sunim Well, well, well. I lost my thinking some time ago, so you have to tell me what you are doing.

Student I'm sitting here and listening.

Chong An Sunim Correct. So, that's your karma. What you are doing right now, that's your karma. Okay? That's why in Zen, we say, "Keep this moment clear. If this moment is clear, then karma is also clear, then direction also clear. That's the Zen answer. More questions? Anything?

Student Some Korean Zen monks recommend not to read books...

Chong An Sunim Really?

Student ...and not to develop the thinking mind. In our case in the West, the education we follow makes us develop logical thinking, moral thinking, physical, philosophical thinking, many kinds. We were born with perfect original mind, why do we have to follow education?

Chong An Sunim Let me begin with a teaching of one of the greatest master of our historical era. He says, "If you do not become children again, you cannot enter the Kingdom of Heaven." Who said that? Anybody knows? Yes. That's it. Jesus Christ. He is one of the greatest master of known history. So, why did he say that "again become children" He said that because children grow up. They must grow up. They must become completely individual.

Then, if they want to, they can transcend their individualistic thinking. If you do not develop thinking, you cannot transcend it. There were experiments with this 'original purity' from ancient Greece to Rome and various other empires. They raised children even without talking to them or giving them anything to train their minds on. The children became mentally retarded out of this experiment. It was a total disaster. So, when Zen monks recommend that you do not read books, that means you already finished your education. It's not instead of your education.

As I said before, Zen is an adult version of Buddhism. It presupposes that you already had your education, and your questions are now so deep that formal education and common knowledge cannot answer them. So, if you look at formal education that we get in schools, universities, or at common knowledge in society, these sources are unable to meaningfully answer the most basic questions of human beings. They give lots of explanations but no chance for attainment, not a chance for experience and no guidance for using it correctly. That's also important. So, these two teachings, that of Jesus and from Zen really come together. He said, "You have to become children again to enter the Kingdom of Heaven." So, if you want to attain Nirvana, you have to transcend all your conceptual thinking. Transcend it — but first you must have it. Otherwise you can't even read the Dharma, hear the Dharma or understand the Dharma. Okay?

What's really interesting especially in our school, is that I met here the strongest teaching of no thinking at all. Only HIT! And who said that? Who were those people? Some of the most intelligent people I have ever met on this planet! And then I asked myself, "Isn't this some kind of a contradiction?" And the answer is no, of course. Only the stupid believe that we understand everything, we know everything. When you reach a certain level of education, then you realize that you don't know anything. You really don't know anything. So, if you want some absolute knowledge, this is not conventional knowledge, not based on thinking. The Absolute is always attainment. It cannot be expressed in words. Knowledge is insufficient. When you realize this, then this big 'don't-know' comes.

So, if you lack education, if you don't read your homework, it's small 'don't-know'. For that, you get a bad mark, they kick you out of school, you get into a lower echelon of society, etc. Big 'don't-know' is very, very different. First of all, it doesn't depend on culture. It doesn't depend on education. It doesn't depend on anything. Thinking originally is no hindrance. Originally, the teaching says, "If you want to enter the gate of Zen, do not give rise to thinking. This means that you have the potential to go beyond it. You don't destroy it, simply do not give rise to it. As you practice, this (hits the floor) becomes clear. Then you can use your thinking at will. When necessary, think. Not necessary, don't think. Too simple?

Originally, our nature is complete, that means our Buddha Nature has nothing missing. Your Buddha Nature, our nature is complete as it is, but that has nothing to do with education or no education. That's our Buddha Nature.

Student What's the role of competition in Zen practice?

Chong An Sunim You know blind dogs? So the dogs are blind, they really follow some strong smell and everybody wants to get there first. Later, after much fighting, the dogs have some realization and then they see that everything smells basically the same. Then there is not so much competition! In Zen, I think competition is very important, because it utilizes some of the most basic human instinct. It fires your engine. You want to solve the kongan. You want to do more bows. You want to be more at practice, you know.

Student But don't control our compassion?

Chong An Sunim Actually, no. As you practice, competition becomes compassion over time. How? I'm sure you have seen some these American GI movies and there is only, you know, training and blood and commando and everything. They learn the compassion in the hard way. They learn it through team spirit and lots of training. We learn it through 'together action'. It's much wider. And the movie they realize that if they want to be the best of the crew, they have to help everybody else in the crew because the performance of the whole crew is what counts. If the crew performs fine as a group, they finish the task correctly. If you want to stick out and leave the others behind, you can not only fail, you can die in live combat situation or cause other to die.

Here in Zen, it's not so clear at the beginning. So, you can see many, many kinds of behavior, most of them really competitive. Hidden competition something like passive aggressive behavior, or some kind of active competition like "I am the only one!" But later, you realize that you alone can't make it. You need a Sangha. You need a group to practice with. That's why, because of this competition mind, Dae Soen Sa Nim said that 'together action' is the most difficult training. Because by the time you become a mature practitioner, you realize that 'together action' means compassion. Before we learn it, we suffer like hell. When people trust their arrogant, clever mind, they think, "I can make it. I just leave these guys in the dust. I'll be there before everyone. I'll be a Zen Master first!" This kind of mind. Oh, you see this so many times and then realize, "These guys are idiots." When this hits you, you can really relax without becoming lazy. As you relax and feel more secure, your Dharma energy can shine on everyone. You mind can really help other people whether with or without a title. That's why competition really doesn't matter, when we face questions like, "How fast do you have to run to attain ot moving body, not moving speech, not moving mind?" Then people either get it and go beyond their competive illusion — or they drop out.

Student Does being a monk help you a lot in your practice?

Chong An Sunim Yeah.

Student Rather than being a lay person?

Chong An Sunim I can say, I am a team person. I love to practice in a team. Therefore, practicing in a monastic sangha is very, very good. The international sangha anywhere is good, but when you have fully dedicated people, you know, who really declare in a certain way that their primary occupation is the practice of the Dharma, then it is always more clear for everyone. When you have a strong monastic environment, practice can be really good. I'd say, 'can be' if the teaching is correct. So, if the Buddha element and Dharma element is also correct, then the Sangha can fly. It's really good. It's like a strong team, doing the right thing at the right place and at the right time. This is a wonderful, wonderful experience.

I say practice 'can be' correct, because it's not necessarily so. There are teachings in the scope of Buddhist tradition that do not emphasize meditation as an important practice or a way of life. If so, temple life can become really different. It can become very scholastic. It can become artistic. It can become many things. There is no guarantee. Sometimes Hungarians ask me, "If you live in a temple, doesn't that mean that there is less anger, desire and ignorance?" I said, "Quite contrary. There is more. Because that's what appear is inside the practitioners' mind as we try to become more clear. But if the temple is governed correctly, most of these karmas do not enter human relationships and functions." Most of them do not understand — why would they? None of them lived in a temple so far, a few of them visited for some time. I added, "Imagine that you pull out all the stops and you go as fast as you want. What happens? Even the smallest mistake in your car with the steering, with the engine, with suspension comes out very strongly and visibly, because you don't go at 90 kilometers an hour or 110, but you go at 200 or even faster. This kind of liberation is something which can happen in a monastic society. All these social stops are pulled out, because you don't earn money, you don't have flesh-and-blood family, you don't attach to material cause and effect too much like work and cash flow and all these things. So, the purification of your karma can be much faster. The opposite is also true that the accumulation of karma can be also much faster if you do not have the right teacher.

I think I was really lucky. I consider those six years, nearly six years, even while being at Hwa Gye Sa, sometimes among not so good circumstances, the most important part of my life — because of Zen Master Seung Sahn. If he wasn't there, our lives there would have been much more risky and not so meaningful. It's very clear. After he passed away, many, many monks and nuns went to Mu Sang Sa to stay together.

So, as I said before, you really need a shining, bright teacher, correct simple teaching and then some dedicated people — then the Path is open. That's why I truly believe that temple life can be a very good environment for this, both for lay people and also for monastic people. Practicing in a temple environment is not limited to shaven-headed people only. Just like hospital is for the sick, prison is for the criminal, the temple is for the practitioner. That's why it's good to have really strong, dedicated places, and people — we can help each other attain awakening. More questions? Yes?

Student How do you go about staying at a temple?

Chong An Sunim It depends on the tradition.

Student In the Kwan Um School of Zen.

Chong An Sunim In the Kwan Um School of Zen it is very easy. You talk to the abbot or the abbess, and if the permission is granted, you stay there. Then, of course, you have to harmonize your outside life with temple life, because probably you need to do some simple temple job to keep your mind trained and your life useful. Again, if you look around, it depends on the environment, what certain traditions want or do not want you to do.

If you go around in our own tradition and then you find stronger places like Diamond Hill in Providence Zen Center. Mu Sang Sa is opening up like a wonderful lotus flower. In Korean Buddhism, it's not customary for a western lay person to just move into a temple. In Mu Sang Sa, of course you can do it, but if it is outside of a retreat and you just want to live there, then you really need to arrange that and make the terms very clear. Usually, lay people go into the temple only to do a serious retreat and when they are done, they leave.

They follow their lives. They have their karma outside. But, wherever your karma leads you, try to attain and keep a mind which is clear like space, clear like a mirror. Then your situation and relationship and function will always be for all beings. I hope that we can meet in many parts of the world and on many occasions to exchange the Dharma. I also hope that we can practice together, attain Enlightenment together and help this world from suffering. Thank you.

• • • Paris Zen Center

5

Wanting and checking

Esoteric practice and Zen
Wanting mind and attainment
Practice and karma
Checking mind and integrity
Sickness, thinking and cure
Children and direction

Introductory from Zen student When I started practicing, which was four years ago, I had many questions. Why do I have to get up so early? It's not so healthy, I thought. Why do I have to bow to the altar? I don't believe in any Buddha. Why do I have to chant sutras that are not in Czech and I don't understand them? But the most burning question was about the first of the Four Great Vows, by which we vow each morning and evening to save all sentient beings from suffering. I said to myself, "It's not possible. How can I promise this when it's not possible to save all beings?" Then I read a beautiful story that showed me the way. It's about a woman who is walking on the beach. And she throws back the clamshells that are on the beach, she throws a few of them from time to time back into the sea.

And another person comes and asks her, "What are you doing? That makes no sense!" "I'm saving their lives." she replied "But you can't save all of them." Another tide will come and there will be new ones drifted ashore! What does it matter if you throw one back?" As she picked up one and threw it back into sea she said "For this one, it matters a lot." So whichever practice you choose, whichever way you follow, remember that it's all like the teaching about breathing. There are many ways to follow the breath, but what's most important is not to stop. So, don't stop breathing. Never stop practicing. Then we can save all beings.

Chong An Sunim Thank you very much for the introductory. It is good to see you all here, good evening, everybody. Does anybody have any question concerning breathing, practice, life? Any questions? (pause) If nobody has questions now, I'm going to tell you about an interesting phone call. These last a couple of weeks I got interesting phone calls. The first is really about practicing. Because as we heard there are many, many ways to breathe, if you just take one breath one hundred percent and follow that, that can be one hundred percent yours. Then, you can save all human beings.

Somewhere in Hungary a woman lifts the receiver and says "Sunim, I need talk to you. I found your name in the registry. Really, the directory inquiry. I've seen some very interesting spiritual practice. "It seems very interesting because the flier says many, many, many things, for instance, getting back to your previous lives." Sounds good, yah? Attaining calm and serene mind, always, everywhere. Starting the microcosmic orbit, the most important energy cycle of your body, et cetera. Yes, it was all there! I'm sorry. What else was there? Yes, the cost. It was 400 euros. 400 euros for 120 hours of practice like this. Later, the website changed and said 200 hours. This woman noticed it because she was interested in esoteric things, just like many other people, you know, they want special, special, special.

First she asked me, "I did many journeys outside of my body and I'd like to do that in this course. Do you think it's suitable?" I said, "I don't know this course, but let me ask you something. When you are inside your body, what do you see?" Then she said what she sees. And I asked her, "When you are outside of your body, what do you see?" Then she said something very interesting. "I see this, this, this..." I asked the third question, "What do you see inside and outside? They are all names and forms, objects of your mind, are they not?" She replied, "Yes, of course they are. But once I'm inside the body and next I'm outside." And I said, "But you have this 'I' at all times, haven't you?" She said, "Of course, but no body, one time." "Fine, but these names and forms, you know, they all come and go, right? Then she said, "Yes, they all come and go." She seemed to understand some Buddhism also. Then I said, "Do you know what the Path is about, where the Path is leading, what is our direction?" Of course, though she already tasted many, many kinds of thinking, she did not really know. Mind already spoiled a little bit. Then I talked about 'don't-know', no name, no form, no coming, no going. So, about this point (hits the floor).

She began to understand. I said, "What do you want to pay so much money for?" She says, "Oh, this might be interesting." We talked over a few more things, then I gave her the advice, "You know, all these techniques are very, very wonderful. But I'm missing just one point. The Buddha taught the most important thing before any technique is to have a very clear direction of your practicing. Attain Enlightenment and save all beings. If you have that, any technique is fine. If you don't have that, even the simplest, purest technique takes you to hell. If you don't want to get Enlightenment, then you don't put down your 'I-my-me'. Moreover, if you have your ego and your technique mixes with it, it is not good." She understood that, thanked me and hung up.

Using a technique without direction is very futile or useless. It would be like having the clamshell lifted from the sand at low tide, playing with it wonderfully like a basketball player — that's your technique! — and then drop it back into the sand right there. Why? You were just playing.

Zen is very simple. One hit — attain this (hits the floor). Attain Enlightenment and save all beings. So, without thinking, throw the poor clamshell back to the sea. More questions? Any kind of questions.

Student ⇀ Could you explain why every teacher speaks about attaining something, but they also say that if you want something, you have a problem?

Chong An Sunim So, what do you want? If you want something, you go straight to hell. Why? Because if you want something, it's a name or a form. If it's a name or a form, it's subject to coming and going and when it disappears, you disappear with it. So, the problem with wanting is that it creates attachment. If you are attached to something or somebody, you identify with the relationship. And when that thing or person disappears, you go with it. Then, very, very big suffering can appear. So, wanting something or wanting Enlightenment is a big delusion. In every single school where Enlightenment is very important, they say, "Return to your true self!" or "Return to Buddha Nature!"

Why? Why return? Because you already have your Buddha Nature. You don't have to get it from the outside. There is no supreme being or another person or some special state of mind that gives you that. If you already have it, then you cannot "get" it. That's why we say, "Attainment with nothing to attain." I'm sure you don't understand this and it's very good that you don't. I see it in your eyes when I said,

"Attainment with no attainment.", there is big blank space, completely. Correct. Is this the same point as this? (hits the floor) If I say, "Attainment with nothing to attain", (Chong An Sunim gasps, audience members laugh) what is that?

When you hear the sound, then, for a moment, your thinking is cut off. Same point. So, wanting something is like being a stupid horse. The clever cart driver puts a carrot at the end of the whip and hangs it right in front of the horse. The horse smells and sees the carrot and starts to go. Yeah, but the cart driver is on the cart, of course! The poor horse is pulling the cart and pulls the carrot as well... As long as the horse is going, he will never get the carrot. What does that mean?

If you say, "I want Enlightenment!", it's the biggest contraction because the 'I' cannot get Enlightenment. The horse cannot get the carrot. Or, as we say in our School, the dog runs after the bone. That's why we say, "Return to 'don't know!" This 'don't-know' is beyond name and form, beyond life and death, beyond coming and going, and beyond Enlightenment and ignorance. In other words, it's just this (hits the floor).

That's why we say, if you want something, if you make something, if you check something, if you hold onto something, if you are attached to something, then you make hindrance. If you don't make hindrance, you don't make anything, you don't want anything, don't check anything, don't hold onto anything, don't attach to anything, then you can return to your true self. In this way, it is easy. Very easy. When eat, only eat. Chanting time, only chant. Sitting time, only sit. Bowing together — only bow together. Very simple. But if you make something extra, then you lose it. If you want something, also you lose it. Checking, holding, attaching — also lose it. More questions? Yes.

Student   Why then do we need any special practice?

Chong An Sunim   Do you need any special practice? (no answer from the questioner) Come on Vitek, stand by your question. You wanted to ask something — keep with it. (Silence)

Okay, Vitek, now you are like this: You go to restaurant and you say to the waiter, "I want the whole menu, everything." And then, of course, the guy believes that you are this huge, nouveau riche guy with — you know — banknotes this thick in your pocket and he says to the cooks and the girls in the kitchen, "Come on, make everything, everything." And they bring out the whole kitchen, the whole nine yards and you say, "Oh, I'm sorry. I'm not even hungry. I was just thinking about it." So, Vitek, what did you want to ask about?

Student   Why is it necessary to sit on the cushion and bow when it's enough to 'just do'-ing it?

Chong An Sunim   When it's enough to what?

Student Why is it necessary to sit on the cushion and bow when it's enough to just do it?

Chong An Sunim Aha! Can you just do anything without sitting and bowing? Answer? NO! That's why it is necessary. Because we think so much while we do things that it completely spoils it. That's why practice was worked out. So, if we never got sick, we would not have to have hospitals. If the Skoda was such a car that would never break, you would not need service stations. But we do have to go to hospitals and your Skoda does have to go to a service station. That's why we need practicing. Sometimes the mind gets really dirty. You hear something, you see something, then even for days or weeks, or months after that, you still have them in your minds, rolling, rolling, rolling, rolling. It's not necessary. You already know that. But how can you stop that? If you do not come back to this point, (hits the floor) it will never stop.

We say, that this HIT is 'don't-know'. But we also say, 'not moving mind'. We also say, 'mind without object', or 'mind without any name and form', or 'mind which is beyond all appearances'. Yeah, they all mean the same. That means your mind is clear. Clear like space, clear like a mirror. Sometimes you see people walking in the street and they are so busy thinking that they can't see right in front of themselves. Sometimes they talk to themselves, you know, and then they hit the lamp post. Bang! Their mind was not there. Absolutely missing. As you would say in English, "Gone fishing." So, if you don't want to go fishing, don't go fishing. That's why practicing is necessary.

But this practice is not special, do you understand that? When you said special practice, I really meant special practice, which is more than just the everyday meditation forms that we follow. Everyday practice is not special because if you go to a culture where it exists for 100 or even 1,000 years, people take it for granted. It's right next door. They can do it at any time. However, in a culture where it has to be imported, it is special. For instance, you know this green seaweed? Very good, huh? Very tasty. Now, if you want to get this seaweed in the West from France to Germany, Czech Republic or Hungary, you go to the market where they sell it, it looks very special and it is very expensive. You go to Korea — there is seaweed everywhere. You go down to a corner store or to the small market, big market, town, city, seaside, you name it. It's all there. And even the best which is rolled well, salted very nicely, it's so very, very cheap that you can live on it.

That's why I say meditation is not special. But if you never met meditation, it is special. That's how some people make big money. Special meditation course only for you, tailor-made to your little brain and smoothing out all your problems. These people make really bad karma. They want to sell the Dharma, the very teaching of attainment and liberation, creating the impression that anyone can 'buy' Enlightenment. That's really number one bad. It conceals the truth that if you made karma, you can also take it away — and no one else can do that for your. Money cannot buy it for you. Only you can DO IT — then it happens. See that? Good. Other questions?

Student I practice everyday and some time ago I set for myself a few weeks' schedule that I decided to keep. When I practiced like this, especially in the second half of this practice period, I noticed that it affected people that I met, especially at work. Even though they did not know about the practice, the practice touched them somehow. Someone began to have really big fears that he could not go to work. People lost things like car and purses. After a few more weeks, a car was stolen. Another colleague said, when I practiced at night, that she woke up the same night and felt like the wall was falling on her. When I stopped the practice at the end of the schedule, then everything became normal. The car was found and returned. The purse was found and returned. And everybody was happy. Is it possible that these are all connected somehow?

Chong An Sunim Why didn't you try to continue practicing and see what happens? Maybe they find the car with some money in it — donation appears. Maybe the walls would not be falling anymore, but she gets a new house. So, there is a

Wanting and checking 317

question you can never answer, this 'what if'? Because this 'what if' never happened. Something else happened. But one thing is very clear. When you practice, that has some effect on other people, especially if they don't know that you are practicing. But the reaction can be many, many kinds. See, I would not put a direct connection or some equation between the events that happened to them and your practicing. Why? Because then one of the basic laws would be broken. Some people already know the story, but I'll tell you because most people don't. In the Buddha's time, there was a great magician called Maha-Mogallana, also known as Magdalayana. He perceived that the Kapila Kingdom where the Buddha was born would be devastated by war. He ran up to the Buddha who was sitting under a tree and asked him, "Lord Buddha, did you see this? Did you see this?" The Buddha said, "Of course." And "Why don't you stop it?" And the Buddha said, "Because I can't." Then Mogallana said, "What? You can do anything! You are supremely enlightened! You do not help then? You have no compassion, you have no heart!" The Buddha did not move. Then Mogallana grabbed the entire Kapila kingdom, put it into a little bowl, took it up to Tushita heaven. In Tushita heaven, there is always peace. There is always light. There is always happiness. One week passed and the time of war was over.

After this really special practice, Mogallana looked at this little bowl, opened the lid and was going to put the kingdom back to Earth. But, alas, he saw that the little kingdom had been devastated by a little war. Then he ran up to the Buddha again, "Did you know this? Did you know this?" He said, "Yes, I did." "Why? Why?", cried Mogallana, "I tried everything!" The Buddha said, "No one can make merited karma disappear."

That's why I wouldn't worry so much about these people's karma in your workplace, because you yourself cannot make this karma appear and cannot make it disappear. One thing is sure: If your practice is clear, your karma also becomes more clear. So, I would not answer your "what if" question. It's not important. Whatever happened to them was their karma. What is really your job is keep your function and your relationship karma clear. If you do that, that has a very good effect on other people because they will feel this. The rest is only their karma. More questions? Any kind of question.

Student I have a problem. When I'm practicing, I try to calm my mind and when it happens, thoughts stop moving. Then someone inside says, "It's really great that I managed all that" and then the peace and calm are over.

Chong An Sunim Peace and calm are over. It's correct, you know. It has to be like that. First of all, when you have enemy soldiers coming into your forest and after much fighting they stop shooting, what then? There is big quiet, right? But if you shout, "Thank you!", then they start shooting again. That's why you should never check your mind.

It's very simple. Your true self is before name and form, before words and speech, so don't talk to yourself, because your are not talking to your true self. Simply your thinking is splitting itself into voices. Sometimes two, sometimes more. If you are attached to these voices, you can lose your mind's integrity.

The best example is when people do some really hard training, become really clear, then they say, "Yes, I got it!" The moment they say, "I got it!", their high-flying Dharma-airplane gets shot by their own thinking and crashes on their ego-ground. Bye-bye. Therefore, don't talk to yourself, especially about practice. There is enough noise even without it. Don't check your mind! As long as you have thinking, it's never really quiet, so you cannot calm down your thoughts — but you can take them away. Focus on what we term as hwadu or the 'word head' or 'origin of thought'. This origin or primary point is what we say, 'don't-know'. That's our practice. So, in Zen, we don't calm down our thinking. Very important. When you go back before thinking, your thinking disappears. There is no calm or not calm. They are gone.

You can also experience that nearly all the time during meditation you have some thinking. That's also okay. If you have thinking, keep your mind like a clear mirror. Clear mirror. When your mind is clear like a mirror, then your thinking doesn't bother you. In other words, you don't attach to your thinking. It's the same point. When you don't attach to your thinking, then your thinking returns to the original point.

So, if you don't keep throwing up a stone, the stone won't fall on your head. Just wait until all of them fall down on the ground and don't touch them. Let them stay on the ground. Most people don't believe this. But if you look closely, you see your own fingerprints on them. You see that you made them. So if you stop making this thinking, you stop your own suffering. If you stop your own suffering, then you also stop the suffering which you would inflict on the world. So, don't check, only 'don't-know'. Lots of thinking? No problem. Little thinking? No problem. No thinking? Also problem. Don't attach to anything, any kind of state.

One extreme is this, which we already said, this "I got it!" You already understand that it is a mistake. Sometimes I also meet some student who are really conscious and they really want to be clear, they really try hard they come to interview room and say, "Sunim, my mind is not clear. I'm so mad." You know, this style of mind is also no good. Or, they are in complete panic: "I have so much thinking! I have so much thinking! I don't know what to do! I don't know what to do!"

This is also not necessary. There is no problem. You are a human being. You are breathing in and out. That's alright, you know. You know that what you really need to have is a human body just for looking out of your skull through your eyes. You have that. It's already big thing. So, in this room, be happy, everybody. You made it. More questions? Anybody?

If not, I'll tell you about another phone call which I got. This one is even more interesting. Imagine a voice which says something like this: "Well, I'm looking for you to seek your advice because a good friend of mind advised that I would call you. I have been a psychiatrist for 30 years. I've been teaching for 12 years at universities and now I have been meditating for some time on my own. But now I have a problem. I don't know how to go on." We exchanged a few more words. It was clear that his man became totally into understanding and technique. That's all he had. Then I asked him, "What is it that you are meditating for?" Then some really heavy karma came out: I understood why he was talking like this all the time. Because he got cancer. He was seriously depressed. He said he had had cancer for 10 years and though he was alive, he was like a walking corpse. With this fixation on technique, he felt he could prolong his life. But he got stuck. Not alive, not dead. Somewhere in between. Then I said, "If you only sit, breathe in and breathe out, you will not get anywhere. You freeze yourself like in a refrigerator. Do you think that this body survives anyway?" He said, "Well, no. I know that everybody dies." I said, "No, you don't know. Because you still believe you are a very unfortunate person to get cancer." I said, "It's not unfortunate. You made that karma and then you developed cancer. It's not some misfortune. And at least you know, you have known for the last 10 years that you would die. It's in your body. It has sent you the message. You will die. So, you have an advantage."

For that matter, everybody has cancer on this earth. It is the cancer of death. Because the moment you got this body, when you were born, you got infected with the cancer of death and it's spreading even now, every second in your body. So I said to the man, "It doesn't matter when. It doesn't matter how long you live. But the quality of your life, the quality of your mind, that's what matters."

Look at Mozart. He didn't live long, yet he wrote some of the best pieces of classical European music whether you like him or not. He lived a short but supremely creative and meaningful life.

The man at the end of the telephone line understood that. But he only said, "I understand, I understand, I understand." I had to say, "I'm sorry, sir. You don't understand. For 30 years, you have been reading books. For the last 10 years, you have been meditating with specific techniques and you 'understood' cause and effect. But you never, ever for a single moment, stopped thinking. If you don't, you can breathe in and out for the rest of your life yet when your body and mind are separate, where is your breathing? When your body and your breath don't support your mind, what can you do? He said, "Well, I don't know." And I said, "It's really time to start the practice which makes your mind really independent. Alright? You may lose your body soon." He had already transmutations of cancerous tissue everywhere in his body. He went through chemotherapy, special diet for many years, almost like fasting — no effect. No more surgery possible, the cancer penetrated life-important organs and locations. If they open his throat, he will not wake up. They may cut the nerve, the artery, then he dies right there. He already understood everything. He understood karma, he also understood that he had made this cancerous tissue. But he never got this point (hits the floor). As long as we don't get this point, we are not liberated. We are not free from life and death. We cannot go beyond our karma. As long as we do not have this point, we are serving our own demons. That's why the teaching says, "Only go straight don't-know!" Any other questions? (Silence)

So, the last interesting story I'd like to talk to about is the one we had recently in Budapest Zen center. In our Dharma Mirror, it's mentioned as the 100-day baby ceremony. But it can be done basically from any time after the child becomes three months old to the age of ten, twelve years. In other traditions, they would say blessing the child. During the ceremony, we chant Kwan Se Um Bosal, and then the leader of the ceremony touches with the wet, white clothes on the forehead of child three times, and says, "Great Love, Great Compassion, Great Bodhisattva Way."

This ceremony is very interesting because children feel the atmosphere very much. First of all, when we chant, all the noise stops. If they are very small, they fall asleep. If they are bigger, then they become very interested but inside quiet. They are looking around, looking at mommy, and not do so much movement. When these three touches happen and they hear "Great Love, Great Compassion, Great Bodhisattva Way" then something very simple but profound takes place. Their mind receives direction. They receive the notion that adults love and help them. So, that's Great Love, Great Compassion. They are our future. They are the future Buddhas. And they will be the parents of other future Buddhas. It's our responsibility to bring them up correctly. That's the Great Bodhisattva Way. There are two kinds of children. One who is born in the hospital or at home, they cry and laugh and they grow, grow, grow, grow. The other kind of child is inside. It is the result of your life. It's something which is growing in you. It's very easy to see the first child. Do you see the second? Do you see the child inside? You had better do. That's what you will be next lifetime. If you don't see it, then you don't know who you are, you don't know who you were and, worst of all, you don't know who you will be.

So, I wish, to all of us, to attain this very clear mind which is like space, like a mirror so that we could attain the path of Great Love and Great Compassion. When we do that, we can take care of the outside child whether ours or somebody else's, whether we choose to have one or not. If you attain this mind, we can take care of the inside child also. Then your path will always be very, very straight. And if you fall, you can just get up and move on. Just like that. So, I wish that, from time to time, we could come together and practice, attain our true selves, and save all beings from suffering. Thank you very much.

• • • Brno, Czech Republic

6

Impermanence and maturity

Choice of a tradition
Entering Zen
Progress on the Path
Clarity, strength and 'don't-know'
Cutting hair and monastic life
Family relationships and divorce
The nature of opposites

Renata, Zen student, giving introductory talk When I started practicing, I had many ideas about Zen. After some time, I still have some ideas, but they are different from before. One teacher said, that 90 percent of people who start practicing have some kind of problem. They not only have problems — all of us do — but they realize the existence of the problems. This is the reason why they start.

However, Buddhism says that the reason why we practice should be to save all beings from suffering. So how do we connect these two things? At the beginning, I also started for a frustrating reason. I had some problems I wanted to solve, and I thought that meditation would help me. Many people might have the same reason why they meditate.

After some time, we realize that it is not so important why we began but the reason why we still do it. Now I am after three-month Kyol Che, it was my first three-month retreat. Returning to the world after this peaceful atmosphere was like hitting a wall, though it was not such a big shock as sitting for three months.

The moment that I began the retreat, I realized that all the hindrances and all the problems in my life were going on in my head. So, what to do? Some moments were very difficult, because one wants to do many things, but we force ourselves to sit and look what's happening inside. We also realize that problems are not caused by external things or by other people, but it's all that I'm making.

I also found out that anything external is also made by myself. It depends on me how I look at them, how I perceive them. This does not depend on words. I would like to encourage you to go for this kind of experience: just to sit and look what's going on inside. It doesn't even have to be in a certain position or at a certain place, just sit and perceive what's happening inside. In this way, we can become more aware of ourselves, which helps us and all beings at the same time. Thank you.

Chong An Sunim Thank you very much for the introductory, Renata. It's good to see all of you in Ostrava tonight. Please ask any questions you have. You don't have to be educated in Buddhism or Zen. Whatever you have in connection with practicing, any kind of spiritual practice, everyday life, and how your practice can relate to everyday life, please ask.

Student I would like to ask, first: why Buddhism and then second: if Buddhism, why Zen Buddhism?

Chong An Sunim You know, people try many things. That's good. When nothing works, they come to Buddhism. Within Buddhism, there are many, many good traditions. Tibetan, Hinayana, this kind of Mahayana, that kind of Mahayana, many of them. Each gives you something and when none of them works, people come to Zen. In Zen, they don't get anything. Only this point. (hits the floor) This is not sweet. But it has truth.

When people lose all their illusions about religion, spirituality, things like that, they can attain this point. Christians believe in God. Some Buddhists believe in Buddha or some kind of Bodhisattva. Pure Land Buddhism wants to take you to Pure Land. Zen Buddhism doesn't take you anywhere, doesn't give you anything. Only this moment. So if you attain this moment, then you and this world become one. That point has no Enlightenment, no suffering. What does it have? Only this. (hits the floor)

When you hear this, your mind becomes 'don't-know'. 'Don't-know' is no thinking. That's Zen. But many people don't' like it. They say, "Ah, Zen is boring. I want really something which makes me happy." For these people, little more shopping in this spiritual mall is necessary. If they like something in this Nakupni Centrum(Shopping Center) they are happy with it. Fine. They should follow that. Zen, again, does not give you anything. Why? Because what you need you already have. The teaching says, 'Originally, all human beings are complete.' If you just discover this completeness, then you don't need anything. Okay? You ask why, if Buddhism and why, if Zen? Because for that person, nothing else worked.

If you look at the Buddha's life, it is very interesting. He tries to be a prince first. When he has the big question at the age of twenty-eight, his lifestyle doesn't work for him. Suddenly, he's out of the family, he's out of the palace. Then he studied with many hermits, yoga teachers. All of these teachers took him to the ultimate of their knowledge. But the Buddha was not satisfied. For him, these yoga schools failed. They were insufficient.

Then he goes to the forest and becomes a wandering, migrating ascetic. He tries many kind of practices, some he learns, some he invents by himself. None of them works for him. He still cannot get to the point of supreme and unexcelled Enlightenment. He feels it. And after six years of constant failures, practice, fail, practice, fail, practice, fail — he sits down on the riverbank under a tree. He was probably sitting there for 49 days, and the last seven days, for sure he didn't sleep. At the end of that 49 day period, he gets

Enlightenment. How? Nobody knows.

The morning star came up, he saw that, bang! He got Enlightenment. I mean, if it was up to the morning star, it would take few days and all humanity would attain supreme, unexcelled, complete Enlightenment. We don't. Why don't we attain Enlightenment by seeing the morning star? Because we haven't done the 'practice and fail, practice and fail' for six or more years.

Entering Zen practice is relatively easy. Staying in Zen practice is not so easy. When you practice Zen, you feel, "Oh, I'm strong." Then you say, "Okay, that's Zen. Fantastic!" Then some karma comes up, some event, some relationship appears and that whack! hits you hard. Your practice breaks, your ego breaks, everything you can think of just breaks. People ask, "Why, oh why?" and they don't understand that first. They eventually accept that they have to start from scratch again. If they are sincere, they start again. That's Zen practice.

Most important is to get up. So if your karma hits you, get up. You will feel different. You will look at practice and life differently. You will look at entire human beings differently. Because when this happens, boom!, then some of your thinking is gone. Then next time you get hit, again some more of your opinion, holding, and attachment is gone. Finished. But nobody really likes this. That's why Zen is not that popular. It's correct that way.

We could rephrase the Dharma so that it could attract a lot of people. We just have to promise things. It's easy. When you don't promise, it is not so attractive. But that is adult style, not children's. Child always needs some candy. When you tell human beings that everything is impermanent, they're very disappointed, but it's true. They say, "Please, I still want something, please, maybe Enlightenment." The teaching says, 'Everything which appears is up to conditions. It's maintained by conditions and also disappearing by conditions.' And then people are very disappointed. But that is the truth!

There is something which sees impermanence. But that's not name and not form, not body, not mind, no thinking, no emotion, no memory — nothing like that. What is this? (hits the floor) When you hear this sound — this mind. When you hear the sound and then you see clearly, — this mind. When you recognize that somebody is hungry and you give them food, — this mind. But you cannot hold it. You cannot give it to people, because they already have it. They just don't know it. That's what the Buddha realized. He gets this big Enlightenment and then he just sees that, "Wow, human beings, they all have Buddha nature. Deep down there, they are enlightened." But do they experience that? Do they attain that? No. Most people are attached to their suffering. Why? Because that's certain, that something we know. We know how bad we are. We know how good we are. We know how bad this world is. We know how good this world is. That's something we know. All these opposites, they tear us apart. But we know them. We are familiar with them. We are born into them. We are educated by them. So these opposite qualities seem real. And when some teacher or teaching says, leave this behind and try 'don't-know', straight 'don't-know', then people say, "Uh-oh, I don't know what I'm buying. I don't do it."

Like I said, if nothing else works, people try this. Many people have problems, 90 percent of the people who come here have some kind of problem. They try Zen, although they understand very little of it. This is really interesting. You can't explain Zen. The very core of it you cannot explain. Impossible. But it works, you know. So people sit, keep 'don't-know' mind, absolutely no thinking, like a mirror and in this mirror everything appears. Many times it's the worst horror movie you've ever seen. Why? Because you directed it. If it is the most heavenly movie, then you directed that, too! And you sit there until the film runs out. Only the mirror remains. Then you are clear. And if people get a little smell of that, then they stay on the Path. They have this little experience of clarity.

What keeps people in Zen is not some kind of belief or idea. It's some experience of clarity and strength. Because of that, people keep practicing. Practitioners realize that their clarity affects the world directly. The teaching says, 'One mind is clear, the whole universe is clear. One mind is not clear, whole universe is not clear.' It's really interesting that by this 'don't-know' teaching people realize how powerful human beings are. How powerful we are! We are capable of anything we want — we just have to find the Way. If people stay in Buddhism or Zen, then that's why they stay. More questions? Any kind of question.

Student How did you, uh… were you born in such a Zen environment or did you convert to it or something about you… if you can tell us?

Chong An Sunim Sure. I was born on planet Earth as a human being. That's very important, you know. Just like you or anyone else in this room. Mother, father, proper birth. So, human beings are usually born into families. When we are born, we have hair. This hair grows until you cut it. Until I turned 19, I did not really cut my hair. I was actually forced to go to the hairdresser because I liked my long, curly hair. When I turned 19, my father, may him rest in peace, said, "You must comb your hair!"

Student When you were 19?

Chong An Sunim Yes, 19. My father said "Comb your hair!" many times before that, too. This time he really meant it. He meant it so much that he wouldn't even let me out of the apartment without having me comb my own hair. That morning was like any other morning, seemingly. But for me that was different.

My parents were very good. They never, ever interfered with how I thought about the world, what kind of friends or girlfriends I chose, where I go to do sports, where I go for holiday. Only two things — my clothes and my hair. My clothes was my mother's department. She worried about that most of time. And my hair was my father's business. But on that day when I was nearly 19, his business went bankrupt. Because I went to the hairdresser and I said, "A zero", and when I said "A zero", then Etushka, the hairdresser went wild. Etushka had known me ever since I could walk and she loved my hair. Because it was blond, curly, and very long. Terrified, she demonstrated 'A zero' on her arm. She made a little bare highway on her lower arm and she said to me, "Do you really want this?" And I said, "Yes."

On that day, as I was walking home, I felt the fresh autumn wind on my bald head for the first time in my life. This was fantastic. When I reached home, all hell broke loose. Not because I was wearing my grandfather's clothing, which I loved from top to bottom, all my grandfather's stuff, the 60-year-old pants and 20-year-old shirts. The only reason was that I went totally bald. "Oh my God, you look like a prisoner!" my mother cried. "How dared you do it?", my father shouted.

Then I said in a calm and clear voice, "I believe this morning we had an object to debate. I abolished the object. So I hope the debate is also gone." My Dad didn't talk to me for two weeks! But that was a seed of something very interesting. When, many years later, the thought of becoming a monk occurred, I knew I could not negotiate. I had to do it or not do it, no questions, no talking. I did it without talking.

After training, lots of training, I digested that experience. And I also saw that as you digest your childhood karma, you become an adult. This is a very interesting way of becoming an adult. I hope you don't expect me to read out the biography because that's not going to happen. It's not important.

What is important is you. What is coming from your eyes? What is listening to me right now? That's important. And since I started this training and never stopped doing that, we meet. The best people in my life met me through the Dharma. The hardest people in my life also met me through the Dharma. Becoming a real adult spiritually means that your karma really opens up. Becoming a monk doesn't mean that you grab a big key and you find the biggest lock and lock yourself up. Becoming a monk means that you pull out the stops. All the stops, inhibitors, things and thoughts that would slow you down are pulled out. You can go full speed. For most people, this sounds very interesting, but it has danger and potential as well. When you drive a very fast car, what happens? You either reach your destination very quickly or you end up on roadside turned upside down very quickly. When you pull out the stops of biological family, regular work, being embedded in society, then many things can happen.

Student What does that mean?

Chong An Sunim Normally, you are just embedded in the structure of society, when that's gone, then either you can practice really hard and full-time, two retreats per year, as she said, two 90 day retreats per year and do it, do it, do it, do it, or you hit the big wall. And that's your karma. Because when you pull out the stops, the only thing which keeps you on the path is direction. For instance, if you get married, guaranteed your wife tells you everyday whether you are a good man or a bad man. Same for girls. If you get married, then the husband will give you very clear signal whether they are satisfied or not with you as a wife. In your workplace, same. The boss and your co-workers, they will tell you with many kinds of signals what they think about you. When you are in society, then all kinds of people, from all kinds of relationship give you feedback what they think you are. When you become a monk or a nun, it doesn't work like that. Some people could tell you that you act like an idiot, but they don't. They let you act like an idiot until you notice it. There is no regular job. Of course you work for the temple, but you don't get paid for that. That's not a regular job. And you don't have a biological family. You have a Sangha around you which is a Dharma family. It is different.

So, how do you use this potential? Our late teacher, Zen Master Seung Sahn said, "Direction, direction, direction." If you don't keep it, soon you lose the path, very quickly. What is correct direction? Attain Enlightenment and save all beings. Originally, it is the Buddha's teaching — attain Enlightenment and save all sentient beings from suffering. So if monks and nuns do that, they can progress very fast because all the stops are pulled out.

I became a monk in 1994, and since then my life has become very interesting. It's like hitchhiking over the galaxy. Not only because you live without a home, but because you meet a lot of interesting people and situations, and your job remains the same. This has been the most rewarding job I could ever take. I had many options, and this is the one I got stuck with. Now you still ask yourself why I did that, because I didn't answer that question. I simply had many unanswered questions and I did not accept any reply other than my own experience. That's why Zen, that's why Buddhism. Other questions?

Student Like what kind of experience you... you just said that it's very interesting how different situation and experiences...

Chong An Sunim One of the most interesting experiences for me was just coming to Ostrava and having Renata on my right and Zuzana on my left. That's very interesting. Then comes you sitting in between two rows of chair smiling at me and your T-shirt says 'Denver 1999'. Our experience is not special. Moment to moment, how do you keep clear and how do you help all people?

Student Does "help" mean that you meet someone and you help him or her? How do you really help all beings?

Chong An Sunim I tell you a story. There was a princess with black hair, tall, slim, with very thin glasses, with a very nice smile. She was walking on the seaside. A journalist came up to her because she was really hard to obtain for an interview. After a long, long search, the journalist found out she was there on this seaside, she was talking a walk. "Okay, let's catch her and ask her a few questions." And of course the journalist, like any other journalist, was asking many stupid questions. And the princess was being kind-hearted and she was answering in detail. Every once in a while, as she walked on the seaside, she reached to the ground. It was low tide in that hour and there were many clamshells in the sand. Every once in a while she reached down and picked up a clamshell. Without hesitation, she threw the clamshell back to the sea.

After a while the journalist took notice and asked her, "There are plenty of clamshells on the beach. Why do you pick up just one and throw it back to the sea? What does it really matter if one goes back while millions remain out here on the sand?" She replied, "For this one, a hell of a lot." And she threw that clamshell back to the sea. So I ask you, saving one being or all beings, is that the same or different? (pause) More questions?

Student I have a grandmother. She had an operation three years ago and she has gotten artificial part of the heart. Nowadays, everything got very hard and the doctor told her that she needed another operation, that she has two options. Either she undergoes an operation in which she can die because she is old, or she doesn't undergo the operation and the she has two or three years to live. She doesn't know how to decide.

Chong An Sunim She doesn't know? Old women understand everything! (laughter) Keep talking to her and just ask her, "Grandma, these are the options. There is this chance that you survive this operation and there is that chance that you don't." Do you think she will understand that? How old is she?

Student 72.

Chong An Sunim If you notice, old people's thinking is very different from young people's thinking. She has to decide, of course, but one thing she has to know. Whatever she decides, the family loves her and helps her. That's what she needs. It doesn't matter how many more years. We don't know how many years. She goes under surgery or surgeon's table, in 30 seconds she can die if there is just a little mistake. Or she undergoes the surgery and for five, seven, ten more years she can live. We don't know. And as people get older, they are less and less capable of thinking rationally. That is correct. They use their experiences in a different way. And their intellect is actually releasing categories. It's not so tight anymore. That's why grandchildren love grandparents because they are very close. Grandchildren are not yet tight. Grandparents are no longer tight. Parents are very tight. "Grandma, don't pick up my daughter all the time. You spoil her." Then grandma says, "Okay, okay, okay." Then the parents don't look — "Oh... my baby..." That's grandparents' mind.

The only thing they have to get is love and compassion and then it doesn't matter how long they live. They already understand deep down they will die. How and when? Nobody knows. But as long as they are alive, they should get full support. So their sons and daughters, have to love them and help them whatever the decision is. Usually, in the old days, they sat down, like my grandfather and us, when we had to go to hospital because of thrombosis, we sat down around the dinner table. My father was a doctor, a very, very good doctor and he started to talk in a very calm and clear voice what my grandfather should do. It was very quiet, clear talking. This cannot be decided in two seconds like you take a dialogue box in computer and, boom, click and hit "enter." It's a human being. It's life and death. It's getting out of this life. Sooner or later it happens.

What's really necessary is that they understand that we love them and help them whatever they decide, and we help them decide but don't decide for them. That's what needs to happen. More questions?

Student Once my son went for a trip with some boys and one of the boys' friends was left behind. A group of gypsies came around and beat him. Before the friends came back for him, the gypsies really beat him up. He was really feeling helpless and very angry. It happened 10 years ago and now he is studying at secondary school. Not long ago, three of his friends, girls this time, were beaten by a group of gypsies here in Ostrava somewhere... in a square. It was in the afternoon there were people around and when he found out he thought if the same situation in which he was not able to help. I don't know how to help him to deal with the anger inside.

Chong An Sunim All right. Put two magnets in front of him. Point out that the positive pole will attract the negative. Turn one magnet around and the positive will repel the other positive. If somebody has fear and anger inside which is actually the two sides of the same coin, you flip it, then fear-anger, fear-anger, fear-anger — they are the same. If somebody has fear or anger, then aggression finds this person. The only way to avoid this: Don't be afraid. If you are not afraid, you are not angry. It's very hard to accept that there is no external solution which would go down to the root of it.

This boy, or this young man, can become a very powerful martial artist, then he can have many friends, he can set up a guard, still the problem would not go away. Because if they really become this positive force, then they can beat up the gypsies. Then there will be more gypsies, then more of his friends, more gypsies, more of his friends, then there is a war.

The only way to take this away is taking away dualistic or opposites thinking inside. If you have no fear or anger inside, the gypsies will not attack you. How can I say that? Because we lived in a gypsy neighborhood for three years in Budapest. I'll tell you a story. Two of my students and myself, we were returning from a Dharma talk at 11 pm. Dark. Empty. Nobody moves at 11 pm in that district except gypsies. It's like a curfew, except that it's not the police that imposes it. But no white people really were on the street and in District 8 that hour. We were. Me, in total gray robe, no hair, as usual for a monk. My students, total orange, no hair. And we were walking home. There was a square which was one block away from the our Zen center at that time, and there was a gang of gypsies hanging out there, totally relaxed talking to each other.

As they caught sight of us, I quote literally what one of them shouted, immediately, sorry for the language. The guy shouted exactly this: "What the fuck!" So we understood that trouble was coming. But there came another voice in the group, immediately reacting to this guy. "Leave it. I know them." They didn't move, they didn't talk any more. We went on our way. We didn't run, we didn't look away. We just looked in front of ourselves and continued walking. For about three minutes, we were in their sight. We turned round the corner, then one more turn, and we were at the Zen center.

Later, we didn't talk about it much. How could this have happened? You see, when I'm in gray and in this bowing robe and pants, I look like a martial artist. So gypsies in that district, they stopped me every other day, "Hello, are you from Shaolin? Your clothes are cool, man! Can you fight kung-fu, man?" And if you chicken out or you're arrogant, they notice it. So if you go into any kind of extreme or lose your center, they notice it. Gypsies are very observant. They can really read you and your emotions much better than many intelligent intellectuals. If you really keep cool and you talk to them nicely as friends, they would remember that. So I said, "Yeah, I'm kind of a martial artist, but I don't fight with my fist. I fight with my mind. My enemy is not outside. My enemy is inside. If I win the fight inside, then I have only friends outside." The guy heard it and the guy who stopped me at that time heard them, just went "Wow..." Then the guy said, "Well, if you wanted to defend yourself, could you do that?" I said, "Probably I could. But inside if everything is done, then outside no problem." They were very respectful afterwards that and they took one step back, because they didn't really know what to expect. Within a year, we had a pretty good reputation in the neighborhood. So when they look at you, you don't turn your head away. You just look at them, say 'hello' and then go. Just meet at the same level. When they don't look at you, you don't look at them. That's it. So what governs that district to the present days is 'jungle law'. If you understand jungle law and you live by it, you are not harmed.

So to relieve the fear and anger, some kind of practice is necessary for this young man you mentioned. Then this anger mind, fear mind are taken away and aggression doesn't find him. This works interpersonally, directly and it works also remotely. You don't see the person. It's very, very beneficial. So that's the deepest way. This is the complete way. More questions?

Student Who decide what you do in a temple?

Chong An Sunim So there are various stages of your training. And as you get older in your monk age and you decide more and more by yourself. Before people become monks or nuns, there is a time of apprenticeship. We call that haengja. One year to three years. Then haengja's name is 'Yes, Sunim.' Anything the monk or nun says to the apprentice, the answer is 'yes' in mind, speech and body also. So the haengja thinks 'yes', says 'yes' and does what is requested to help the temple.

After this training, the person becomes novice. Stays in the temple, practices and works. Still, when novice wants to leave the temple, then permission is necessary. After four or five years, the novice becomes fully ordained monk or nun. Then this person becomes independent and can practice in any temple. Some of these monks or nuns become teachers. They receive teaching authority. Then, in the area where they teach, they harmonize their teaching work with other teachers of the same school or tradition. If you just get back to practicing, there are, what you say, wandering monks or nuns. After they become fully ordained, as I said, they can go to any temple and practice. Some people do it for five, ten, maybe even twenty years.

I have seen those people. I practiced with them, sat in the same Zen room with them, visited their temples. We talked together, we ate together, we walked together, it was possible to know them. As I said before, when you become a monk or nun, all the stops are pulled out. I experienced with them something really important, just as important as no hindrance. You can become nobody and nothing. This nobody and nothing helps this world and saves all beings.

When I saw them, I was like three-four year-old monk. When I saw them and I saw what 20 years of serious Zen practice can do, I said, "That's it." If I can just do what they are doing, my life is complete. I don't need anything. Just practicing and helping all beings, in any way it comes. Somebody becomes teacher, okay. Somebody doesn't become teacher, also okay. So a monk or a nun doesn't depend on titles. It's not something external. It's something inside of you.

I went to one of the famous Zen meditation halls in Korea. It was just a week before they started their winter retreat. Everybody was there. With my Hungarian monk brother, Won Do Sunim, we had a chance to eat lunch with them. I'll never forget that. We saw people who had been sitting Zen rooms for 25 or even 30 years, two retreats per year. They didn't have to say anything. What was in them was coming forth, and it functions in a thousand ways. And this quality is most inspiring. It certainly inspired Won Do Sunim and me. More questions?

Translator If no one else, can I ask a question?

Chong An Sunim Yes.

Translator Thank you. I have a friend and he is getting divorced. Although he had decided with his wife before they got married that they were not going to involve the kids if something happens between them, they still do. And the divorce is getting really nasty. He's afraid he might lose the kids, because the wife was saying really nasty things about him in court, which I'm not sure is true. So is there anything I could do for him, or for them?

Chong An Sunim Kwan Se Um Bosal! You put the names on the altar, wife, husband, their soon-to-be born children, and you direct all your lovingkindness towards them by reciting the name of Kwan Se Um Bosal, who is Bodhisattva of Kindness and Compassion. Don't touch their karma. You can make things infinitely worse. There are people with all kinds of authorities, all kinds of labels on their clothing who touch their karma because it's their job.

Unbelievable! They said, "We will not involve the kids when get divorced." How did they think that? How did they ever imagine the divorce would leave the kids untouched? I'll tell you something better. People who share the same bed and they touch each other at night, they write a contract before marriage. This contract is about the divorce. It's a contract of sharing wealth, because when the shadow of marriage appears, this wonderful vision of married people, the participants become afraid.

During the hottest honeymoon, they think, "Oh, what will happen to my house? What will happen to my car? What will happen to my money? What will happen to MY, MY, MY, MY, MY?" Before they go to the priest or the official, they write this contract. It says, "I love you, but this is mine. I love you, but this is also mine. I love you very, very much, but this is also mine." Then, when the divorce comes, everything looks 'fine'. That's what you call a contract of sharing wealth.

What's really difficult that you cannot put the kids in there because at that time the kids are not there. No matter how meticulous you are, you cannot tear the kids apart.

So then it comes out how human you are, how you can let go, how much you lose your illusion about yourself. First big illusion, that 'This is my kid.' That kid is not yours. He or she was born to you. You helped this mind getting into this body. So you have this responsibility, but that kid is not yours. If the parents had that mind, the divorce would be much more human. They would ask, "How can we help this little person who is born into our family, our child, into full humanity, full independence?" But no, they say, "Depend on me. You are mine. Don't depend on the other parent. He or she is bad, a really bad person. Depend on me because you are mine." And that's when your humanity comes to test.

I would really love to hear about the exceptions. But all

cases I heard so far meant that the humanity test failed. Look at the kids 10-15 years later. They copy exactly same behavior. Why? Because they didn't learn anything else. So if these parents ask questions, you can answer them. If they don't ask questions, then only chant Kwan Se Um Bosal. Last question?

Student What do you expect from life?

Chong An Sunim Death. What else should I expect? You are born, so you die. How you spend your life in between, that's our job. But anything you get, you lose. We have a great poem, *The Human Route* by Zen Master Seung Sahn. It begins like this: 'Coming empty-handed, going empty-handed, that is human.' That's what you get. What you can do just this moment, that's yours. This life is not yours. You die. Death is not yours. You are born again. But this moment is always yours, because Zen practice goes beyond life and death. Whether you have a body or not, keep clear. Constantly return to pure clear. Constantly attain Enlightenment. Constantly save all beings. You expect something, you ruin it. Expectation means you sit under a tree in full lotus position and you open your mouth and wait. Maybe something comes down and you can eat that. And that is not human. That is like a lizard or a chameleon.

Chameleons are waiting with their tongue curled up inside their mouth. And any flying insect comes nearby, their tongue lashes out. It's very sticky, so the insect gets caught. The tongue closes back and then the chameleon slurp! and you see the big bulging throat in *The National Geographic*. The next half an hour, half a day, half a week, digestion. Afterwards, again slurp! just like that. That's an expectation. So we don't have expectation. We have direction. Moment to moment, we follow that.

There is a teaching which says, 'Accept what life brings.' But there is something before that which says, 'Lead a full practicing life'. That means practice one hundred percent, then accept what life brings. Because then you really, really meet who you have to meet, you get what you have to get, and you lose what you really have to lose. We call that direction. We call that going straight. At this point you see that expectations do not matter.

Anything else? Alright. So I would like to appreciate your precious attention tonight and make a brief note that we have fully functioning Zen centers in Brno and Prague. And I'm not sure about Ostrava but there is an initiative and meditation group can continue so that people could practice together and share the Dharma together. If somebody is interested in that can stay after the Dharma talk and talk to Pavel and other Ostrava people.

In this way, something, which can be action, not just speech can come to being. This life is very short. If you see how time just flows by, and as you get older, faster and faster just flowing, endlessly. Just pulling you into the future. Weeks, months, years, go by. And suddenly you find yourself at death's door. Then what do you do? Scream? Too late. Pray? Too late. Practice Zen? Too late. Before that, something is necessary. Before your body turns into a pile of dust, something is necessary. Before you lose the ability to practice, something is necessary. You choose what it should be. But use your human capability to the fullest extent. Bring the best out of yourself. And if you did that, then at the end you can say it was worth it, and now good bye. So, thank you very much for coming tonight and listening to the Dharma talk.

··· Ostrava, Czech Republic

7

One mind, mirror mind

The motivation to hear the Dharma
Suffering and freedom. Spreading Zen
Action and non-action
Mind quality and crisis
Saving all beings

Chong An Sunim after the student's introductory Thank you very much for the introductory. It's good to see you all — old faces, new faces, beginners, even more beginners. Does anybody have any questions?

Student Who taught you to present practice to people?

Chong An Sunim The trees, the sky and the mountain.

Student Socrates said, "Trees and mountains cannot teach me anything, but the people from the town can teach me."

Chong An Sunim So that means your teacher is Socrates. So why ask me?

Student Just for curiosity.

Chong An Sunim Curiosity? That's not enough.

Student What more do you need?

Chong An Sunim You are asking for the Dharma, which takes you beyond life and death, and you are only curious. Not enough.

Student I don't know what more I should need.

Chong An Sunim I'll give you a hint. The Buddha said that life is suffering. There is a cause to suffering, there is an end to suffering and there is a way to end suffering. Let me ask you: Have you experienced the four main kinds of suffering?

Student I don't know anything about them.

Chong An Sunim They are birth, old age, sickness and death. They're the four major ones. There are four smaller ones too, which is not getting what you want, that's one of the suffering that you have now, not getting what you want. Getting something that you don't want — it's also a little bit what you have now. Being in the presence of those that you don't like and missing those that you like. These are four smaller sufferings. This is why you need to experience more. If your mind does not perceive and does not completely attain this suffering world, then nobody can teach you.

Student So, how can I work with these sufferings?

Chong An Sunim Very good question. First of all, the four major kinds of sufferings actually come from these simple causes: impermanence, illusions and attachments. Anyone can see that nature has a cyclic existence. It turns around. Trees lose their leaves in the fall and they bear the buds in the spring. They have their fruit and the fruit gets ripe. Then the new tree appears. The same is true with human beings, it's birth and death, birth and death revolving around. But the tree is not happy because it's spring and is not sad because it's autumn or winter. Nature acts completely without the notion of impermanence. Only human beings have a problem with that. So, we are born, this body is born, grows up, gets old and dies. For most of us, this process is big suffering. We don't want this. So, once we are born, we want this life to continue as long as possible.

To start working with suffering is getting down to the hard fact that you will die but you don't want to. If you work with this, you realize that although you don't want to die, you will. It's very important. And then you can also realize that you don't want to lose things, but you will. You don't want to see broken relationships, but some of them will break. When you perceive all these, then you can attain impermanence. When you see the pain in your mind, then you attain the suffering that you want these things to last, including your life, but they don't last forever. This is the first step working with your suffering. You have to perceive it — if you don't, you live like a blind person.

Some people criticize Zen or Buddhism in general, "Why do you make me so depressed?" Actually, this is a misleading question. The right question would really ask about getting real: Seeing things as they are in the world and in your mind. See things, all phenomena, as they are. See how the world functions. See how your mind functions. And then you can make one more step. You can return to what perceives this impermanence. This is what we call original mind.

The Diamond Sutra says, "All phenomena are like just a flash of lightning, like bubbles in the water. They don't last. Thus should you view them.If you view them as such, this view itself is Buddha." Nonetheless, the Buddha is not special. It means Awakened One. Awakening means: get real and see things as they are.

That's why in Zen we teach to see clearly, hear clearly, taste, smell, touch and think clearly. So, as I said, step two is return to this clear mirror mind which perceives impermanence. When you do that, you are not controlled by this impermanent world any more because you do not attach to it. And then, the third step, you can use this impermanent world to help other beings. First: get real, by this you become free. Second, return to the source, our substance. Third, help other people to become free.

These are the three important steps to practice. That's how we work with suffering. When you return to your original mind, you see that you create suffering. You create birth, old age, sickness and death. If you stop doing that, it doesn't happen. That state we call 'clear mind', 'beyond life and death.' Next, you can help other people attain the same. That's Zen. That's the path of the Bodhisattva.

Student What does it mean to help other beings? Does it also mean talking with them about how I perceive the world with my mind or how can I show other people what I see? How can I talk to other people to help them?

Chong An Sunim No special effort is required. You know, if you start running up to people and say, "Hey, the sky is blue. Did you know that?" What do you think the response would be?

Student Somebody may say, "Oh, you are strange." Someone else, "Oh, you are a fool."

Chong An Sunim Yeah, if somebody says you are an idiot, they help you. Not because you are an idiot. No. Because they tell you very clearly that's not necessary for you to say to them the sky is blue and the trees are green. Because they have eyes, they have ears. Everybody in this room can hear and understand. So how would your neighbor react if you whisper into her ears, "I have a teacher. He is answering your question." Zen is great because you don't have to explain it. In Zen, we say, if you want to help people, then somebody is hungry, give them food, somebody is thirsty, give them drink. With Zen, there is no good news that you have to spread. This news has been around for millions of years. Your Buddha nature is not something that you get from a newspaper or from somebody's mouth. You already have that. You just have to attain it. For that, you just have to be with practicing people and do together action. Then, spontaneously, the Dharma appears even without any Buddhist concepts, even without saying that this is the Dharma, For that, practicing is necessary. Then this everyday life is necessary for this Dharma to appear. And third, you have to have some wisdom out of it.

As you follow your practice and everyday life, you distill some wisdom — how things should be done. You don't even have to appear as a Buddhist. Just be yourself, be your clear true self, not what you think you are but what you truly are. This is our deepest capability, our original human potential. More questions?

Student In this world of trouble, sometimes it seems advisable not to try to do anything, to change situations or change people. Most of the time in my past, I tried to fix things from the outside. During the last half a year, I decided to change that. I saw that the way you treat the world is more or less the same as the way you treat yourself. So I also stop trying to fix myself. And it's interesting that the effect seems to be working. It seems to me that sometimes it might be better not to do anything.

Chong An Sunim Beautiful. But where is the question?

Student Maybe you could tell me.

Chong An Sunim Not necessary. Any other questions?

Student (trying to help the previous student) Can things be happening naturally? Is it okay to leave things as they are?

Chong An Sunim You are such a helpful, wonderful man. The other student should buy you a beer after this Dharma talk. So what does this mean — letting things be? Letting things be does not mean that you won't change your socks! And once you change them, you don't let the soiled ones just sit in the washing machine without turning the machine on. When you really let things be, then you don't have a mind for yourself. You don't have a sense of 'I'. You and this world become one and you function spontaneously.

Long time ago in China, they call this non-action, mu wi in Korean, wu wei in Chinese. You know, when you do not have 'I-my-me', and you don't work for your own benefit, that means no action for yourself. So, spontaneously: when hungry, eat. When somebody else says hungry, give them food. And when time to work, just work. When time to rest, just rest. Without any special thinking. Okay? So that's non-action. To make it very clear: it's not a special form of laziness, ha-ha-ha? The Chinese made it even more clear and they said, "acting non-action" or wei wu wei. Because you actually DO your duties in life. You function. But your mind doesn't move. If your mind doesn't move, you do not create opposites. When you don't make opposite, there is no 'I'. So, the mind which doesn't move, that's non action or nonacting. This is oneness. This is clarity. And when this oneness or when this clear mind functions, that it's acting non-action. We do not even have to use so many Taoist words. But once you talk about non-action, it's better to know the background a little bit. So, letting things be actually never, never meant that you totally become disfunctional. If you totally, absolutely do not do anything, literally, just for a couple of days, that would be a serious problem. It would smell really bad. Then you would be really hungry and thirsty very soon.

Be clear, be spontaneous, be one with the world. Okay? That's clear action for all beings. Then, don't think about this action. If you can do that, you are complete — and you do not lose being complete either.

Student I have a question about this mirror mind. When white appears, it reflects white, when blue appears, it reflects blue. What about the case when anger appears?

Chong An Sunim First, you only see anger. You see it in vivid color, 16:9 widescreen. Watch it. Then put it all down let go of it completely. Let go of this anger. In Zen, we say, return to the energy or the mind where it came from. So, you can ask, where does this anger come from? Look inside. Where does it come from? And return to place where anger comes from because your compassion comes from the same place.

If you can return to the place where anger comes from,

from that place you can generate compassion and action. But for this, your perception must be really fast and stop your hand before it actually hits.

So, see it, let go of it, then use the energy which you get back from this karma for something else. That's how you deal with all kinds of karma. Originally, there is no good or bad karma. But it may have come to the surface at a wrong time and place. For instance, somebody is practicing martial arts and in the Dojo there are these big sandbags, you know, the guys and girls standing in front of sandbags and just hit the sandbags. Then in some martial arts club, there is a combat. Some shouts, waaah! But the training is over and you go out in the street. And if you enter the subway, with this kind of waaah! kind of mind, then you soon have a problem, because you start to hit the passenger right in front of you because it's too crowded. That means that your martial arts karma came to the surface at the a wrong place and at the wrong time. But if it doesn't come in the Dojo during combat training, then you also have a problem. You just bow to your opponent and say, "Excuse me, can I hit you?" Or, you go to the sandbag and say, "Oh, I can't." You know, then your coach comes over and says, "Hey, Joe, what's wrong with you?" So, that's why in Zen we say 'Correct situation, correct relationship, correct function.' But what is correct? Fortunately, there is no big book about "correct".

So, moment to moment, be clear. Then you can perceive what is correct? Okay? That's how we do this. More questions?

Student How important is it to have a kongan interview? Is it just supplement to sitting or is it equally important?

Chong An Sunim It's **very** important.

Student I'm afraid that we might be losing time with discussion while we should be practicing.

Chong An Sunim Are you not practicing?

Student Of course, I am.

Chong An Sunim Good. If you keep practicing mind, then the function of kongan interview will also become clear. In short, kongans serve to test and verify our practice, whether we can actually use our clear mind to help people in any situation, without any dualistic or egotistical thinking. Without kongan interview, people could easily lose their way and may not use their minds in everyday life correctly. Any other questions? Don't be shy. If you have a question, ask.

Student Could you say something about meditation?

Chong An Sunim Why is meditation so important? All over the world, there are many ideas about mediation. These are almost always focused around getting something. If you want anything special, then Zen is not for you. If you want to practice Zen just to become clear and return to your true self, then you are welcome to come to Kyol Che.

Student What is Kyol Che?

Chong An Sunim If you decide that you want to become clear, then some kind of practice is necessary. For example, you decide you want to wash clothes, then some water and detergent are necessary, then some effort. Same with the mind. Originally, our mind is clear. Originally, your clothes are also clean. But your attachments make you suffer. So, you sit down and you just put it down, put it down, put it down. Anything appears, let it go. Return to the moment. Return to the sounds. Return to your breath. Return to your question. Return to "together action". Any way is fine. Meditation is not special. 24/7, seven days a week, anytime, any place, what are you doing right now? This is our job. Do you like that?

Student I will change lots things but it's a little plain.

Chong An Sunim You will change a lot of things. First of all, yourself — but only you can do it. Zen is just an environment. It's a means to an end. In Zen, what's wonderful is that you do not have to believe anything and you do not have to do anything unless you want to go on the path. Nobody tells you, "Hey, become more clear. Hey, it's your job and you must do it." No, it's your chance. Since human beings have potential, we say you can become Buddha.

That's why Zen is the adult version of Buddhism. Nobody tells you anything, but there is a great chance to fully attain what your human potential is. And our greatest human potential is awakening. You know, we have this mind, we have this body and mind — what are we using them for? Just look at them. You can always ask, "Can we just a little bit increase the quality?" If you look at human beings as a group, 6.6 billion humans as a group, can't we just increase the quality a little bit? When you really want to attain awakening, that means you use your human nature correctly. When you do not want to create more suffering, but you want to wake up and help others wake up, then use your human nature correctly. It's the greatest potential we have. The Buddha said that it's an extremely fortunate thing to be born as a human. It was the same person who said that birth, old age, sickness and death are the four major kinds of suffering, right? How come that the same person gave seemingly totally contradictory teaching?

Human beings love paradoxes. They just get stuck in your mind and you say, "I don't understand. How come that being born as a human being is a great luck and as a result we have the suffering of birth, old age, sickness and death? I don't get it." In fact, our way, our path is lined with contradictions. Watch another big paradox: the Buddha's teaching has been around, in one way or another, for the last 2,500 years. Look at the result. Can't we just do it better? So, how do you use your human nature? What do you put into your consciousness? What do you identify with as 'yourself'? What do you think of another person in this world? So, all these questions are very important and they lead up to the most important questions — why are we alive? Why are we born? You find the answers for these questions by yourself. Since you are not alone with this quest, many people practice together to find the answers. Once you've found these answers, you can start to use them. That helps. More questions?

Student How come you became acquainted with Buddhism?

Chong An Sunim Buddhism? What's that?

Student So, what is it that changed you?

Chong An Sunim Did I change?

Student Looks like you did.

Chong An Sunim You should really see what is it that changes and what is it that does not! To the point: I had a question which I couldn't resolve. And usually when you have one type of crisis, then you can handle it really well. But when you have both intellectual and emotional crises together, then you really have to stop and look what's going on. Otherwise you get really sick and you can die. So, when your body gives you the first warning signal that something's wrong, then you'd better stop and look. Even then, 15 years ago, I wasn't in the mood to receive ready-made answers. I wanted to find my own. So I didn't believe anybody and anything. I said, "There must be something beyond all this." So I read a lot of books, I visited various religious groups, etc. and I threw all of them out of myself, bye. I don't care. I do not want any of these. And you have to remember when I said both intellectual and emotional crises together, that means you are burning inside. Then you are not this kind of cool poker player shuffling questions and answers — you are burning. And you also know that your time is running out because your energy will run out one day. So, unless you really want to lose your human energy, you have to find something to plug into. Something, which is truly refreshing, something, which is truly giving you some kind of freedom, some kind of open space, and a way to become clear and happy.

There was a friend who really knew me, really knew my mind really well and he had known me for years before he gave me this advice that, "Look, I know this Zen group. You might be interested in what they are doing." I said, "Maybe." My friend showed me *The Heart Sutra*. I read it from first word to last, and I didn't understand anything at all. I understood this word, Avalokiteshvara Bodhisattva, because I had had tons of reading before that. "Wow, somebody is really compassionate here, and she is Avalokiteshvara Bodhisattva." Then at the rest of it, I said, "What?" Especially when you reach this crucial part, 'No eyes, no ears, no nose, no tongue, no body, no mind, no realm of eyes and so forth until no realm of mind consciousness'. Then I said, "Are there people who can live like this? I really want to see them." So I went to that Zen group, I found some of the most balanced and wise people of my life. I said, "These guys really don't attach to anything, don't identify with anything, don't believe anything and they are fine. How is that possible?" Right then, my questioning, you know, already became different, already became less self-centered. As I started to practice, because I was really, really curious, I really began to feel, not to understand, I really began to feel what this is about. Then I said, "Way to go." And ever since, I say, "Way to go." More questions?

Student How can you really help other people who are suffering when we ourselves are stuck in our suffering very often?

Chong An Sunim If you are attached to suffering, then you cannot!? You have to digest that suffering first. A pretty large chunk of that must be finished. Then what you finished, what you digested, becomes wisdom. Then you can help. At least you can say to people not to do what you've been through because they have to go through the same hell. Also, which direction they should take once they have an alternative, you can guide them if they accept you. Then, suddenly, suffering will have some meaning. And this meaning is, 'wake up'. Use suffering to wake up. Then they understand, "Wow, where does this suffering come from? Who is this that suffers? What is the cause of this? Do I really want to put an end to this? If I want to, I can." This means that you have helped.

If you don't finish your own first, this means that you haven't digested suffering. If you haven't digested it, it hasn't become wisdom. Then no matter how compassionate you are, you cannot help another person truly, deeply. Any other questions?

Student You have paradoxes and I have a paradox that, you know, even though one person has suffering, he/she helps others, thus he/she reduces his/her suffering. Does it work like this?

Chong An Sunim If you practice hard and try to attain your true self, anything can work, because you go straight — don't know. But if you follow your dualistic thinking, nothing works, you only go around, around and around. More questions?

Student How can you save a person who doesn't want to be saved?

Chong An Sunim In that case, they cannot be saved. You may try, but your will face resistance. If someone's toy is suffering, they are attached to it and play with it. Approach this issue from another angle: Your suffering makes other people suffer. Watch? You are not alone? You are happy, other people also happy? Your suffering makes other people suffer. This world is not your own personal mini-planet. So you have to ask yourself, "What do I really want?" Do that, then watch the result. If you truly reduced your own suffering, you see that this has already helped other people, even though they don't know it.

Student My question was about direction. You have talked about saving all beings but then there are beings who don't want to be saved, so what about them?

Chong An Sunim Let them live their lives, simply stand by. Do not interfere if they don't want you, but keep the doors open. The Buddha said that human beings are like children playing in a burning house. How much burning do you need on the face or on the body to see that something is wrong? For some people, just one little spark on their body is enough. They want to run out. Then they say, "I don't want this. I want to live differently. Some people need to have little burn mark to say, "Wow, let's run!" Some people are little bit more masochistic and they say, "Oh, let's burn little bit!" So, they wait until their lower arm is burned and they shout, "You see, my lower arm can burn!", then they run out. And some people are really interesting because they wait until their whole body is almost burning. Some of them, they stay there until they die. There are people like that.

Student Then how is it possible to save all beings?

Chong An Sunim First of all, you yourself should get out of the burning house. Later you come back and then you ask, "You guys are, not going? I have brought you something." Then you open just one glass of water from the outside. That's why Kwan Se Um Bo Sal, the Bodhisattva of Compassion has little bottle of water. This water is compassion, which takes away the suffering of the world, literally douses the fire, puts out the fire of suffering.

So you go back to the same burning house where you had come from with a glass of water and say, "Who wants it?" Someone will take it. Maybe not your friend. But you should be able to give it even to your worst enemy, because then you have saved one person. It doesn't matter who. It doesn't matter how many. It doesn't matter whether they like you at the moment when they take that glass of water. What's important is that you gave a chance, one chance, to somebody to wake up. It may be just one word, one hug, one good word, one correct action, just one correct question. You already helped.

Like I said earlier today, you do not have to be a Buddhist for that. You just have to be real. If you are honest to yourself, that means you are sincere toward the world and other people. But if you lie to yourself and you defend your own ego, even toward yourself, it's not going to work. So, that's why first you get out of the burning house, first you become clear, and then, like I said before, the situation spontaneously arises when you can help other people.

If somebody doesn't want to take that, maybe they didn't have enough burning. You shouldn't pass any judgment on them. Let them burn if they want to. Simply be ready to rescue when the time comes. More questions?

Student How long did it take for you to get the real experience?

Chong An Sunim What is the real experience?

Student Something changes: before you read something and you understood, but after you experienced, it becomes real, doesn't it?

Chong An Sunim I really wish that everybody would see that understanding cannot help you. This comes when you face something that you cannot process. Your mind just stops, cannot move. When your thinking doesn't work, just look at yourself and ask: "What is it that I really want?" Everything I believe or I understood is just broken, finished. Everything I wanted as a good feeling, happiness is also gone, finished.

So, understanding cannot help you, but you must attain that. If you are attached to thinking, if you only want to **know** Zen, it becomes only a collector's item on your shelf. Some people behave like this, "This book, yes, I have read this book, I am finished with Zen." You know how really good this feeling is. Experiencing Zen is another story. Sometimes it feels really strange, because you face yourself. You see your karma, and sometimes you really want to run away. You have your ups and downs. You sit and sometimes you feel you are ten times better than the Buddha himself, because you are so great. You are just waiting for the sky to open and you would just fly up, you know. But as you wait, everything turns sour because the sky doesn't open up and you don't fly up there. As your mind turns from clarity to expectation, your unfinished karma raises its ugly head. Then, on the worst day of your life, you say, "Oh no, I thought I was totally clear and now this ugly karma is here again." And then you are ready to spiral down into your own personal depression, but you remember that you did this before and this is not necessary. It does not lead you anywhere. You don't do it, because it's counterproductive. Gradually, you learn how to discard 'good' and 'bad' alike, you come back to the Middle Way, simple and clear life, moment to moment. If you do that, then the Buddhist ego also disappears. By way of trial and error, you discover and rediscover the Path again, and again, and again.

So, at this point, it's more important why you continue the path, not why you began. More questions? Last a couple of questions?

Student How long did it take before you felt you could help people?

Chong An Sunim How long did it take? I never counted it. You know, when you start practicing, you are full of crap, really.

I'm telling you. You practice more and you realize this whole world is full of crap. And you start cleaning and you feel you never finish. And that's how you do it for many years. So, it's better to talk about this. That's your experience that you just cannot finish your karma. It seems immense, unmoving, unchanging, always there. Then, as we heard, you can reach the state when you just let it be. And then something marvelous happens. It disappears by itself. Just because you don't touch it, you don't check it. You don't want anything. You are not attached to anything. You are not afraid or worried about anything. And you realize it, "Oh my gosh, this whole junk, this entire junkyard was created by my mind. And if my mind does not move, all this karma is not created and disappears." So that's original mind, not moving mind. And then you realize how to save all human beings from the suffering you would inflict upon them. When this takes place, it really doesn't matter. It just has to happen again and again and again.

Student Yes, yes, yes, but the question was when after long years...

Chong An Sunim Patience, patience. I lost count. I even don't know how old I am. So please, let's ask something useful. Otherwise I can't help you. Yes, over there...

Student I've read books about Zen and so far I understood that sometimes in Zen things can happen abruptly or suddenly. Also at beginning of practice or at the retreat, somebody gets some instruction, for example, follow your breath or keeping a hwadu, then the person becomes attached to it and nothing happens for along time, or only slow and gradual change. Is Zen a gradual or a sudden path?

Chong An Sunim Which one do you like?

Student I myself see that these have some limitations.

Chong An Sunim Then you will have some limitation. Your mind makes everything. If you make sudden, you will have sudden. If you make gradual, you will have gradual.

Student Then how about meditation instructions? Instructors may have questions from beginners — how should they answer them? What if one school says sudden and another says gradual?

Chong An Sunim There is no problem with the words of meditation instructions. Everybody should get that. Otherwise they don't know what to do. The mind of the instructor and his/her practice energy, that's what matters. If beginners become attached to words, which happens at the beginning, it's very easy to fix that. Why? When you attach to something, it soon stops functioning. If so, practice and the view on practice have to change. It's not difficult. It is very natural.

In Europe, the danger is not in being attached to a specific meditation technique. It's a thousand times more of a danger that we are becoming attached to our thinking about practice. So, if you only do it and don't think about it, only perceive, become clear and help other people, that's very, very good. Then any kind of technique you use will help you. Because when you don't think about technique, you and the technique become one. Then you perceive directly without any analysis how to use this technique. It becomes as natural as walking in the street. I mean, when you walk in the street, nobody ever says, "Well, now it's my left foot and watch, now comes my right." Alright? So, it can become very, very natural. But when you start thinking about it and checking your practice, then you kill it.

Don't think about practice!? Only do it. Okay? More questions?

Student To be a Zen monk, is the outer form important, you know, like shaven head and so on?

Chong An Sunim No, not important. Why did you ask this question?

Student Can I stay in a monastery with long hair?

Chong An Sunim Yeah, you can do that for a some time. But, if you want to stay there for many years, then becoming a monk or a nun is usually necessary. If so, you must cut your hair. Monks and nuns are not attached to hair. Bald head is very cost efficient. No need for shampoo! (Laughter from the audience) So, Sunims try to live a simple life and use towels instead of combs.

In the old Indian tradition, social etiquette included hair

style, especially this long hair which the right and obligation of kings and warriors. It indicates the caste where they belong. When the Buddha went into the forest, he cut off this knot, this long, kshatriya or warrior knot and threw it on the ground. This meant that he did not want his worldly power any more. He did not want to belong to his caste anymore. He left society, and like many people before and after him, he went into the forest.

The Buddha tried many kinds of practices, but for all these practices what you really have to do is put down your worldly power mind. Worldly power is based on the assumption that you can get something and keep it. This is ignorance. So in Korean, they say, 'ignorance hair'. Pheeeeew! Cut! But the most important is your **inside** haircut. Cut the hair of your mind. Cut the hair of ignorance and its offspring: anger and desire.

What's really interesting is that most of people think that ignorance means a lack of knowledge or something like that. In the conventional sense, it's right, although there are much deeper levels of ignorance. It's called 'dualistic thinking'. Dualistic thinking is neither good nor bad. Nonetheless, we make ignorance out of it. How? When you start to believe in it as something independent of your mind, something you have no control of. When you believe that heaven and hell are real, when you believe that good and bad have some self nature, when you believe that enlightened and unenlightened are not empty names, when you believe that words and thoughts have absolute value, when you believe that your likes and dislikes have universal value, then out of this comes anger and desire. Your mind makes good and bad, right and wrong. As a result, attraction, desire as well as repulsion and anger come.

When you see that your mind creates this whole shebang, then you have complete power over all this. Complete power over creating or not creating, depending on the situation, relationship and function, that's true power. It has nothing to do with getting what you want or controlling other beings. True power means attaining your true self and using it correctly.

So, stay centered and do not attach to your thinking. Keeping a clear mind and helping all beings is the greatest power. So, I hope that, in one way or another, all of us attain this great power, walk on the path of Bodhisattva and save all beings from suffering. Thank you very much for your attention.

• • • Opening talk for the second Winter Kyol Che in the Czech Republic, Prague

8

Passion, truth and karma

Passions and enough-mind
Retreat and everyday life
Individual karma and group karma
Practice and relationships
Helping friends

Thomas, Zen student, giving introductory talk I'm excited a little bit. In my spiritual career, this is my third Dharma speech. One was in Berlin, another one in Poland. Two of them were really failures, because nobody understood what I wanted to say. In spite of that, today I'll try to speak about three aspects of our practice — simplicity, effort and pain.

Everything is very simple. In the morning, we get up, we brush our teeth, we do bows, then we hear the moktak, and we go to practice and eat. But the essence of our practice is simplicity. When everything becomes simple, everything becomes clear, easy and simple. It is the same with things in everyday life. We go to our job, we drive car and we return. We have situations in the family, we have situations at work.

From time to time, however, situations get complicated and there are two ways of solving them. The first is returning to simplicity. Everyone has their own way of doing that. Second, one starts to argue to solve things in a complicated way. I bet that everybody tried that complicated way of arguing, but deep in our hearts we all know that the key to solving all these situations is in simplicity, which is clear, very clear mind.

Sometimes you return to clear mind, but there is no answer. Then you don't know what to do, and you just turn to the other way of trying to solve the issue. Eventually, we learn that it's better not to do anything if we don't know what to do, it is better to return to silence, wherein lies our own simplicity. This is the beginning of the Way, the Truth, also this is where love begins.

About effort: I can recommend everyone to do their utmost and use all possible efforts to bring the best out of our practice. We never know where we find ourselves tomorrow. We don't know what kind of hell life will throw us into. Maybe jail, maybe wartime or some bad marriage. Anything. One day we can find ourselves in a really difficult situation and nobody can help around us. You would think life has no meaning and you would not want to live. Then some kind of force, like a hand which stops all this, which would allow you to sit back for a few moments silently and reflect, this would really be like a treasure.

This treasure is the gift of our practice. We have this, and it is very valuable. We earned this karma in the past, which results in this situation here. I believe this, since practice and its results seem to come in waves. I see this, therefore I believe this. I hope everyone of us gets Enlightenment and saves all beings from suffering. Thank you.

Chong An Sunim Thank you very much, Thomas for the simple and clear introductory. Does anybody have any questions? Any kind of questions.

Student Last retreat, I noticed one thing. You go to a retreat. When the retreat is over, your old situation just starts again. To give you an example: you are smoking a cigarette, you put it on the ashtray, sit for a week, then take the same cigarette still burning, and continue to smoke. And this is getting more and more scary, because when I see now what will I get back into, it's really nothing pleasant. Anyway, is there any way to change the habit?

Chong An Sunim Of course. Just look into the mirror. Most of the time when you pick the cigarette back, you are just aware of the smoke. You are not aware of yourself. You are doing it. If you were, you would immediately see it in the mirror and you would say to the mirror, "What an idiot!" You practice through one week or one month or even one year, but it's the same stupid thing again. You will continue if your karma is still more powerful. If you are not strong enough to put it down right there, you continue. Then you are entering the 'more suffering necessary' zone. This zone has no border. It has no limits. It's infinite. Only you can say "Enough!" When you say "enough", then you put down the cigarette.

You can start and finish retreats, that is wonderful. After a while, after this change happens back and forth a few times, you realize what is karma. So, don't think that this migrating between normal life and retreat life is in vain. If you don't live your life to reflect on it, you'll never see most of it, just act it out. That's why the Buddha was talking about leaving home. He says, if you leave home, you'll see all your karma, which developed at home, soon or later.

I'll tell you a trade secret. Your individual karma is not the toughest thing. Group karma is much tougher, it is much deeper than your individual karma. When you are in a different culture, speaking maybe a different language, you reflect on your national identity and then you see what you are doing. National identities are empty. We know that. But what people allow themselves to do, based on their illusion of a national identity, that's where the rough end is.

So, continue as long as you want to. Because when you practice, your dharma gets stronger, also your demon gets stronger. But if you practice, practice, practice, then your dharma stays strongest and your demon dies. First, inevitably, you power up both.

You make your demon, you make your practice. Decide

what you want. Put your energy right there. Sometimes a little demon is okay. It's a good reminder. You see a lizard today — can you imagine 800 million years ago when they weighed about 60tons? Over time, they really got smaller, nice, cute little things. You can do that to your karma too.

So, coming into the retreat, going out of the retreat is like making a good sword. A good sword is made in months, not a few hours. Every single day they put it into the fire, take it out, then hammer it: Bam! Bam! Bam!, Two people, very good sword smiths, always go Bam! Bam! Bam!, put it into fire, take it out, hammer it very hard. Sometimes it is put into oil, sometimes into water, depending on the state of the steel, then back into fire. The furnace is formal practice. Hammer and anvil are everyday life. Sometimes you cool down. Sometimes you are burning hot.

As Thomas said, it is very simple. Just keep your eyes and ears and nose, tongue and body and mind clear. Then you can improve. More questions?

Student But the second guy who is hammering the sword — yeah, because you said two people — can be the demon.

Chong An Sunim Don't attach to my speech. Then everybody is a demon. Okay? There is only Avalokiteshvara Bodhisattva and the Buddha. They are making your sword. Sometimes Ananda brings some drinks. Do you have any real questions? I think so.

Student I think that it's possible to tame demons. Is it possible to use them as a horse?

Chong An Sunim Yah. But if the demon eats you halfway, then you didn't tame it enough. It is true that you can totally attain demon one hundred percent. About a month and a half ago, no, two months ago, I was taken a very nice castle in the countryside. It's a very small village and this castle was built by an individual. It's new, but it looks old. It's like a very big house but the whole set of ornaments inside and outside, whole design is like these very old noble courts. You know what that is now? It's a hotel, almost five-star, but since it's in the middle of nowhere, only four-star. So, a four-star hotel with every good thing you can imagine from Jacuzzi to sauna, high-class restaurants, whatever.

But something is a little strange there. In the restaurant, they do not serve alcohol. Half of the rooms are reserved for recovering drug addicts. And at the hotel, you don't find all these screens and entertainment. You find programs for these drug addicts. Half of the hotel is making money by accepting regular guests. The other part of the hotel is making money and helping these recovering drug addicts who are not completely out of their own hell but they are functional already. One week of treatment at this hotel costs 800 euros. It sounds like a lot of money, but there are already quite a lot of customers.

There is a very, very interesting layer in society whose sons and daughters they were so rich that they went to hell. I was there two weeks before the opening event. Everything was spiff neat and clean, ready to go. And of course I met the CEO. I mean, who can be the general manager for an establishment like that? An ex-alcoholic who went to hell and came back. He is the son, actually the nephew of the constructor. His uncle said, "Okay, I want to build something. You want to run it?" Then he said, "Yeah, of course."

This man already tamed his demon. But it's clear that he went through some rough stuff. Six or seven years in hell is plenty. He was also doing some serious drugs, then completely returned to normal. Usually, people from this echelon of society, are exceedingly smart. Very clever. They have many times the capacity necessary to run a place like that.

This CEO was showing us a folder this thick, full of methodology. I looked at it, then said to him at the end of our visit, "Look, your methodology seems fine, but that's not why I believe this place can work." He said, "Interesting. What are you referring to?" I said, "I'm referring to you." I said "If you did not have this wisdom, which was forged in the furnace of hell, you would not be able to run this place even with three folders this thick."

Apparently, he tamed what he had to tame and now he is a

Bodhisattva actually helping a lot of people. He doesn't want to make money out of it. He is going to live there with these folks. But he knows that he's walking on the blade of the sword. If he falls, somebody dies. That's the real Middle Way, you know. Just look inside. What am I? What do you find there? If you do this, you do not have to go to some kind of name-and-form hell. You see what would take you there and you can overcome it. Seeing all your karma is not fun. But if you burn it, you become free. That's the meaning of our practice. Then you can help all beings. So don't be afraid of bad meditation. Don't be afraid of, "I can't do this practice. I'm so unclear." Just do it and then you digest everything. Then your bad karma can become wisdom. Okay? More questions? Anything? Yeah.

Student What is truth?

Chong An Sunim You are sitting in front and looking at me with two brown eyes. That's it. What else do you need? Would you like bigger truth? Sorry, it's not available.

Student Our teacher is very smart, very intellectual. So how do you keep your simple mind and your intellectual mind? Do you read many books and...or...how do you... because you know so much.

Chong An Sunim (hits the floor.) Is this intellectual or not? You say intellectual, you go to hell. Not intellectual, you become a useless piece of rock. Thinking is neither good, nor bad. You know how long it took me to learn that? My first a couple of years of Zen practice were spent with this, "Stupid, you are thinking again." I really took this seriously, you know, that clever mind is no good. And it's true that most clever minds without the practice of the Dharma, are really not good, very selfish, very arrogant.

But 'thinking that it is bad' is not 'before thinking'. It's another type of thinking., negative thinking. Being attached to thinking is the biggest mistake that you can ever make. Therefore, it is true that I had to lose that kind of cleverness. When I was younger, I read one thing in a book and I knew it months later for the university exam. Nowadays? No way. I probably couldn't pass the simplest examination. What's really funny is that this Dharma talk finishes and you ask me five minutes later, I'm not going to remember anything. Zero.

This is just a training of not attached mind, just to reflect moment to moment. So, I'm sorry if it looks intelligent. It's not. I made an illusion. But this illusion teaches you. It teaches you not to follow any kind of thinking, just return to clear mirror mind. This is higher than any kind of thinking. This makes your thinking a very good servant.

Why are we thinking so much? Why are we making so much karma? Everybody wants to be in peace and happiness. But when you realize that you cannot achieve that by constant thinking, thinking, thinking, or acting, acting, acting, then you want to stop. Because you realize that most of your thinking and your actions are following anger and desire and ignorance. You realize you have to cut that. Then you return to this point. (hits the floor) Better than God, better than Buddha. It's already yours, so it will not leave you. See, God depends on your belief. You believe in God, you have it. You follow Buddha, you are a Buddhist.

This point (hits the floor) depends on one moment. That's why we are practicing. One moment, and it becomes yours and never leaves you. Then you only have to process your karma. So we are not 'Buddhists'. We are not followers of some kind of faith. If you want to characterize this group of people here, we are just walkers on the Path. That's it.

When these clever people sit and meditate, they find inside themselves this huge, not moving mind. Then they become really humble. This is infinite time, infinite space. It's bigger than any image or statue you can make. That's where all your thinking comes from and returns to. Bowing means you put down your own small thinking and return here, return to this not moving mind which is right here and right now. In light of this, how can anybody be clever or intelligent? More questions?

Student ⟶ If you have a relationship with a person who is not practicing, you can't avoid the effect of that. Right? Because close relationship makes you connected very much to this person, so you affect each other. In the case, for example, if the practicing person is a woman and the non-practicing person is a man, then I feel very big pressure not to practice. So I have very a complicated situation and I would like to hear your advice.

Chong An Sunim First, my one-word answer — keep practicing. You have practicing karma. Anybody who has practicing karma should not stop because of a relationship. Adjust — and that's where a long answer comes from. I'm sure you notice that one person cannot really convince another person of anything. So do not try to convince that man. Rather, create your own time and space for practicing within the relationship. People have to respect that.

The man wants to go fishing, the woman says, "Okay, I'll see you in three days." Woman wants to go with friends for Yong Maeng Jong Jin, man has to respect that. He can say then, "I'll cook, no problem."

Even though you know the importance of practicing, do not treat it as important as it actually is. Because then your spouse, the man becomes little bit concerned and asks himself this question, "Is it not me who is most important for this woman?"

Student Already!

Chong An Sunim And you, as a good woman, have to keep the illusion that he is the most important. You have this relationship, so you have this job. But you have your own

Dharma life inside. You cannot kill that. You do that, you die. So you don't put practicing on the dinner table. You have your own private time. If you lock yourself up in your room, and your beloved asks, "Honey, what's the problem? Why do you not keep me company? I'd really love that." Then just say the usual soft thing like, "Honey, I'm just chilling. Relaxing. I just need little time for myself, then I'm all yours." Something like that.

Spouses, partners, anyone on your side will understand after a while that they cannot penetrate this. They are very important and you are not trying to underestimate your lover. That means that everything is okay, they just don't understand something. And you are actually alone, you are actually chilling and relaxing, but in a way which the other person doesn't understand. If you can do this, then he will also understand that sometimes you go to the Zen center, you are with the Sangha, you are in your friends' company, whatever.

What the man has to understand, and basically both parties in any relationship have to understand, is that a relationship is built on balance. There should be enough similarities and enough differences to keep the relationship alive. So if the two personalities become too similar, they collapse into each other and then the relationship also collapses. I have seen a very interesting case.

Two of my ex-high school classmates, they had 10 years of

relationship and at the end, they became like brother and sister and couldn't, you know, just live like usual lovers. Both of them were actually practicing. Not the same tradition, but they were practicing. They were fine together as human beings, but as man and woman, they just had to say goodbye to each other because it didn't work. There was not enough polarity, so the whole relationship stopped.

I've seen the other extreme more often, especially in the West. People become so different that they withdraw completely from the other person. They build up their own worlds, and the differences become so vast that they have nothing in common. They drift away.

That's why I talked about correct effort before. Unfortunately, this kind of separation can happen when practicing and non-practicing people live too close together. The only medicine is to find other common areas in life than practicing the Dharma.

Maybe the other person will never come with you to meditate, bow to the Buddha, and chant, but you guys can go for a long walk in a forest regularly and talk about things or just keep silent. Or go to the same concert or the same restaurant, things like that. You find more common areas in life, because practicing will not be one of them. I know this answer is not really satisfactory, since practice goes so deep that no other name or form can touch it. Yet, I dare to give this imperfect answer to you. Why? Because relationships are not perfect, either.

The only way you can fix this is, this unconditional love and compassion towards your lover, OK? And your practice can help develop that. If you cannot develop that through practicing, then the relationship is doomed.

I've seen quite a lot of positive examples in Korea. Men go out to smoke and do business and go to bars, and women, most of time, go to church or temple and they meet and chit-chat, chant, et cetera. In Korean society, it's clear that men do not want women to follow their way. Because women have to just do their jobs for the family and men also have to do their jobs for the family. That's it. Nothing else. So nobody wants the other to be like him or herself.

So, if your partner understands this, then you have a chance to develop Great Love and Great Compassion to have a mutual understanding and tolerate everything. If not, your partner will constantly badger you that "You follow my way, you follow my way." Then you have a choice, unfortunately between practicing OR continuing your relationship. In that case, you cannot have practice AND relationship. That's a really sad choice, because it breaks anyway. Whichever you choose, it breaks. Try with some real open wisdom and clear, strong compassion. Maybe it's possible to change this. More questions?

Student ⟶ I have a friend and you know him, too.

Chong An Sunim So, he's real. Very good.

Student ⟶ And he is quite smart, thinks a lot...

Chong An Sunim Thinks a lot? That's okay.

Student ⟶ But it's not some dry cognition... Actually he wants to go deeper and deeper. But since he is so high powered, he just rushed into practice and that's it. And if you go too fast, you just hit the wall. And you know, telling him that he just getting into trouble doesn't work, because his mind-machine is speeding so fast that anything you put inside is just squeezed. So I just look at him and how he is suffering. And I can't do anything.

Chong An Sunim Don't say that. Of course you can.

Student ⟶ I can, but I can't do magic.

Chong An Sunim Who talked about magic? You talked about some really heavy stuff. Make him go faster, I tell you that. Make him go faster.

Student ⟶ I don't want to kill him.

Chong An Sunim I didn't say, "Kill him." You know, it is like those folks who were held up before a big, big ravine, just because they wanted to commit suicide before. They can see 1,000 meters deep. Then they see somebody throwing down something, it just smashes down there. When they are pulled back and they are asked, "You want this?" Most of the time they say, "No"

So if you have the guts do this, then you don't kill him. You teach him. But, you must have this very clear sense that he should be above the ravine or abyss, then hold him back. If you miss, he dies. If he doesn't reach the abyss, then no example, nothing. I know you want to be on the safe side and you want to be a good boy. But, in some cases, you cannot be a good boy. The bigger teaching here is that if you have any self-image, you cannot help this world. Understand that? Now, you can tell me the second part.

Student Why I am mentioning this is, of course, I see something similar in my own head. And, usually during sitting, it becomes really loud... I mean, really nasty. It just stinks. It just stinks. And all of a sudden, I remember the guy, he is in the same shit. And I'm like, "Hey, what am I telling him at these times, during these big crises? Something which gives this big crisis to me?" Of course when it happens, you are even deeper in it.

Chong An Sunim Okay, do you notice what you are doing instead of practicing? Do you know? You are in the luxury of thinking. Stop this useless processing cycles and return to your practice. Don't give advice to yourself. There is no advice. (hits the floor) Return to this point. You can advise yourself for years, but you'll never get this.

Student But it's too cloudy, you need something.

Chong An Sunim When it is cloudy, you need an umbrella. That's no magic. That's what I'm telling you. Don't want special. You want something special. That's thinking. That kills you. You know how much of my time was wasted on technique? Immeasurable. It's not because I wanted to sit correctly. Sitting correctly is important. Also, chanting and bowing correctly are also important. But when you want to get Enlightenment from the technique, that's a waste of time. It's totally stupid. Do not check yourself. It takes away your center. Then you can really say to yourself, "Oh, I also am in this deep shit." Then you don't believe in yourself. What's the use of that?

Do your job! When you do your job, you're practicing correctly. Then you process all this karma, even without seeing it, and whatever you need to see, you see; whatever you don't need to see, you don't see. It's all very natural. But if you start being clever about practicing, then this cleverness is no good. Then you are wasting your time. You are eating good Lithuanian food and what is the result? More thinking? Thomas said 'only don't-know'. That's very good medicine for you. Just keep 'don't-know'.

Student Even this can become a demon. When this becomes a demon, you are afraid.

Chong An Sunim You mean, 'don't-know' can become a demon? Then it's demon, not 'don't-know'. You made it.

Student Yes, I know, I know.

Chong An Sunim If you don't make anything, it's true 'don't-know'. This point, (hits the floor) has no name and no form. If a demon appears, there is thinking behind it. Remember, if you break the wall of your self, you become infinite in time and space. That's true 'don't-know'. Therefore, Bodhidharma said "No holiness. Only vast, empty space." Applied here, it says: No saints, no demons, only vast, empty space. When your demon appears, just ask: "Where did you come from?" Then the demon returns back to your tantien, you know, screams and disappears in emptiness. Okay? So don't make anything.

Student It's just appearing. Come on! It's not like I want to make it. It's just coming and coming and coming...

Chong An Sunim Fortunately, I don't believe you. That's your good luck. Some teachers would say, "Oh, poor Lukas. I feel so sorry for you." No, man, no way. If you still have the demon problem, I'm going to hit you so hard that you will forget everything. You'll forget demon, you'll forget Buddha, you just shout Aaahh!, and that's it. Guaranteed, the demon disappears. Even you will disappear. Okay? Good, very good. Anybody else has any demon problems?

Student In contrast, he is too clever to practice. I'm too stupid to practice. This is also a problem. What to do?

Chong An Sunim Then read the Buddha's teaching. You are clever enough, Yonas. There's nothing wrong with your intellect. Some people have not developed enough intellectual wisdom. That's possible. Then whatever experience they have, they digest that, then it becomes wisdom. We do not need ten thousands books. We need just one word.

If that one word is with you every moment, you are the cleverest on Earth. Do you see that sometimes these very clever people, when you ask them a question straight on the spot, they say, "Uh... uh... uh... I don't know." Because their minds are everywhere. They are in the ten thousands books. What you need is one word. This one word can save all beings.

Student I don't understand this word. You tell me! (hits the floor) What is it? I don't understand that!

Chong An Sunim Good! Very good! Continue like that. Please don't understand.

Student This is not stupid?

Chong An Sunim No. This is original mind. If you understand, that is like chopping your arm in to pieces. It has to be one so that you could use it. You can't explain 'don't-know'. I can't explain 'don't-know'. I can't give you 'don't-know' fortunately, it could be very expensive! Nobody can take 'don't-know' away from you. You already have it! It doesn't depend on intelligence or intellect, fortunately. So, stupid people have it, clever people have it, same.

Student 'Stupid' is better.

Chong An Sunim That's already clever, okay? So just keep this original clear mind and when necessary, think, when not necessary, don't think. Then no problem. So I hope that everybody just continues this wonderful practicing which we started a few days ago. This place is excellent for practicing. We are very lucky to be here. Just as naturally and clearly as we got started, let us continue so that we could all attain Enlightenment and help all beings. Thank you all for coming and listening.

• • • Kaunas, Lithuania

9

The tree and its fruits

The Four Noble Truths
The Heart Sutra
Buddha and Bodhidharma
The Four Principles of Zen
The Sixth Patriarch
Zen Master Seung Sahn
Appreciation of our lineage

In our historical era, Shakyamuni Buddha discovered spiritual ways humankind had barely known before. He opened a clear path to Enlightenment, which serves the liberation of all sentient beings from suffering. This means reducing suffering that we inflict on ourselves and others, and ultimately, it extends to the freedom from birth and death, the liberation from the cycle of becoming.

Progress on the path is most dynamic when great masters are present. In this talk, I will outline some changes in our tradition, as well briefly portray some paramount figures: human beings who gave direction to all of us by virtue of their attainment.

It is very fortunate that Gautama Siddhartha had over 40 years to promulgate his teaching. This gave him ample time to see where to begin, how to continue and how to end his effort. Upon attaining Enlightenment, he started to teach what is now the essence of the Dharma, *The Avatamsaka Sutra* 華嚴經: *If you wish to thoroughly* understand all the Buddhas of past, present and future, then you should view the nature of the whole universe as *being created by mind alone* 若人欲了知 三世一切佛, 應觀怯界性 一切唯心造.

No matter how profound this teaching is, the Buddha had to realize that his first students did not understand it let alone attained to it. Therefore, he started with something more conceivable, the Four Noble Truths 四聖諦. Although this approach was fraught with the danger of seeing the world as existing by itself, independent of human mind, the Buddha did start where students could see what he meant.

Who would not see impermanence 諸行無常印? Who would not see the immediate root of suffering: attachment to impermanence? In this way, the First Noble Truth 苦諦, the fact of suffering could easily be comprehended.

How attachment develops and what forms it takes are presented in the Second Noble Truth 集諦, where the fundamental cause of all misery to sentient beings is outlined: wrong views, which can prompt us to believe in some inherent, irredeemable duality between humans and the world. Ignorance is the root of all desire and anger.

The Third Noble Truth presents the end of suffering 滅諦, which is simply cutting attachments by stopping to dwell in ignorance, in other words, stopping to make opposites. In practice, this means attaining not moving body, not moving speech, and not moving mind. The resulting consciousness is before thinking or movement, it is clear like space, clear like a mirror.

The Fourth Noble Truth 道諦 outlines the way how to use our clear mind so as to put an end to suffering. This is called the Noble Eightfold Path 八正道. It is truly remarkable that all the eight paths begin with the word correct 正.

At the same time, since it gives no explicit and absolute definition to what is correct, the Path should lead to **attaining** what that is.

It is very clear why the term correct cannot be defined by some explanation. If anyone tried to do this, dualistic views would be developed, and the very essence of the Path, that is, liberation through non-duality, would be lost. The question is left for us to cope with: What is correct? What is helpful for all beings? What is it that helps us attain the Supreme Teaching, which is beyond all ignorant views, anger, or desire?

The Buddha and his students had to practice together for many years before the teaching on transcendental wisdom 般若心經 could appear. Nearly all pieces of the Prajnaparamita scriptures boil down to the same point, where the phenomenal world becomes void of any characteristics that we see as inherent 無相皆空觀.

The teaching on non-self and emptiness 諸法無我印 would not work without first carefully studying how this world appears to us. Without describing the problem clearly, the solution cannot be found, and the creator of all our woes cannot be identified. This world is originally empty, functioning spontaneously without any self or permanent quality, to no end or special purpose.

This is why *The Heart Sutra* says that originally the five skandhas are empty and thus we are saved from suffering and distress 照見 五蘊皆空 度一切苦厄. This means that if we do not create suffering, there is no suffering. Without the fact of suffering, the other three Noble Truths do not come about either.

Now the truth laid out in the Avatamsaka Sutra is brought home, and those who practice persistently can eventually discern how the mind creates the world. Finishing his great work, the Buddha reminded his students on impermanence and the importance of practice: "This world is on fire — strive endlessly!"

Although this recognition gave rise to numberless sutras and shastras, the underlying **practice to attain** where suffering comes from and how it can be overcome gave way within a few generations to thinking and rethinking what the Buddha had said.

Therefore, the 28th Patriarch, Bodhidharma had an immense job: His teacher, Prajnatara told him to bring the Light of the Lamp, the true Dharma to China. Sutras had been flowing to China for centuries before and there were countless temples and many, many monks and nuns.

Nonetheless, Bodhidharma had to employ what is now in the Four Principles of Zen to teach those who would listen to become practitioners again. The task was not easy, this is evident from his encounters with scholar monks in various temples and his abruptly ending conversation with Emperor Wu.

It is vital to cut attachment to words and speech, thus the first principle says: Do not depend on the scriptures 不立文字. The second says: Seek for a transmission which is beyond the written word 教外別傳. The third emphasizes the importance of directly pointing to human mind 眞指人心. The fourth outlines the result: Enlightenment by perceiving human nature 見性成佛.

In our nature, we find the origin and cessation of all phenomena and attributed qualities. If we look deep into ourselves, we no longer ask for an external explanation what suffering is, what a human being is, and why this world reacts to humans in the way it does.

After Bodhidharma's time, was there any need to renew the way the teaching functions? Yes, certainly. Six generations later, Hui Neng, the Sixth Patriarch almost lost his life because the relics attached to the patriarchal succession of the Buddha were coveted by a monk. In critical situations as well as in everyday life, attainment is qualified by how one functions. Hui Neng destroyed the robe and the bowl, so that their presence could no longer hinder or endanger anybody who became ripe in the Dharma. Moreover, he had the monolithic succession line fan out into five distinct schools soon to go to everywhere in Asia. The fruits of these seeds are still fresh and live today.

In the 20th century, several Asian monks and nuns received instructions from their teachers to carry the Dharma to the West. One of them was Zen Master Seung Sahn. Through his tireless efforts, the Light of the Lamp is now shining on more and more of us. We have a much better chance than before to attain the correct way, where our situation, relationship and function all become part of the Bodhisattva Way to offer the path of awakening to this world.

On behalf of the Hungarian Sangha, I wish to express my deepest gratitude to Zen Master Seung Sahn and all the patriarchs in his succession line, as well as to his students, followers and supporters.

What the Buddha taught, what Bodhidharma carried with him, what Hui Neng spread in the ten directions and what Zen Master Seung Sahn brought to America, Europe, Africa and Australia — are they the same or are they different?

Suffering comes.

Where from?

Liberation appears.

Where from?

KATZ!

All bright faces in the audience: how can we help this world?

Thank you for your attention.

• • • The Whole World is a Single Flower Conference, Singapore